Um dos maiores clássicos devocionais
de todos os tempos

Mananciais no DESERTO

por

LETTIE COWMAN

Editora
Betânia

Publicações
Pão Diário

Esta edição, de 2023, é publicada em coedição entre a
Editora Betânia e Publicações Pão Diário.

Diagramação: Inventiva Comunicação
Revisão: Rita Leite
Capa: Audrey Novac Ribeiro
Composição: Editora Betânia

COWMAN, Lettie.
Mananciais no Deserto, por Lettie Cowman. Curitiba: Editora Betânia, 2021; Coedição Editora Betânia e Publicações Pão Diário, 2023.

Título original: *Streams in the desert,* © 1965.

1. Leitura devocional 2. Vida cristã

Publicações Pão Diário
Caixa Postal 4190, 82501-970 Curitiba/PR, Brasil
Email: publicacoes@paodiario.org
Internet: www.paodiario.org
Telefone: (41) 3257-4028

Editora Betânia
Av. Iguaçu, 1700 b, Água Verde
80240-030 Curitiba, PR
www.editorabetania.com.br

Capa couro: ZW331 • ISBN: 978-65-5350-313-7
Capa dura: F1806 • ISBN: 978-65-5350-314-4

1.ª edição: 2023

Impresso na China

De:..

Para:...

Data:...................................

Sobre a Autora

Lettie Cowman Burd nasceu em Afton, Iowa. Aos 15 anos de idade, ela conheceu seu futuro marido, Charles Cowman, um jovem operador de telégrafo. Quatro anos depois, no dia 8 de junho de 1889, eles se casaram.

O compromisso deles com as missões veio vários anos após o casamento deles. Eles tinham um estilo de vida abastado – Charles trabalhava na administração da Companhia de Telégrafo da Western Union, e Lettie era filha de banqueiro. Eles se converteram havia pouco tempo quando compareceram a uma conferência de missões na Igreja Moody, em Chicago. A. B. Simpson (fundador da Aliança Cristã e Missionária) era o palestrante. Após a mensagem com um forte apelo a missões, pediram uma oferta. Charles ficou tão tocado que doou uma quantia equivalente ao salário de um mês. Além disso, Charles deu como oferta seu relógio e corrente de ouro maciço. Ele foi seguido por Lettie que doou seu anel de noivado, no qual havia incrustado um grande diamante.

Após um forte e impactante chamado, Lettie e Charles deixaram os Estados Unidos em 1.º de fevereiro de 1901, para serem missionários independentes no Japão. Eles trabalharam ao lado de Juji Nakada, um amigo que haviam conhecido em sua igreja em Chicago. Juntos, fundaram a Sociedade Missionária Oriental.

Em 1918, dez milhões e trezentos mil lares do Japão haviam recebido a primeira mensagem do evangelho por intermédio da Sociedade.

Charles e Lettie serviram no Japão por 20 anos, até que a saúde debilitada de Charles os obrigou a voltar para seu lar na Califórnia.

Depois que voltaram aos Estados Unidos, Lettie se dedicou a

cuidar de seu marido, que sofria de uma enfermidade cardíaca. Em 1924, Charles faleceu.

Após a morte dele, Lettie encontrou em sua Bíblia uma mensagem do esposo: "Vá em frente e termine a minha tarefa". Apesar do luto, ela sabia que tinha um trabalho para concluir.

Durante a longa doença de seu marido, Lettie escreveu e publicou um livro devocional – *Mananciais no Deserto* – que se tornaria um clássico e campeão de vendas. Após a morte do marido, ela ficou quase paralisada pela dor, mas, no fim, voltou a escrever livros, incluindo uma biografia de seu falecido marido como presidente da Sociedade Missonária Oriental, e o devocional *Fontes no Vale* (publicado no Brasil pela Editora Betânia).

Em 1928, Lettie assumiu a presidência da Sociedade, função que exerceu até 1949, quando sentiu que seu tempo como presidente da OMS havia chegado ao fim. Ela entregou o cargo e criou duas novas instituições: Cowman Publicações e Cruzada Mundial do Evangelho.

Sete anos depois, numa manhã de domingo de 1936, o Senhor disse a ela: "Eu a separei e a designei profeta às nações" (Jr 1.5). Ela entendeu que Deus planejara sua vida mesmo antes que ela nascesse. Ela se convenceu de que Deus a estava chamando para uma nova obra: a evangelização do mundo. Ela acreditava que Deus a chamara para concluir o que Charles iniciara – ele fora um pioneiro de Deus para pôr o evangelho em todas as casas de uma nação. Ela colocaria o evangelho em todas as casas da Terra.

A partir daí, a história dela se desenrola por todo o mundo. Ela começou sua campanha na Finlândia, depois foi para a Lapônia e os outros estados bálticos, para a Rússia e outros países europeus. Egito, Israel, Etiópia, Índia, Cuba, Haiti, México, Coreia, Colômbia... Na Europa, o trabalho se expandiu para países como a Estônia, Letônia, Polônia e Checoslováquia. Essa grande cruzada foi um dos últimos eventos evangelísticos na Europa antes de a Alemanha nazista avançar pelo continente. Em dezembro de 1941, ocorreu uma cruzada no México, que foi a maior campanha evangelística que esse país já vivenciara. Em 1943, a Sociedade Missionária Oriental alcançou a América do Sul, onde fundou um instituto bíblico em Medellín, Colômbia.

Em muitos lugares, Lettie foi recebida por autoridades

governamentais. Em todos os países que visitou, tentou efetuar a evangelização do mundo, distribuindo o evangelho em todas as casas. Só no México, o número de evangelhos distribuídos foi de 1.455 milhão.

Seu livro devocional mais popular, *Mananciais no Deserto*, é uma compilação de escritos de mestre, inspirador de uma variedade de fontes: sermões, leituras, escritos, e poesias que Lettie tinha lido ao longo dos anos e que tinha agitado o coração dela. Para esses, acrescentou seus próprios pensamentos que fluíam a partir da profundidade de sua caminhada com o Senhor Jesus.

Lettie recolheu essas obras durante o período negro em sua vida quando seu amado marido, Charles, enfrentava uma doença terminal. Ainda hoje, seus devocionais trazem conforto e alento a milhões de pessoas em todo o mundo, que também enfrentam tempos difíceis.

Lettie morreu em 17 de abril de 1960, aos noventa anos.

Rita Leite

No final deste livro, a partir da página 339, há um espaço destinado para suas anotações pessoais, uma página para cada mês do ano. Você encontra também, na página 352, um lugar reservado para fazer uma lista de motivos de oração.

1.º de Janeiro

"Mas a terra que passais a possuir é terra de montes e de vales; da chuva dos céus beberá as águas; terra de que cuida o Senhor, vosso Deus; os olhos do Senhor, vosso Deus, estão sobre ela continuamente, desde o princípio até ao fim do ano." (Dt 11.11,12.)

Estamos hoje, amado leitor, às portas do desconhecido. Diante de nós estende-se o ano novo; vamos conquistá-lo a cada dia. Quem poderá dizer o que teremos pela frente? Que mudanças virão, que novas experiências, que necessidades? Mas aqui está a mensagem de nosso Pai Celeste – mensagem de ânimo, de conforto, de contentamento: "... os olhos do Senhor, vosso Deus, estão sobre ela continuamente, desde o princípio até ao fim do ano."

Sim, do Senhor vem toda a nossa provisão. Nele encontramos a fonte que nunca seca; mananciais e ribeiros que jamais se estancarão. Em Cristo, ó ansioso, está a promessa cheia da graça que nos vem do Pai. E se ele é a fonte das misericórdias, nunca nos faltará misericórdia. Nem calor nem seca poderão pôr fim àquele rio, "cujas correntes alegram a cidade de Deus".

A Terra está cheia de *montes* e *vales*. Não são só planícies, nem só declives. Se a vida fosse sempre a mesma, ficaríamos oprimidos com a sua monotonia: nós precisamos dos montes e dos vales. Os montes recolhem as chuvas para centenas de vales frutíferos. Assim acontece também conosco: é o monte da dificuldade que nos eleva ao trono da graça e nos traz de volta com chuvas de bênçãos. Os montes, esses montes ásperos da vida, diante dos quais nos espantamos e contra os quais às vezes murmuramos, eles nos trazem águas. Quantos têm perecido no deserto, quando poderiam ter vivido e prosperado em terra montanhosa! Quantos teriam sido abatidos pela neve, açoitados pelos ventos, despojados de suas flores e frutos, não fosse a proteção dos montes – rijos, duros, ásperos, tão difíceis de galgar! Sim, os montes de Deus são para o seu povo uma proteção contra os inimigos.

Não podemos ter ideia do efeito que estão tendo em nossa vida as perdas, as dores, as aflições. Confiemos apenas. O Pai vem bem perto, para tomar a nossa mão e guiar-nos hoje pelo caminho. Será um bom, um abençoado ano novo!

Segue ao pé do bom Pastor cada dia.
Nele tens todo o sustento, tudo de que necessitas
Na jornada: cada dia.

– *N. L. Zinzendorf*

2 de Janeiro

"E havia maior largura... para cima... o templo tinha mais largura para cima..." (Ez 41.7 – ARC.)

Não devemos contentar-nos entre as brumas do vale, quando temos diante de nós o cimo do Tabor. O orvalho dos montes é refrescante, e é puro o ar das montanhas. Como é rica a visão dos que moram no alto, com as janelas dando para a Nova Jerusalém! Muitos santos contentam-se em viver como os mineiros nas minas de carvão, sem nunca ver o sol. Seu rosto está manchado de lágrimas quando poderia estar ungido com óleo celeste. Estou convencido de que muitos crentes definham em masmorras, quando podiam andar pelos terraços do palácio e avistar a boa terra e o Líbano! Crente, levante-se da condição em que está. Lance de si a inércia, a letargia, a frieza – o que quer que esteja interferindo em seu amor por Cristo. Seja ele a fonte, o centro e a circunferência de todo o seu prazer. Não se contente mais com as suas exíguas conquistas. Aspire por uma vida mais plena, aspire por uma vida mais alta, aspire por uma vida mais nobre. Vá para cima. Vá para mais perto de Deus! – *Spurgeon*

Cristo estava ali.
A fonte de Vida. Ele estava ali.
Ao alcance de todos, para quem o quisesse.
Cristo estava ali.

Maria sentou-se a seus pés, a escutá-lo;
E João reclinou-se em seu peito sagrado.
Zaqueu recebeu-o contente, em seu lar.
"Eis que estou convosco."

Ele está conosco; Ele, sempre o mesmo,
Sempre desejoso de nos receber.
Cristo está conosco, presente.
Onde estás?

Não são muitos de nós que estão alcançando uma vida mais elevada. Muitos se demoram nos caminhos planos, porque têm medo de escalar as montanhas. As ladeiras ásperas os desanimam; então ficam no vale sombrio, e não vêm a conhecer o mistério dos montes. Não sabem o que perdem em sua autocomplacência, a glória que os espera, se apenas tiverem coragem para fazer a escalada; a bênção que encontrariam, se apenas se erguessem até os caminhos de Deus. – *J. R. M.*

Por que não andarmos mais perto de Cristo?
Por que passar fome ante mesa tão farta?
Por que estar no baixo, se os cumes são nossos?
Cheguemo-nos pois!

3 de Janeiro

"... eu seguirei guiando-as pouco a pouco, no passo do gado que me vai à frente e no passo dos meninos..." (Gn 33.14.)

Nós ainda não passamos por este caminho, mas o Senhor Jesus já passou. É um caminho ainda não palmilhado por nós, mas ele o conhece todo por experiência pessoal. Os trechos íngremes que nos tiram o fôlego, os trechos pedregosos que nos magoam os pés, e outros escaldantes que nos deixam tão cansados, os rios turbulentos que temos de atravessar – por tudo isso Jesus já passou antes de nós. Ele esteve "cansado da viagem". Não só algumas, mas todas as muitas águas passaram sobre ele; e não puderam apagar seu amor. Ele é um guia perfeito, pelas coisas que padeceu. "... ele conhece a nossa estrutura e sabe que somos pó." Pense nisto, quando você for tentado a duvidar de que ele o guia com bondade. Ele sabe de tudo, o tempo todo; e não vai fazer que você dê sequer um passo além do que os seus pés aguentam. Não se importe se acha que não será capaz de dar o próximo passo, pois, ou ele lhe dará a força necessária para dá-lo, ou ordenará uma parada, e você não o terá que dar. – *Frances Ridley Havergal*

Que bonito este quadro do cuidado de Jacó para com o gado e as crianças. Não os deixaria cansarem-se demais por um dia sequer. Não iria conduzi-los segundo a rapidez dos passos de um homem forte como Esaú, mas só de acordo com o que eram capazes de suportar. Ele sabia exatamente a distância que aguentariam percorrer num dia; e foi só o que levou em conta ao programar as caminhadas. Ele havia percorrido os mesmos caminhos desertos, tempos atrás, e conhecia por experiência as suas asperezas, calor e extensão. Por isso disse: *"Eu seguirei guiando-as pouco a pouco..."*

Tudo são flores? e pastos verdes? Sabes que não. Nem sempre.
Mas a promessa diz fielmente que nada te faltará.

Por que temores? O Mestre falha? Eu sei que não. Não falha.
Que tudo mude, tenho a promessa de que ele comigo está.

4 de Janeiro

"Vai, disse-lhe Jesus; teu filho vive. O homem creu na palavra de Jesus e partiu." (Jo 4.50.)
"... orando, crede..." (Mc 11.24 – ARC.)

Quando um assunto requer oração específica, devemos orar, até estarmos seguros de que o assunto está nas mãos de Deus; até podermos, com sinceridade, dar-lhe graças pela resposta. Se a resposta aparentemente demorar, não devemos ficar orando como quem não crê que ela vem. Tal oração, em vez de servir de ajuda, será um obstáculo, pois, quando acabarmos de orar, veremos que a nossa fé se enfraqueceu ou até mesmo se foi. O impulso que nos leva a fazer essa oração veio evidentemente de nós mesmos ou do inimigo. Se o Senhor está nos fazendo esperar, pode não ser errado mencionarmos o assunto a ele outra vez, mas façamo-lo como alguém que está crendo. Não oremos de tal modo a perder a fé, em vez de crescer na fé. Digamos ao Senhor que estamos esperando e crendo que ele nos ouviu e, desde já, louvemo-lo pela resposta. A própria fé é robustecida quando podemos dar graças pela resposta que já cremos que vamos receber. A oração que nos faz sair da fé nega tanto a promessa de Deus na sua Palavra, como aquele "Sim" que ele segredou ao nosso coração. Essas orações expressam a inquietação do coração, e inquietação resulta de incredulidade quanto à resposta. "Nós, porém, que cremos, entramos no descanso..." (Hb 4.3.) É quando ficamos mais voltados para as dificuldades do que para as promessas de Deus, que muitas vezes nascem essas orações ansiosas. Vigiemos e oremos para não cairmos na tentação de orar assim. Abraão, "embora levasse em conta o seu próprio corpo amortecido... não duvidou... da promessa de Deus..." (Rm 4.19,20.)

Fé não é um sentido, nem vista, nem razão – é tomar a Deus na sua Palavra. – *Evans*

O começo da ansiedade é o fim da fé, e o começo da fé é o fim da ansiedade. – *George Müller*

"... visto que, por tal caminho, nunca passastes antes." (Js 3.4.)

No meio de circunstâncias confortáveis a sua fé não vai crescer. Num momento a sós com Deus, ele nos dá uma promessa e, com palavras grandiosas e cheias de graça, confirma uma aliança conosco. Põe-se, então, à distância para ver quanto nós cremos, e a seguir, permite que o tentador venha – ah, e a prova parece contradizer tudo o que ele falou. É nessa hora que a fé ganha a coroa. É o momento de olharmos para cima através da tempestade e, do meio dos navegantes atemorizados, exclamar: "Eu confio em Deus, que sucederá do modo por que me foi dito".

Eu sei em quem tenho crido.
Ele criou céus e terra,
Me fez, e por mim se deu.
Por isso, rujam as águas,
No que me falou, espero.
Fiel é o que prometeu.

5 de Janeiro

"... SENHOR, além de ti não há quem possa socorrer..." (2 Cr 14.11.)

Lembremos ao Senhor a inteira responsabilidade dele: "... além de ti não há quem possa socorrer..." As desvantagens de Asa eram enormes. Vinham contra ele um milhão de homens, além de trezentos carros. Parecia impossível manter-se de pé contra aquela multidão. Não havia aliados que pudessem vir auxiliá-lo. Sua única esperança, portanto, estava em Deus. Às vezes Deus permite que as nossas dificuldades cheguem a um tal ponto, que sejamos levados a renunciar a qualquer auxílio humano – a que tenhamos recorrido em provações menos duras – e a buscar de novo o Amigo todo-poderoso.

Ponhamos o Senhor entre nós e o inimigo. Para a fé de Asa, era como se Jeová estivesse de pé entre ele – que não tinha forças – e o poderio de Zerá. E não estava enganado. Lemos que os etíopes foram destruídos *diante do Senhor e diante do seu exército* – como se combatentes celestes estivessem lutando por Israel contra o inimigo e pondo em fuga seu grande exército; de modo que Israel só teve de segui-lo e tomar os despojos. Nosso Deus é Jeová dos exércitos, que, para ajudar seu povo, pode a qualquer momento convocar reforços inesperados. Creiamos que ele está ali, entre nós e a dificuldade, creiamos, e então aquilo que está nos perturbando fugirá diante dele como fogem as nuvens ante o vento forte. – *F. B. Meyer*

Por fé, e não por vista. Abraão creu, e disse à vista: "Sai do caminho!"; e às leis da natureza: "Calai-vos!"; e a um coração apreensivo: "Aquieta-te, enganoso tentador!" Ele *creu* em Deus. – *J. P.*

Senhor, interpõe-te entre mim e o inimigo;
Eu vejo que em mim não há forças.
É tua a peleja. Combate por mim.
Espero na tua vitória.

Senhor, interpõe-te entre mim e este mundo,
A vida se torna difícil!
Não pertenço mais a ele. Tu és meu refúgio.
Assiste-me. Vive por mim!

Senhor, interpõe-te entre mim e o que é lícito.
Eu quero que estejas no centro.
Que rejas em tudo e me dês equilíbrio.
Expande em meu ser tua vida.
Amém.

6 de Janeiro

"Quando passares pelas águas, eu serei contigo..." (Is 43.2.)

Deus não abre de antemão o caminho à nossa frente, mas somente à medida que vamos dando cada passo. Ele não promete enviar ajuda antes de ser necessário. Ele não retira os obstáculos do caminho antes de chegarmos a eles. Mas quando chegamos ao extremo da nossa necessidade, ali está a mão de Deus, estendida. Muitos se esquecem disto e estão sempre ansiosos por causa das dificuldades que preveem para o futuro. Esperam que Deus esteja aplanando e abrindo o caminho, quilômetros à sua frente, quando ele prometeu fazê-lo passo a passo, segundo a necessidade. Precisamos antes chegar às águas e entrar em sua correnteza, para então clamar pela promessa. Muitos temem a hora da morte e queixam-se de não terem "graça para morrer". É claro; não têm graça para morrer, enquanto estão com saúde, no meio dos afazeres diários, com a morte ainda à distância. Por que teriam a graça agora? É de graça para os afazeres, que precisam no momento – graça para viver. De graça para morrer precisarão quando chegar a hora da morte. – *J. R. M.*

Disseste:
"Quando passares pelas águas,
Eu estarei contigo."
Passei por águas fundas...
E o que eu ouvira com meus ouvidos,
Então provei –
Tua presença esteve comigo!
E eu te vi no sofrer.

Disseste:
"Quando (passares) pelos rios,
Não te submergirão."
Passei por rios turvos!...
E o que eu ouvira com meus ouvidos,
Passei a ver –
A tua mão me susteve à tona.
E provei que és fiel.

Disseste:
"Quando passares pelo fogo,
Não te queimarás."
... Eu não passei por fogo...
Porém, se um dia for passar,
(Meu Deus!) Eu sei
Que estás velando pela Palavra,
E a cumprirás!

Pois eu ouvia com meus ouvidos,
Senhor, mas, hoje,
Os meus olhos te veem.

7 de Janeiro

"... aprendi a viver contente em toda e qualquer situação." (Fp 4.11.)

Paulo estava destituído de todo conforto, numa cela de prisão, quando escreveu essas palavras.

Conta-se que um rei foi certa manhã ao seu jardim e encontrou as plantas murchando e morrendo. Perguntou ao carvalho, que ficava junto ao portão, o que significava aquilo. Descobriu que a árvore estava cansada de viver, porque não era alta e elegante como o pinheiro. O pinheiro, por sua vez, estava desconsolado porque não podia produzir uvas, como a videira. A videira ia desistir da vida porque não podia ficar ereta e nem produzir frutos delicados como o pessegueiro. O gerânio estava agastado porque não era alto e fragrante como o lírio. E o mesmo acontecia em todo o jardim. Chegando-se ao amor-perfeito, encontrou sua corola brilhante e erguida alegremente como sempre. "Muito bem, meu amor-perfeito, alegro-me de encontrar, no meio de tanto desânimo, uma florzinha corajosa. Você não parece nem um pouco desanimado." "Não, não estou. Eu não sou de muita importância, mas achei que, se no meu lugar o senhor quisesse um carvalho, um pinheiro, um pessegueiro ou um lírio, teria plantado um deles; mas sabendo que o senhor queria um amor-perfeito, estou resolvido a ser o melhor amor-perfeito que posso."

Senhor, eu quero estar onde me queres;
Ser fiel
E dar fruto para Deus,
Onde tu me puseres.

Os que se deram a Deus sem reserva, estão contentes em qualquer situação. Pois querem só o que é a vontade dele, e desejam fazer para ele tudo o que ele quiser. Esvaziam-se de tudo, e nisso encontram tudo cem vezes mais.

8 de Janeiro

"... farei descer a chuva a seu tempo, serão chuvas de bênçãos." (Ez 34.26.)

Como está o tempo esta manhã em sua vida? É tempo de sequidão? Então é o tempo oportuno para chuvas. Tempo de ar pesado e nuvens negras? É o tempo para chuvas. Veja que a palavra está no plural: "... farei descer... chuvas de bênçãos" – Deus manda todo tipo de bênçãos. As bênçãos de Deus vêm todas juntas, como os elos numa corrente de ouro. Aquele que dá a graça da conversão dá também a graça do consolo. Ele enviará "chuvas de bênçãos". Ó planta crestada, olhe para cima e abra as suas folhas e flores à chuva do céu. – *Spurgeon*

Senhor, minha alma te deseja muito,
Numa terra sedenta,
Onde faltam as águas.
Eu não tenho recursos
Para exigência da hora.
Ó Senhor, minha fonte,
Satisfaz-me.

És poderoso e todo-suficiente,
Ó Jeová El Shaddai
Deus que nutre e sustenta.
Qual criança de colo
Eu me deixo em teus braços.
Ó Senhor, minha fonte,
Satisfaz-me.

Tu prometeste carregar meu fardo;
A teus pés o deponho.
Olha o que me concerne.
Quero agora, em silêncio,
Contemplar o Deus vivo.
Ó Senhor, minha fonte,
Satisfaz-me.

Senhor, tu podes mudar o meu espinho em flor; e eu quero que o meu espinho seja uma flor. Jó recebeu o brilho do sol, depois da chuva – mas teria sido em vão aquela chuva? Jó queria saber, e eu também quero, se o brilho do sol não teve nada a ver com a chuva. E tu podes dizer-me – a tua cruz pode dizer-me. Tu coroaste o teu sofrimento. Seja essa a minha coroa, Senhor. Eu só poderei triunfar em ti, se conhecer o esplendor que há na chuva. – *George Matheson*

A vida frutífera busca tanto as chuvas como o sol.

Já reparaste que o sofrimento abranda os corações?
E percebeste que na dor há um mundo de lições?
Procura ouvir o que Deus te fala nas aflições.

9 de Janeiro

"Porque para mim tenho por certo que os sofrimentos do tempo presente não podem ser comparados com a glória a ser revelada em nós." (Rm 8.18.)

Há um fato curioso a respeito da mariposa imperial: ela sai do casulo por uma abertura que nos parece pequena demais para o seu corpo. E, interessante, não deixa vestígio de sua passagem: um casulo vazio é tão perfeito como um casulo ocupado. Vim a saber que, segundo se supõe, a exígua abertura desse casulo é uma provisão da natureza para forçar a circulação dos humores nas asas da mariposa, asas que ao tempo da eclosão são menores que as de outros insetos congêneres.

Certa vez guardei por bom tempo um desses casulos, que têm interessante forma cilíndrica. Estava ocupado. Eu anelava por ver chegar o dia da saída do inseto. Finalmente o dia esperado chegou: e lá fiquei eu uma manhã inteira, interrompendo a todo momento o meu serviço, para observar a trabalhosa saída da mariposa.

Mas, no meu entender, aquela saída estava trabalhosa demais! Pensei que talvez fosse por ter o casulo ficado tanto tempo fora de seu habitat, quem sabe se em condições desfavoráveis. Podia ser que suas fibras se tivessem ressecado ou enrijecido. E agora o pobre inseto não teria condições de sair dali.

Depois de muito pensar, arvorando-me em mais sábio e compassivo que seu Criador, resolvi dar-lhe uma pequena ajuda. Tomei uma tesoura e dei um pique no fiozinho que lhe embaraçava a saída. Pronto! Sem mais dificuldade, lá saiu a minha mariposa, arrastando um corpo intumescido. Fiquei atento e curioso para ver a expansão de suas asas encolhidas, o que é um espetáculo admirável aos olhos do observador. Olhava curiosamente aqueles minúsculos pontos coloridos, ansioso por vê-los dilatarem-se, formando os desenhos que fazem da mariposa imperial a mais bela de sua espécie. Mas, nada... E o fenômeno nunca se deu!

Em minha pressa de ver o inseto em liberdade, eu havia, sem o saber, impedido que se completasse o laborioso processo que estimularia a circulação nos minúsculos vasos de suas asas! E a minha mariposa, criada para voar livremente pelos ares, atravessou sua curta existência arrastando um corpo disforme, com asas atrofiadas.

Muitas e muitas vezes tenho me lembrado dessa mariposa quando observo, com olhos compassivos, pessoas que se estão debatendo em meio a sofrimento, angústias e dores. Eu de bom grado lhes cortaria a disciplina e daria liberdade. Homem sem visão! Qual dessas dores poderia sem dano ser poupada? A perfeita visão, o perfeito amor, que deseja a perfeição de seu objeto, não recua por uma fraqueza sentimental diante do sofrimento presente e transitório. O amor de nosso Pai é muito verdadeiro para fraquejar. Porque ele ama a seus filhos, ele os corrige, a fim de fazê-los participantes da sua santidade. Com esse glorioso fim em vista, ele não nos poupa o pranto. Aperfeiçoados através do sofrimento, como seu Irmão mais velho, os filhos de Deus são exercitados na obediência e trazidos à glória, através de muita tribulação. – *De um folheto*

10 de Janeiro

"... tendo sido impedidos pelo Espírito Santo de pregar a palavra na Ásia."
(At 16.6.)

É interessante observar os métodos pelos quais Deus guiou estes primeiros arautos da Cruz. Consistiram em várias proibições quando eles intentavam tomar outra posição que não fosse a certa. Quando iam dirigir-se à esquerda, para a Ásia, ele os fez parar. Quando procuraram tomar a direita, para a Bitínia, novamente os fez parar. Anos mais tarde Paulo iria fazer exatamente naquela região um dos maiores trabalhos de sua vida, mas agora a porta para lá lhe era fechada pelo Espírito Santo: a ocasião não era propícia para o ataque às aparentemente inconquistáveis fortalezas de Satanás. Apolo é que devia ir ali para uma obra pioneira. Paulo e Barnabé eram necessários mais urgentemente em outro lugar, e precisavam receber ainda um preparo maior antes de assumir aquela tarefa de tanta responsabilidade.

Caro irmão, sempre que você estiver em dúvida sobre a direção a tomar, submeta inteiramente o seu julgamento ao Espírito de Deus, e peça-lhe para fechar diante de você todas as portas, menos a certa. Diga-lhe:

"Bendito Espírito de Deus, eu lanço sobre ti a inteira responsabilidade de fechares diante de meus passos toda e qualquer direção que não seja de Deus. Faze-me ouvir a tua voz atrás de mim, toda vez que eu me desviar para a direita ou para a esquerda."

Enquanto isso, continue na vereda em que está. Fique na vocação em que foi chamado, até que lhe seja claramente apontado um outro caminho. O Espírito de Jesus espera, desejoso de ser também para nós o que ele foi para Paulo. Precisamos apenas ter o cuidado de obedecer até mesmo à menor proibição que ele nos fizer. E após a oração da fé, se houver diante de nós um caminho sem obstáculos aparentes, sigamos por ali, com o coração contente. Não nos devemos surpreender se a resposta for uma porta fechada. Quando as portas estão fechadas à direita e à esquerda, é certo haver uma estrada para Trôade. Ali nos espera Lucas, e visões nos apontarão o caminho onde vastas oportunidades estão abertas e amigos fiéis estão à nossa espera. – *Paulo*, de *Meyer*

Ele tem a chave, teu Deus tem a chave
De todas as portas adiante de ti!
Ele te conhece
E conhece a hora.
Quando abrir, no tempo,
Passa por ali.

Ele tem a chave, teu Deus tem a chave
De todo mistério, todos os porquês!
Ele criou tudo
E te fez a mente.
Te abrirá, no tempo,
O que ora não vês.

Ele tem as chaves, abre e ninguém fecha;
Fecha e ninguém abre. De tudo é Senhor!
És um filho dele, por isso, descansa.
Teu Deus tem as chaves, e te tem amor.

11 de Janeiro

"Consolai, consolai o meu povo, diz o vosso Deus." (Is 40.1.)

Irmão, armazenemos reservas de consolação. Consolar era a missão do profeta. O mundo está cheio de corações necessitados de consolo, mas para estarmos capacitados para esse ministério, precisamos antes ser preparados.

A preparação custa um alto preço, pois, se queremos de fato trazer alívio às pessoas, nós também precisamos passar pelas dores que estão provocando sofrimento e lágrimas em tantos corações nos dias de hoje. Assim, a nossa própria vida se tornará a escola onde vamos aprender a arte divina de consolar. Somos feridos, para aprender, pelo modo como o Grande Médico nos liga as feridas, a dar os primeiros socorros aos feridos, em toda parte. Geralmente não conseguimos entender o motivo de passarmos por certos sofrimentos. No entanto, se deixarmos passar o tempo, mais tarde encontraremos muitos outros, com as mesmas aflições que agora temos. Então poderemos contar-lhes como sofremos e fomos consolados. Enquanto o fazemos, aplicamos nos aflitos o bálsamo que uma vez Deus aplicou em nossa vida. Assim compreenderemos, no olhar faminto e no raio de esperança que afastará dessas pessoas a sombra do desespero, por que fomos um dia afligidos. Então bendiremos a Deus pela disciplina que nos trouxe aquela reserva de experiência e de aptidão para socorrer. – *Selecionado*

Quando estive enfermo, certa vez, prostrado,
Aprendi, do modo como fui tratado,
Como pensar chagas,
Como ter cuidado
Com o membro dorido,
Com o membro pisado.
Na dor que sofri,
Sofrendo aprendi.

Quando pela angústia, certa vez, rasgado,
Aprendi do modo em que fui consolado,
A levar consolo,
Ministrar cuidado,

Ao que tem sofrido,
Ao que está cansado.
Na dor que sofri,
De Deus aprendi.

12 de Janeiro

"*... tende por motivo de toda alegria o passardes por várias provações, sabendo que a provação da vossa fé... produz perseverança.*" (Tg 1.2,3.)

Deus envolve os seus com uma "cerca de sebe", a fim de preservá-los. Mas seus filhos muitas vezes só veem o aspecto aparentemente negativo dessa cerca protetora, e por isso interpretam mal os seus caminhos. Foi assim com Jó (Jó 3.23). Ah, mas Satanás bem conhecia o valor dessa cerca! Veja o seu testemunho no versículo 10 do capítulo 1.

Na cerca da tribulação, há sempre vãos por onde entra a luz. Um espinho só nos fere quando roçamos contra ele, e nenhum espinho nos tocará sem o conhecimento do Senhor. As palavras que nos ferem, a carta que nos magoou, a ferida cruel que nos fez o amigo mais caro, o dinheiro curto – tudo isso ele conhece bem, e se compadece como nenhum outro – e está observando para ver se, em tudo, teremos a coragem de confiar inteiramente nele.

Não estavas sozinho.
A palavra que ouviste
E que tanto feriu a tua alma,
Alguém mais escutou:
O Senhor a escutou.

Não estavas sozinho,
Quando foste lesado
E buscaram teu mal sem piedade.
Alguém tudo anotou:
O Senhor o anotou.

Não estavas sozinho,
Essa ofensa tão rude,
Esse golpe cruel que sofreste,
Alguém mais suportou:
O Senhor suportou.

O Senhor é presente.
O Senhor é contigo.
Ele sabe. Ele cuida. – Confia.
Mal, em bem tornará.
O ***Senhor*** *o fará.*

13 de Janeiro

"Em todas estas coisas, porém, somos mais que vencedores, por meio daquele que nos amou." (Rm 8.37.)

Temos mais do que vitória. Nosso triunfo é completo. Não somente escapamos da derrota, mas também destruímos os nossos inimigos e ganhamos um despojo tão valioso que podemos agradecer a Deus pela batalha. Como nos tornamos "mais do que vencedores"? Adquirindo durante o conflito uma disciplina que fortalecerá muito a nossa fé e consolidará o nosso caráter espiritual. A tentação é necessária para nos firmar e confirmar na vida espiritual. É como o fogo para as cores de uma pintura em porcelana, ou como os ventos que, ao baterem de encontro aos cedros, mais os levam a fixar-se no solo. Nossos conflitos espirituais devem ser contados entre as mais preciosas bênçãos, e o grande adversário é usado para nos treinar para a sua própria derrota. Segundo uma lenda dos antigos frígios, toda vez que eles venciam um inimigo, o vencedor absorvia o vigor físico de sua vítima, e isso era acrescentado à sua força e valor. De semelhante modo, a tentação enfrentada vitoriosamente redobra-nos a força e as reservas espirituais. Podemos, assim, não apenas derrotar o inimigo, como também capturá-lo e fazê-lo combater em nossas fileiras. O profeta Isaías fala em voar sobre os ombros dos filisteus (Is 11.14). Os filisteus eram inimigos mortais dos israelitas, mas a figura sugere que os judeus seriam capacitados não somente a conquistar os adversários, como também a usá-los para carregar nos ombros os vencedores, para outras vitórias. Assim como o marinheiro sábio usa o vendaval para avançar, manobrando e aproveitando o seu impulso, assim também nos é possível na vida espiritual, pela graça de Deus, tirar proveito de fatos e circunstâncias que parecem ser os mais desagradáveis e adversos. Assim podemos dizer continuamente: "As coisas que me aconteceram têm antes contribuído para o progresso do evangelho." – *Life More Abundantly*

"Os navegantes antigos imaginavam que os pequenos insetos construtores dos recifes de coral haviam instintivamente construído os grandes círculos das Ilhas Atol para se protegerem em seu interior." Um renomado cientista refutou essa crença, mostrando que o inseto só pode viver e prosperar, enfrentando o oceano aberto – nas bem arejadas espumas de suas ondas poderosas.

Assim, tem-se pensado comumente que comodidade e segurança são as condições mais favoráveis de vida; no entanto, todos os homens nobres e fortes provam, ao contrário, que a resistência nas adversidades é que molda os homens de caráter, e distingue uma mera existência de uma vida vigorosa. As dificuldades formam o caráter. – *Selecionado*

"Mas graças a Deus que sempre nos conduz em triunfo no Ungido, e manifesta por meio de nós a fragrância do conhecimento dele, em todo lugar." (2 Co 2.14 – tradução literal.)

14 de Janeiro

"... ele chama pelo nome as suas próprias ovelhas e as conduz para fora."
(Jo 10.3.)

Ah, esse é um trabalho penoso para ele e para nós – é penoso para nós o sair, mas é geralmente penoso para ele o causar-nos sofrimento; contudo isso precisa ser feito. Não seria bom para o nosso verdadeiro bem-estar permanecer sempre numa situação feliz e cômoda. Por isso, ele nos tira para fora. O redil fica vazio, para que as ovelhas possam vaguear pelos salutares flancos das montanhas. Os obreiros precisam ser atirados ao campo da colheita, de outra forma se perderão os preciosos grãos.

Tomemos alento! Se ele nos tira da proteção do aprisco, é porque ficar dentro não seria o melhor; e se a amorosa mão do Senhor nos faz sair, é porque isso é bom. Em seu nome, avancemos para os pastos verdes, para as águas tranquilas e para os altos montes! *Ele vai adiante.* O que quer que nos espere no caminho, ele o encontrará primeiro. Os olhos da fé podem sempre discernir, à frente, a sua majestosa presença; se não pudermos reconhecê-la, então é perigoso avançar. Guardemos no coração esta palavra de ânimo: o Salvador já experimentou todas as dificuldades que agora ele nos pede para enfrentar; e não nos pediria para atravessá-las, se não estivesse certo de que não são difíceis demais para nós, nem estão além das nossas forças.

Assim é a vida abençoada: não fica ansiosa por ver à distância ou preocupada com o próximo passo; não deseja escolher o caminho nem se sobrecarrega com as responsabilidades do futuro; mas vai calmamente seguindo atrás do Pastor, um passo por vez.

Eu vou andando com meu Pastor;
Passo por passo.
Não vejo ao longe,
– Nem posso ver –
Mas os caminhos a escolher
Meu Pastor sabe; e me dirige,
Passo por passo.

Tudo ele sabe: tudo conhece;
Já palmilhou estes caminhos;
Pode valer-me. E vai à frente
Passo por passo.

Para me atacar, todo inimigo
Terá primeiro de enfrentar
O meu Pastor. E ele me guarda
Passo por passo.

Por que temerei o meu passado?
Se já por ele achei perdão?
Quanto ao futuro,
Está guardado em sua mão.
Quanto ao presente.
... Eu vou andando com meu Pastor.
Passo por passo.

O pastor oriental ia sempre *adiante* das ovelhas. Qualquer ataque contra elas o tinha pela frente. Deus está adiante de nós. Ele está nos amanhãs. É o amanhã que enche os homens de pavor. Mas *Deus já está lá.* Todos os amanhãs da nossa vida têm que passar por ele antes de chegarem até nós. – *F. B. M.*

15 de Janeiro

"Na mesma noite, lhe apareceu o SENHOR..." (Gn 26.24.)

Ele apareceu a Isaque naquela mesma noite, a noite em que fora a Berseba. Será que essa revelação foi um acaso? Será que a ocasião foi acidental? Será que poderia ter acontecido igualmente em outra noite qualquer? Se pensamos que sim, estamos inteiramente enganados. Por que terá isto acontecido na noite em que Isaque chegou a Berseba? Porque essa foi a noite em que ele alcançou *descanso.* Em sua antiga localidade ele tinha estado perturbado. Tinha havido ali uma série de querelas mesquinhas quanto à posse de uns simples poços. Não há nada que perturbe tanto como *pequenos* aborrecimentos, principalmente se vem uma série deles. Isaque sentiu isso. Mesmo depois de passada a luta, o lugar guardava uma associação desagradável. Ele resolveu sair dali. Buscou mudança de ambiente. Armou suas tendas longe do lugar das antigas lutas. E naquela mesma noite veio a revelação. Deus falou, quando não havia tempestade interior. Ele não podia falar enquanto a mente estivesse preocupada; precisamos estar quietos para ouvir sua voz. Só em quietude de espírito Isaque pôde perceber o bulir suave das vestes do Senhor ao passar. Aquela noite de quietude foi luminosa para ele.

Será que já consideramos bem as palavras: "Aquietai-vos, e sabei"? Nas horas de perturbação não podemos ouvir a resposta às nossas orações. Quantas vezes nos parece que a resposta vem muito depois! O nosso coração não obtém a resposta no momento em que clama, isto é, na hora da tempestade, durante a prova de fogo enquanto dura a tormenta interior. Mas quando cessa o pranto, cai o silêncio e a nossa mão desiste de bater contra a porta de ferro; quando o interesse por *outras* vidas abranda a tragédia da nossa, então surge a tão demorada resposta. Devemos descansar, se queremos obter o desejo do nosso coração. Deixemos de tantas preocupações pessoais: nas tribulações de todos, esqueçamos a nossa própria aflição. Nessa mesma noite o Senhor nos aparecerá. Sobre as águas que se abaixam, brilhará o arco-íris, e no silêncio ouviremos a música do alto. – *George Matheson*

Para um pouco,
Para um pouco,
Deus quer falar-te e não ouves.
Há murmúrios, vozerios,
Agitações em teu mundo;
Dentro de ti, um tumulto...
Mas, por quê?
Porque não paras.

Não te chegar ao Senhor
Para contar-lhe o que se passa;
E para saber que ele reina;
Para descansar em seus braços;
Para que ele ordene os seus passos
"Aquietai-vos..."
"Vinde a mim..."
Para, e vem.

16 de Janeiro

"... levantou-se grande temporal..." (Mc 4.37.)

Algumas das tempestades da vida vêm *de repente*: uma grande dor, um desapontamento amargo, uma derrota esmagadora. Outras vêm *devagar*: aparecem nos recortes do horizonte, pequenas como a mão de um homem; mas a aflição que parecia tão insignificante se espalha até cobrir o céu, e nos confunde.

Contudo é na tempestade que Deus nos prepara para o seu serviço. Quando Deus quer um carvalho, ele o planta num lugar onde as tormentas o fustigarão e onde as chuvas baterão contra ele, e é no meio da batalha contra os elementos que o carvalho ganha suas fibras rijas e se torna o rei da floresta.

Quando Deus quer aperfeiçoar um homem, ele o coloca em alguma tempestade. A história dos grandes homens é sempre de rudezas e asperezas. Nenhum homem se faz, enquanto não tiver passado pelas ondas da tormenta e encontrado a resposta da sua oração: "Ó Deus, toma-me, quebranta-me, faze-me."

Certo francês pintou um quadro de grandeza incontestável: ali figuram oradores, filósofos, mártires, pessoas que se destacaram em alguma fase da vida. O fato notável a respeito do quadro é o seguinte: cada homem que se destaca por sua habilidade, destacou-se primeiro por seu sofrimento. No primeiro plano está o homem a quem foi negada a entrada na terra prometida – Moisés. A seu lado está outro, tateando em seu caminho – o cego Homero. Ali está Milton, cego e de coração partido. Depois vem a figura de um que se ergue entre os demais. E qual é a sua característica? Seu rosto está desfigurado, mais do que o de qualquer outro. O artista poderia ter escrito debaixo de sua obra-prima: "Frutos da Tormenta".

As belezas da natureza surgem após as chuvas. A beleza da montanha nasce na tempestade. E os heróis da vida são os que foram açoitados pela tormenta e marcados pela batalha.

Todos nós já estivemos na tempestade e em meio aos açoites dos ventos. Quais foram as consequências? Ficamos feridos, cansados e abatidos no vale? Ou nos erguemos aos picos de uma vida mais rica, mais profunda, mais estável? Nós nos tornamos mais ternos e compassivos para com os feridos da tormenta e marcados da batalha? – *Selecionado*

Só pode consolar quem simpatiza.
Só simpatiza quem também sofreu.
Por isso nos consola o Homem de dores,
Pois nossas dores padeceu.
E na fornalha da aflição Deus nos prepara
Para levarmos também consolação.

17 de Janeiro

"... Daniel, servo do Deus vivo! Dar-se-ia o caso que o teu Deus, a quem tu continuamente serves, tenha podido livrar-te dos leões?" (Dn 6.20.)

D*eus vivo*. Quantas vezes encontramos esta expressão na Escritura! E no entanto é justamente o que perdemos tão facilmente de vista. Sabemos que está escrito: *Deus vivo*, mas em nosso viver diário parece que nada perdemos de vista tão depressa como o fato de que Deus é o *Deus vivo*; é agora o mesmo que era há três ou quatro mil anos; tem para com os que o amam e servem o mesmo poder soberano, o mesmo amor salvador, que teve também no passado; e fará agora pelos seus o que já fez há dois, três ou quatro mil anos – simplesmente porque é o *Deus vivo*, Aquele que não muda. Oh, como devemos confiar nele, e em nossos momentos mais sombrios, nunca perder de vista que ele ainda é e sempre será o *Deus vivo*!

Se andamos com ele, olhamos para ele e dele esperamos socorro, podemos estar certos de que ele nunca nos desamparará. Sou um velho irmão, que conheço o Senhor há quarenta e quatro anos, e digo, para seu encorajamento, que Deus nunca falhou para comigo. Nas maiores dificuldades, nas provas mais difíceis, na maior pobreza e necessidade, ele nunca me falhou. Por sua graça aprendi a confiar nele, e ele tem sempre vindo em meu socorro. Tenho prazer em falar bem do seu nome. – *George Müller*

Lutero, certa vez, num momento de perigo e temor em que tinha necessidade de força espiritual, foi visto absorto, escrevendo com o dedo na mesa: *"Vivit! Vivit!"* (Ele vive! Ele vive!) Essa é a nossa esperança – para nós mesmos, para a sua verdade e para a humanidade! Os homens vêm e vão. Líderes, mestres, pensadores falam e trabalham por um tempo e então caem, sem voz e sem força. Ele permanece. Eles morrem, mas ele vive. Eles são luzes acendidas, e, portanto, mais cedo ou mais tarde, se apagam. Ele é a verdadeira luz, da qual os outros obtêm o seu brilho: Ele brilha para sempre! – *Alexander MacLaren*

"Um dia vim a conhecer o Dr. John D. Adams", escreveu o servo de Deus C. G. Trumbull, "e fiquei sabendo que, o que ele considerava a sua maior posse era a *permanente consciência da presença do Senhor Jesus*. Dizia que nada lhe dava maior segurança do que a consciência de que o Senhor estava sempre com ele em presença real. Dizia que isto não dependia de seus sentimentos ou emoções, nem de seus merecimentos ou de suas próprias ideias sobre como o Senhor manifestaria a sua presença.

"Dizia ainda que Cristo era o lar dos seus pensamentos. Toda vez que sua mente estava livre de outros assuntos, voltava-se para Cristo; e ele falava em voz alta com Cristo quando estava só – na rua, em qualquer outro lugar – tão fácil e naturalmente como com um amigo qualquer. Tão real era para ele a *presença* de Jesus."

18 de Janeiro

"Graças, porém, a Deus, que, em Cristo, sempre nos conduz em triunfo..."
(2 Co 2.14.)

De aparentes derrotas Deus tira as suas maiores vitórias. Muitas vezes o inimigo parece triunfar temporariamente, e Deus assim permite. Depois então ele confunde toda a obra do inimigo, desfaz sua aparente vitória e, como diz a Escritura, "transtorna o caminho dos ímpios". Assim ele nos leva a experimentar uma vitória muito maior do que se não tivesse permitido ao inimigo um aparente triunfo no início.

A história dos três moços hebreus lançados na fornalha ardente é bastante conhecida, e nos traz um exemplo de vitória aparente do inimigo. *Parecia* que os servos do Deus vivo iriam sofrer uma terrível derrota. Por certo todos nós já estivemos em situações onde parecíamos derrotados – e o inimigo se regozijava. Podemos imaginar a derrota completa que os três jovens pareciam estar sofrendo: lançados na fornalha, com os inimigos observando para vê-los arder naquelas chamas. Em que grande pasmo, porém, ficaram estes ao vê-los passeando dentro do fogo! E Nabucodonosor falou-lhes: "Saí e vinde". Nem um fio de cabelo estava queimado e nem havia cheiro de fogo em suas vestes, "porque não há outro Deus que possa livrar como este".

Essa aparente derrota resultou em extraordinária vitória.

Suponhamos que aqueles três homens tivessem perdido a fé e a coragem e tivessem murmurado, dizendo: "Por que Deus não nos livra de irmos para a fornalha?" Teriam sido queimados, e Deus não teria sido glorificado.

Se hoje passarmos por uma grande provação, não a tomemos como derrota, mas continuemos, pela fé, a declarar vitória por intermédio daquele que é poderoso para fazer-nos mais do que vencedores: uma gloriosa vitória logo aparecerá. Aprendamos que, em todos os lugares difíceis a que Deus nos leva, ele está criando oportunidades para exercitarmos a nossa fé, de tal forma que ela traga resultados positivos e glorifique o seu nome. – *Life of Praise*

O temporal nos faz buscar abrigo.
A tempestade no viver, embora queira parecer
Vitória do inimigo,
Nos leva a procurar, e então a conhecer
De perto o grande Amigo!

Por isso, aos temporais que me afligiram,
Hoje eu bendigo.

19 de Janeiro

"*... orar sempre e nunca esmorecer.*" (Lc 18.1.)

"Vai ter com a formiga." Tamerlane costumava contar aos amigos uma história de sua mocidade. "Certa vez", dizia ele, "para escapar de inimigos, fui forçado a me esconder nas ruínas de um edifício, e passei ali sentado muitas horas. Desejando distrair a mente da triste situação em que me achava, fiquei olhando uma formiga que subia por uma parede, carregando um grão de trigo maior do que ela; contei todas as suas tentativas para alcançar o objetivo. O grãozinho caiu sessenta e nove vezes, mas o inseto perseverou, e, ao completar setenta vezes, alcançou o topo. Aquela cena me deu coragem no momento, e nunca esqueci a lição." – *The King's Business*

A oração que toma como razão para desânimo o fato de orações passadas não terem sido respondidas, já deixou de ser a oração da fé. Para a oração da fé, a ausência de resposta é apenas evidência de que o momento da resposta está muito mais perto. Do princípio ao fim, as lições e os exemplos do Senhor nos ensinam: a oração que não persevera, não insiste no pedido e não se renova mais e mais, tomando forças de cada petição anterior, não é a oração que prevalece. – *William Arthur*

Certa vez o grande músico Rubenstein disse: "Se passo um dia sem praticar, eu noto a diferença; se passo dois dias, meus amigos notam a diferença; se passo três dias, o público nota a diferença." É como se costuma dizer: a perfeição vem da prática. Assim, pois, continuemos crendo, continuemos orando, continuemos a fazer a sua vontade. Em qualquer ramo da arte, por exemplo, se alguém deixar de praticar, sabemos qual será o resultado. Se apenas usássemos em nossa vida religiosa o mesmo tipo de senso comum que usamos em nosso viver diário, caminharíamos para a perfeição.

Este era o moto de Davi Livingstone: "Eu resolvi nunca parar sem ter chegado ao fim e cumprido o meu propósito." Com firme persistência, e confiante em Deus, ele venceu.

20 de Janeiro

"Melhor é a mágoa do que o riso, porque com a tristeza do rosto se faz melhor o coração." (Ec 7.3.)

Quando a tristeza vem sob o poder da graça divina, ela tem um múltiplo ministério em nossa vida. A tristeza revela profundezas de nossa alma que não conhecíamos, bem como capacidades de experiência e serviço que ignorávamos. Pessoas fúteis, levianas, são sempre superficiais, e nunca têm a mais leve ideia das coisas mesquinhas que há em sua natureza. O sofrimento é o arado de Deus, que revolve as profundezas da alma para que ela possa produzir mais abundante colheita. Se não tivéssemos caído, em Adão, então a força normal para dilatar as capacidades da nossa alma seria a alegria divina. Mas num mundo decaído, o sofrimento (desprovido, porém, do desespero) é o instrumento escolhido por Deus para nos revelar aos nossos próprios olhos. Assim, é a dor que nos faz pensar profunda, longa e sobriamente.

O sofrimento nos faz andar mais devagar e com mais consideração pelos outros, e leva-nos a pesar os nossos motivos e atitudes. O sofrimento é que abre os nossos olhos para as potencialidades da vida espiritual que Deus pôs em nós. É o sofrimento que nos faz dispostos a usar toda a nossa capacidade em servir a Deus e ao próximo.

Imaginemos um grupo de pessoas indolentes, vivendo ao pé de uma cadeia de montanhas, sem nunca se aventurar a explorar os seus vales e reentrâncias; um belo dia, uma tempestade violenta bate contra aqueles montes e rasga as suas gargantas, pondo à mostra os recessos ocultos dos vales. Então os habitantes do sopé dos montes se maravilham ante os segredos inexplorados de uma região tão próxima e contudo tão desconhecida. Assim acontece com muitas almas que vivem indolentemente na periferia de sua própria natureza, até que grandes tempestades de sofrimento vêm revelar profundezas escondidas, de seu ser, que até então nem supunham existir.

Ninguém é grandemente usado por Deus, sem antes ser quebrado. José sofreu mais que qualquer outro filho de Jacó. E isto o levou à tarefa de dar suprimento para todas as nações. Por esta razão o Espírito Santo disse a respeito dele: "José é um ramo frutífero... junto à fonte; seus galhos se estendem sobre o muro." (Gn 49.22.) É o sofrimento que faz dilatar a alma. – *The Heavenly Life*

Eu vi o arado sulcando a terra, e meditei:
A minha vida é como um campo sob o olhar do Senhor;
– Onde irá crescer o precioso grão?
Onde, a fé? Onde, o amor? A compreensão?
– No sulco aberto pela dor.

Cada pessoa e cada nação tem que aprender na escola da adversidade, na escola de Deus. "Podemos dizer: 'Bendita é a noite, pois nos faz ver as estrelas.' Do mesmo modo podemos dizer: 'Bendito é o sofrimento, pois nos faz ver as consolações de Deus.' As enchentes levaram-lhe a casa e o moinho, tudo o que o pobre homem possuía na vida. Mas enquanto contemplava a cena de sua miséria depois de baixadas as águas, com o coração partido e desanimado, ele viu alguma coisa brilhando nos barrancos desnudados pelas águas. 'Parece ouro', disse. E era ouro. A enchente que o havia deixado pobre o fazia rico. Assim acontece muitas vezes na vida." – *H. C. Trumbull*

21 de Janeiro

"*... em nada considero a vida preciosa para mim mesmo...*" (At 20.24.)

Lemos no livro de Samuel que, quando Davi foi ungido rei em Hebrom "todos os filisteus subiram em busca de Davi". No momento em que obtemos do Senhor qualquer coisa pela qual vale a pena lutar, já o adversário vem em nosso encalço.

Quando o inimigo nos vem de encontro no limiar de algum grande serviço para Deus, aceitemos isto como um "indício de salvação", e tomemos da parte de Deus bênção dobrada: vitória e poder. O poder se desenvolve pela resistência. O canhão atira mais longe porque o poder explosivo tem que vencer uma resistência. A eletricidade é produzida na usina distante, pela brusca fricção das turbinas em giro. E assim descobriremos um dia que até mesmo Satanás foi um dos agentes das bênçãos de Deus. – *Days of Heaven Upon Earth*

A tribulação é o caminho do triunfo. O caminho que passa pelo vale conduz a uma vereda elevada. Em todas as coisas grandes, estão as marcas de tribulação. *As coroas são preparadas em cadinhos.* O caráter das pessoas que se encontram aos pés de Deus é forjado nos sofrimentos aqui da terra. Ninguém que nunca pisou os lagares da dor sabe o que é triunfar. Com profundos sulcos de angústia cavados em sua fronte o "Homem de Dores" disse: "No mundo passais por aflições" – mas depois disto vem a confortadora promessa: "Tende bom ânimo; eu venci o mundo." As pegadas da dor se veem por toda parte. Nos degraus que levam aos tronos vemos marcas de sangue. As cicatrizes são o preço dos cetros. As nossas coroas serão arrancadas às mãos dos gigantes que conquistarmos. Não é segredo que o sofrimento sempre foi a porção dos grandes.

A tribulação tem sido a marca no caminho de todos os grandes reformadores. É a história de Paulo, de Lutero, Savonarola, Knox, Wesley e todos os outros soldados do poderoso exército. Eles alcançaram o poder, através de grande tribulação.

Os grandes livros têm sido escritos com o sangue do autor. Quem foi o incomparável poeta dos gregos? Homero. Mas o grande cantor era cego. Quem escreveu o imortal *O Peregrino*? Um príncipe vestido de púrpura, reclinado em deliciosos coxins?! Não! os halos fulgurantes daquela visão douraram as paredes escuras da velha prisão de Bedford, onde João Bunyan, o nobre prisioneiro, o glorioso gênio, transcrevia fielmente a cena.

22 de Janeiro

"... para orar à parte... estava ali só..." (Mt 14.23 – ARC.)

"Na pausa não há música, mas a pausa ajuda a fazer a música." Na melodia da nossa vida a música é interrompida aqui e ali por "pausas", e nós, sem refletir, pensamos que a melodia terminou. Deus nos envia um tempo de parada forçada, de enfermidade, de planos fracassados, de esforços frustrados, e faz uma pausa repentina no coral de nossa vida. E nós lamentamos que a nossa voz tenha de calar-se, e tenha de faltar a nossa parte na música que sobe constante aos ouvidos do Criador. Mas, como é que o maestro lê a pausa? Ele continua a marcar o compasso com a mesma precisão e toma a nota seguinte com firmeza, como se não tivesse havido interrupção alguma.

Deus segue um plano ao escrever a música de nossas vidas. A nossa parte deve ser aprender a melodia, e não desmaiar nas "pausas". Elas não estão ali para serem passadas por alto ou serem omitidas, nem para atrapalhar a melodia ou alterar o tom. Se olharmos para cima, Deus mesmo marcará o compasso para nós. Com os olhos nele, vamos ferir a próxima nota com toda a clareza. Se murmurarmos tristemente: "Na pausa não há música", não nos esqueçamos, contudo, de que "ela ajuda a fazer a música". Compor a música da nossa vida é geralmente um processo lento e trabalhoso. Com paciência Deus trabalha para nos ensinar! E quanto tempo ele espera até que aprendamos a lição! – *Ruskin*

Chamado à parte, para ficar parado.
Pausa. Silêncio em minha atividade.
Quanta coisa parada, que entendia
Encaminhar, fazer e realizar.
Chamado à parte? – Para estar a sós
Com meu Senhor.

Chamado à parte.
A uma longa espera.
Parece às vezes que não passa o tempo.
Teria pressa! a noite se aproxima!
Tanta necessidade... e nada posso.
Chamado à parte? – Para andar a sós
Com meu Senhor.

Chamado à parte. A um lugar deserto.
Ninguém afim para me ouvir as queixas.
Para entender, para simpatizar.
E a dor, a incompreensão, dúvidas, sombras...
Chamado à parte? – Para falar a sós
Com meu Senhor.

Chamado à parte, para estar com ele.
Privar com ele, andar no passo dele.
Que importa se outras coisas não são feitas?
Das muitas coisas, **uma** *é necessária.*
Chamado à parte? – Para conhecê-lo
O meu Senhor.

23 de Janeiro

"Por que, SENHOR, te conservas longe?..." (Sl 10.1.)

Deus é "socorro bem presente na angústia". Mas ele permite que as tribulações nos alcancem, como se estivesse indiferente à sua pressão perturbadora, para que cheguemos ao fim de nossas próprias forças e descubramos o tesouro escondido, o imenso lucro da tribulação. Podemos estar seguros de que Aquele que permite o sofrimento está conosco na dor. Pode ser que só o vejamos quando a aflição já estiver passando, mas precisamos atrever-nos a crer que ele nunca sai de perto do crisol. Nossos olhos estão vendados e não podemos ver Aquele a quem amamos. Está escuro – as vendas nos cegam, de forma que não podemos enxergar a figura do Sumo Sacerdote: mas ele está ali, profundamente compadecido. Não consideremos os nossos sentimentos, mas a sua imutável fidelidade; e embora não o vejamos, falemos com ele. Assim que começamos a conversar com Jesus, crendo na sua real presença, embora nos esteja velada, vem-nos em resposta a sua voz – que nos prova que ele está ali, no meio da sombra, velando sobre o que é seu. O Pai está tão perto quando passamos pelo túnel, como quando caminhamos sob o céu aberto.

Comigo estás, Senhor.
Embora eu não te veja,
Sei muito bem que tu comigo estás.
Segura forte a minha mão na dor;
Cerca o meu coração com teu amor;
Ergue a minha alma, e que ela firme esteja.
Repouso em ti, Senhor.
Comigo estás.

24 de Janeiro

"Mas a pomba, não achando onde pousar o pé, tornou a ele... À tarde, ela voltou a ele; trazia no bico uma folha nova de oliveira..." (Gn 8.9-11.)

Deus sabe exatamente quando nos deve negar qualquer sinal de encorajamento e quando nos deve dar algum. Como é bom saber que sempre podemos confiar nele! Quando nos são tiradas todas as evidências de que ele se lembra de nós, tanto melhor. A sua Palavra e as suas promessas são muito mais sólidas e de confiança do que qualquer evidência fornecida pelos sentimentos, e o Senhor quer que aprendamos isso. Quando ele nos dá as evidências, muito bem; mas saberemos apreciá-las melhor depois de termos confiado sem elas. Os que estão prontos a confiar em Deus sem outra evidência senão a sua Palavra, sempre recebem o maior número de evidências da parte do seu amor. – *C. G. Trumbull*

Meu Deus,
Que bom saber que existes;
Que estás aí; que és sempre o mesmo.
Saber que tudo sabes;
Que és amor;
E saber que o meu tempo e os meus dias
Estão nas tuas mãos.
Que bom, meu Deus.

Senhor,
Que bom que me alcançaste.
Mediante a cruz.
Que bom que posso ver-te;
Chegar-me como sou e como estou;
Falar contigo;
Ouvir-te.
Que bom, Senhor.

Meu Pai,
Que bom ter a Palavra;
Saber que é viva como tu és vivo;
E ter em mim o Espírito da graça
Que a ilumina para mim
E a torna vida em mim.
Meu Pai, que bom.

A demora de Deus não é uma recusa; muitas orações são registradas na sua presença, tendo ao lado as palavras: "Ainda não é chegada a minha hora." Deus tem um tempo aprazado e também um propósito estabelecido. Aquele que traça os limites da nossa habitação ordena também o tempo do nosso livramento.

Deus não tarda,
Crê, somente.
A seu tempo
Fará tudo,
Prontamente.

25 de Janeiro

"... o teu bordão e o teu cajado me consolam." (Sl 23.4.)

Na casa de meu pai, na fazenda, há um pequeno armário junto à lareira, onde estão guardados os bordões e bengalas de várias gerações de nossa família. Em minhas visitas à velha casa, quando meu pai e eu vamos sair para uma caminhada, muitas vezes abrimos aquele armário e tiramos dali o bastão que mais nos convém para o passeio. Isso muitas vezes me faz lembrar que a Palavra de Deus é um bordão.

Durante a guerra, quando pairava sobre nós o desânimo e uma constante ameaça de perigo, o verso "Não se atemoriza de más notícias; o seu coração é firme, confiante no SENHOR." (Sl 112.7) serviu-me de bordão para atravessar muitos dias escuros.

Quando a morte levou nosso filho e deixou-nos quase despedaçados, encontrei outro bordão, na promessa de que "ao anoitecer pode vir o choro, mas a alegria vem pela manhã".

Quando fiquei separado dos meus por um ano por causa de minha saúde, sem saber quando me seria permitido voltar para casa e trabalhar novamente, levei comigo este bordão que nunca falhou: "Eu é que sei que pensamentos tenho a vosso respeito, diz o Senhor; pensamentos de paz, e não de mal."

Em tempos de maior perigo ou dúvida, quando todos os juízos humanos pareciam não ter nenhum valor, foi suave avançar com este bordão: "No sossego e na confiança estaria a vossa força." E nas emergências, quando parecia não haver tempo para tomar uma deliberação ou mesmo para agir, este bordão nunca me falhou: "Aquele que crer, não se apresse." – *Benjamin V. Abbott* em *The Outlook*

"Eu nunca teria compreendido", disse a esposa de Martinho Lutero, "o que significavam certas palavras de alguns salmos, as expressões de angústia de espírito, jamais entenderia a prática dos deveres cristãos, se Deus não me tivesse dado aflições." De fato, a vara de Deus é como o ponteiro do professor, que aponta a letra para que o aluno possa acompanhá-la melhor; com ela ele nos aponta muitas lições boas que de outra forma não aprenderíamos. – *Selecionado*

Deus sempre envia, com a sua vara, o seu cajado.

"O ferro e o metal será o teu calçado, e a tua força será como os teus dias." (Dt 33.25 – ARC.)

Podemos estar certos de que, se Deus nos envia por terrenos pedregosos, ele nos provê de sapatos fortes; e não nos mandará a nenhuma caminhada sem nos equipar convenientemente para ela. – *MacLaren*

26 de *Janeiro*

"... Eis aqui, tenho começado a dar-te... passa a desapossá-lo, para lhe ocupares o país." (Dt 2.31.)

Muitas vezes a Bíblia nos fala a respeito de esperarmos no Senhor. Toda a ênfase que dermos a este ponto nunca é demais. Facilmente nos impacientamos ante a demora de Deus. Grande parte das nossas aflições provém da pressa. É como se não pudéssemos esperar o fruto amadurecer, e quiséssemos colhê-lo verde. Não conseguimos esperar pela resposta de nossas orações, embora às vezes sejam necessários longos anos de preparação para que aquilo que pedimos venha a ser nosso. Somos exortados a andar com Deus; muitas vezes, no entanto, Deus anda muito devagar. Contudo, há outra face da lição: *Deus frequentemente espera por nós.*

Várias vezes deixamos de receber a bênção que ele preparou para nós, porque não estamos avançando com ele. Assim como perdemos muitas bênçãos por não esperarmos por Deus, também perdemos outras por esperarmos *além do tempo.* Há ocasiões em que a nossa força se revela em permanecermos quietos, mas há também ocasiões em que devemos avançar com passo firme.

Muitas promessas de Deus estão condicionadas a um começo de ação da nossa parte, isto é, quando começamos a obedecer, Deus começa a abençoar-nos. Grandes promessas foram feitas a Abraão, mas nenhuma delas poderia ter sido alcançada se ele ficasse esperando na Caldeia. Ele teve de deixar lar, amigos, o país, e sair por veredas desconhecidas, continuar avançando em constante obediência, a fim de receber as promessas. Os dez leprosos receberam a ordem de ir apresentar-se ao sacerdote, e, *"indo eles, foram purificados"*. Se tivessem esperado para *ver a purificação* em seu corpo antes de saírem, nunca a teriam visto. Deus estava esperando, para purificá-los; e, no momento em que sua fé entrou em ação, a bênção veio.

Quando os israelitas estavam sem saída, perseguidos pelo exército junto ao mar Vermelho, Deus lhes ordenou que marchassem. Seu dever não era mais esperar, mas levantar-se dos seus joelhos e avançar no caminho da fé. Também em outra ocasião receberam ordem de mostrar sua fé, avançando diante do Jordão quando suas águas corriam e transbordavam pelas margens. Eles tinham na mão a chave para abrir o portal da Terra Prometida, mas a porta não se moveria, enquanto não se chegassem a ela e a destrancassem. Aquela chave era a fé. Nós somos colocados diante de certas batalhas. Dizemos que nunca seremos vitoriosos; que nunca derrotaremos aqueles inimigos; mas, quando entramos no conflito, alguém se achega e luta ao nosso lado, e por meio dele somos mais do que vencedores. Se, temendo e tremendo, tivéssemos ficado à espera da manifestação de nosso ajudador, antes de entrarmos na batalha, teríamos esperado em vão. Deus está esperando para derramar ricas bênçãos sobre nós. Avancemos confiantes e tomemos o que é nosso. *Eu tenho começado a dar-te, começa a possuir.* – *J. R. Miller*

27 de Janeiro

"... ele mesmo vos há de aperfeiçoar, firmar, fortificar e fundamentar."
(1 Pe 5.10.)

Para entrarmos em um novo relacionamento com Cristo em nossa vida, precisamos primeiro ter iluminação intelectual suficiente para satisfazer a mente, convencendo-nos de que temos o direito de estar nesse relacionamento. A mais leve sombra aniquilará a nossa confiança. Mas, uma vez tendo esclarecido tudo, então é só nos lançarmos à aventura: fazer a escolha e colocar-nos ali, assumindo aquela posição. E isto de forma tão definida como a árvore que fica plantada no solo, ou como a noiva, que no altar se entrega definitivamente ao noivo. Algo definitivo, sem reservas, e sem voltar atrás.

Vem depois um tempo de firmação, confirmação e prova, durante o qual precisamos "ficar ali" até que o novo relacionamento se firme e torne-se um hábito permanente. É como quando o cirurgião engessa um braço quebrado. Ele o coloca entre talas, para protegê-lo de vibrações. Assim, Deus tem talas espirituais, que ele quer pôr em seus filhos para conservá-los quietos e sem se moverem daqui para ali, até que passem o primeiro estágio de fé. Isso nem sempre é fácil para nós, mas "o Deus de toda a graça, que em Cristo vos chamou à sua eterna glória, depois de terdes sofrido por um pouco, ele mesmo vos há de aperfeiçoar, firmar, fortificar e fundamentar". – *A. B. Simpson*

Em Cristo a mesa é farta, e é mesmo para nós.
Não nos endureçamos se ouvirmos sua voz.
Tomemos o que é nosso, entremos no repouso.
Sentemo-nos. Comamos. Honremos ao Senhor.

28 de Janeiro

"... zelo por vós com zelo de Deus..." (2 Co 11.2.)

É preciso ver o carinho com que um harpista trata a sua harpa! Ele a dedilha como quem acaricia uma criança a repousar no seu regaço. Sua vida gira em torno dela. Mas, observemos quando ele a afina. Toma-a com firmeza e, num movimento brusco, fere-lhe uma corda; e enquanto ela estremece como num ai, ele se inclina sobre ela atentamente para apanhar o primeiro som que vem. A nota, como ele temia, é desafinada e áspera. Ele vai esticando a corda com a torturante cravelha; embora ela pareça pronta a rebentar pela tensão, ele ainda a fere de novo, inclinando-se para ouvi-la, atento como antes; e assim prossegue, até que lhe vemos um sorriso no rosto, quando o primeiro som limpo e perfeito se faz ouvir.

Pode ser que Deus esteja lidando assim conosco. Ele nos ama muito mais do que um harpista ama sua harpa, mas encontra em nós um conjunto de cordas desafinadas. Por meio da angústia, ele vai ajustando as cordas do nosso coração; ele se inclina sobre nós com ternura, ferindo a corda e escutando; e, ouvindo apenas uma queixa áspera, fere de novo, enquanto seu próprio coração sofre por nós, esperando ansiosamente por aquela melodia: "Não se faça a minha vontade, e, sim, a tua" – que é doce aos seus ouvidos, como o canto dos anjos. E não cessará de ferir a corda, até que nossa alma, disciplinada pela aflição, se harmonize com as harmonias do seu próprio ser. – *Selecionado*

O que eu faço não sabes inda agora
Depois o entenderás.
Meus caminhos não são os teus caminhos,
Crê somente, e tem paz.
No momento parece de tristeza
A firme correção;
Mas depois produz fruto de justiça,
E abranda o coração.

São marcadas as mãos que te modelam,
Traspassadas por ti.
Deixa nelas, inteiro, o teu cuidado;
E reclina-te ali.
Que depois, trabalhado pela graça,
Cantarás em louvor:
"Pelos anos em que tu me afligiste,
Dou-te graças, Senhor!"

29 de Janeiro

"Deus está no meio dela; jamais será abalada; Deus a ajudará desde antemanhã." (Sl 46.5.)

"Jamais será abalada" – que declaração inspiradora. Será que nós, tão facilmente agitados pelas coisas da terra, ainda veremos o dia em que nada poderá abalar a nossa calma? Sim, isto é possível. O apóstolo o conheceu. Quando estava a caminho de Jerusalém, sabendo que o esperavam "cadeias e tribulações", pôde dizer triunfantemente: "Em nada considero a vida preciosa para mim mesmo." Tudo o que podia ser sacudido, na vida de Paulo, havia sido sacudido, e ele não mais contava por preciosa a sua vida nem nada que possuísse. E nós, se apenas deixarmos que Deus faça conosco o que quiser, podemos provar a mesma coisa, experimentando que nem as pequenas preocupações da vida nem as grandes e pesadas provas podem ter o poder de mover-nos da paz que excede o entendimento. Isso é o que está assegurado na Palavra como a porção dos que aprenderam a descansar só em Deus.

"Ao vencedor, fá-lo-ei coluna no santuário do meu Deus, e daí jamais sairá." Ser inabalável como uma coluna na casa de nosso Deus é um fim pelo qual de bom grado suportaríamos todas as sacudidas porventura necessárias. – *Hannah Whitall Smith*

Quando Deus está no meio de um reino ou cidade, ele o faz firme como o monte de Sião, que não se abala. Quando ele está no centro de uma vida, embora as calamidades a cerquem de todos os lados e rujam como as ondas do mar, contudo há uma constante calma no seu interior, uma tal paz, a qual o mundo não pode dar nem tirar. O que é que leva o homem a ficar agitado como as folhas, a qualquer rajada de perigo, se não que, em vez de estar Deus em seu coração, ali está o mundo? – *Archbishop Leighton*

"Os que confiam no Senhor são como o monte Sião, que não se abala, firme para sempre."

30 de Janeiro

"Serei para Israel como orvalho..." (Os 14.5.)

O orvalho é uma fonte de refrigério. É a provisão da natureza para a renovação da face da terra. Ele cai de noite, e sem ele a vegetação morreria. É esse grande valor do orvalho que é tantas vezes reconhecido nas Escrituras.

Ele é usado como símbolo de refrigério espiritual. Como a natureza é banhada pelo orvalho, assim o Senhor também renova o seu povo. Em Tito 3.5, o mesmo pensamento de refrigério espiritual está ligado ao Espírito Santo – a renovação do Espírito Santo.

Muitos cristãos não reconhecem a importância do orvalho celeste em sua vida, e como resultado, falta-lhes frescor e vitalidade. Têm o espírito desfalecido, por falta de orvalho.

Meu irmão, você reconhece a loucura que seria um operário passar o dia trabalhando, sem comer. Mas reconhece também a loucura que é um crente querer servir a Deus, sem comer do maná celeste? Não basta recebermos alimento de quando em quando. Precisamos receber cada dia a renovação do Espírito Santo. Nós bem sabemos quando estamos cheios de vigor espiritual, e quando nos sentimos exaustos e desgastados. A quietude e a absorção são as atitudes propícias para recebermos o orvalho. À noite, quando a vegetação repousa, os poros das plantas estão abertos para receber o banho refrescante e revigorador; assim, na quietude aos pés do Senhor, vem-nos o orvalho espiritual. Coloquemo-nos quietos diante dele. A pressa impede que recebamos o orvalho. Esperemos diante de Deus, até estarmos impregnados da sua presença: então entraremos no serviço do Rei, na certeza de que temos o vigor de Jesus Cristo. – *Dr. Pardington*

O orvalho não cai enquanto há calor ou vento. A temperatura precisa baixar e o vento cessar, e o ar precisa estar fresco e calmo – de uma completa quietude, por assim dizer – para que possa produzir suas invisíveis partículas de umidade para orvalhar a erva e a flor. Assim também, a graça de Deus não pode trazer refrigério ao homem, enquanto ele não estiver naquele necessário *ponto quieto.*

O Bom Pastor minha alma refrigera.
Quero estar quieto a seus pés.
Quieto para aprender; para conhecê-lo;
Para contemplar a sua formosura;
Para receber o orvalho que renova
E me infunde vigor; é dura a prova.

Eu venho estar, Senhor,
Quieto a teus pés.

31 de Janeiro

"Se ele aquietar, quem, então, inquietará?..." (Jó 34.29 – ARC.)

Existe um tipo de calma que se manifesta em meio à fúria do temporal. Vamos navegando tranquilamente; ele está conosco no barco. Ao chegarmos ao meio do lago, longe da terra, sob a escuridão da noite, de repente levanta-se uma furiosa tempestade. A terra e o inferno parecem estar aliados contra nós, e cada onda parece que vai tragar-nos. Mas ali ele desperta do seu sono e repreende as ondas; sua mão levantada traz bênção e repouso sobre a ira dos elementos em tumulto. E a sua voz faz-se ouvir acima do silvo dos ventos que crispam as águas: "Cala-te, aquieta-te". – Você não a está ouvindo? – Segue-se depois uma grande bonança. "Se ele aquietar..."

Existe uma calma que está presente, mesmo quando não *sentimos* consolações. Algumas vezes ele retira de nós esses sentimentos, porque começamos a dar-lhes muito valor. Somos tentados a olhar para o gozo, para os êxtases, para os transportes e visões, com uma atenção um tanto especial. Então ele, por nos amar muito, os afasta de nós. Mas por sua graça, nos leva a distinguir entre os sentimentos e ele mesmo. Chega-se a nós e nos assegura de sua presença. E uma grande calma nos vem guardar o coração e a mente. "Se ele aquietar, quem, então, inquietará?"

"Se ele aquietar", quem pois inquietará?
Vem aquietar minha alma, Salvador.
Tu vês que o vento é forte, e estou tentado;
As águas cercam-me de todo lado,
E sinto aperto; sinto angústia e dor.
Vem aquietar minha alma, Salvador.

Quero-te ouvir a voz em meio aos ventos,
E em paz descansarei:
Tu que foste tentado, estás comigo;
Tu que sofreste dor és meu abrigo:
E inda que as águas rujam e se perturbem,
Ou que se abalem montes, e se mudem,
Ouvindo a tua voz, não temerei

Sei que estás perto, e embora eu não o sinta
Quando as rajadas úmidas me atingem,
Tu o prometeste – isso me bastará.
Tua Palavra traz-me segurança.
Na tempestade, em ti gozo bonança.

Se ele aquietar, quem pois inquietará?

1.º de Fevereiro

"*... eu é que fiz isto...*" (1 Rs 12.24.)

Meu filho, eu hoje tenho uma mensagem para você, quero segredá-la ao seu ouvido, para que ela possa dissipar as nuvens escuras que surjam na sua vida e amaciar os lugares ásperos que você tenha de atravessar. É breve, apenas cinco palavras, mas deixe-a penetrar no íntimo de sua alma e use-a como travesseiro onde reclinar a fronte cansada: ***Eu*** *é que fiz isto.*

Você já tinha pensado antes, que tudo o que lhe concerne também concerne a mim? Pois aquele que toca em você, toca na menina dos meus olhos (Zc 2.8). Você é muito precioso aos meus olhos (Is 43.4). Portanto, educá-lo é o meu maior prazer.

Quero que você entenda que, quando as tentações o assaltam e o inimigo vem como um rio, fui eu quem o permitiu; que a sua fraqueza precisa da minha força, e que a sua segurança está em me deixar combater em seu lugar.

Você está em circunstâncias difíceis, cercado de pessoas que não o compreendem, que não consultam o seu gosto, e o deixam de lado? Eu é que fiz isto. Eu sou o Deus das circunstâncias. Você não veio a este lugar por acaso; é exatamente o lugar que Deus tinha em mente para você.

Você não me pediu para torná-lo humilde? Veja, então, que eu o coloquei exatamente na escola em que essa lição é aprendida; seu ambiente e seus companheiros só estão servindo para a operação da minha vontade.

Você está em dificuldades financeiras? Está difícil fazer o dinheiro dar? Eu é que fiz isto, pois eu sou o que toma conta da sua bolsa, e quero que busque os seus recursos em mim e dependa de mim. Meus suprimentos são inesgotáveis (Fp 4.19). Eu quero levá-lo a provar as minhas promessas. Que não seja dito de você: "Mas nem por isso crestes no SENHOR, vosso Deus." (Dt 1.32.)

Você está passando pelo vale da dor? Eu é que fiz isto. Eu sou o "homem de dores e que sabe o que é padecer". Deixei que os recursos do consolo terreno o desapontassem a fim de que, voltando-se para mim, você encontrasse a eterna consolação (2 Ts 2.16,17).

Você aspirou fazer um grande trabalho para mim, e em vez disso foi deixado de parte, num leito de dor e fraqueza? Eu é que fiz isto. Eu não conseguia a sua atenção nos seus dias atarefados e queria ensinar-lhe algumas lições mais profundas. Alguns dos meus maiores obreiros são pessoas afastadas do serviço ativo, a fim de que possam aprender a manejar a arma da oração.

Coloco hoje na sua mão este vaso de bálsamo santo. Use-o livremente, meu filho. Toda circunstância que se levantar, cada palavra que o ferir, cada interrupção que o queira impacientar, cada revelação da sua fraqueza sejam ungidas com ele. O ferrão desaparecerá, quando você aprender a ver-me em todas as coisas. – *Laura A. B. Snouw*

2 de Fevereiro

"... na sombra da sua mão me escondeu; fez-me como uma flecha polida, e me guardou na sua aljava." (Is 49.2.)

"Na sombra." Todos nós precisamos estar ali de vez em quando. A claridade do dia brilha demais; nossos olhos ficam irritados e incapazes de discernir as delicadas nuanças de cor ou apreciar os tons neutros: o ensombreado do quarto de enfermidade; a ensombreada casa de pranto; o ensombreado viver de onde fugiu o sol.

Mas não temamos! É a sombra da mão de Deus. Ele está guiando a nossa vida. Há lições que só podem ser aprendidas ali.

A fotografia do seu rosto só pode fixar-se na câmara escura. Não pensemos que ele nos deixou de lado. Ainda estamos na sua aljava; ele não nos lançou fora como algo sem valor.

Está apenas guardando-nos bem perto, até chegar o momento de enviar-nos a executar algum trabalho em que o seu nome será glorificado. Você, leitor, que está na sombra e solitário, considere como a aljava está atada ao guerreiro, ao alcance fácil de sua mão e guardada com todo o cuidado. – *Christ in Isaiah*, de *Meyer*

Há ocasiões em que a sombra fornece muito mais condições de crescimento. O milho cresce mais rapidamente na sombra das noites de verão. O sol do meio-dia enrola-lhe as folhas; mas depressa elas se desenrolam se uma nuvem cobre o céu. A sombra faz um trabalho que a claridade não faz. A beleza das estrelas só é vista quando a noite chega. Há plantas que só florescem na sombra; e há muitos campos verdes em terras de neblina, de nuvens e de sombra.

3 de Fevereiro

"E logo o Espírito o impeliu para o deserto." (Mc 1.12.)

Dir-se-ia uma prova um tanto estranha do favor divino. "Logo." Logo, depois do quê? Depois dos céus abertos, da descida do Espírito como pomba, da voz de bênção do Pai: "Tu és o meu Filho amado, em ti me comprazo." Não, não é uma experiência fora do normal. Eu também já passei por isso. Sempre depois de alcançar o ápice é que vêm os momentos de maior depressão. Ainda ontem eu me encontrava lá nas alturas e cantava no esplendor da manhã; hoje estou abatido e meu canto emudeceu. Ao meio-dia eu me aquecia com o calor da presença divina; ao entardecer estou no deserto dizendo: "O meu caminho está encoberto ao Senhor."

Mas será que reparamos no conforto daquela palavra "logo"? Por que vem ela imediatamente após a bênção? Exatamente para mostrar que se trata de uma experiência que se segue à bênção. Deus resplandece sobre nós, para nos preparar para os lugares desertos da vida – para os seus getsêmanis, os seus calvários. Ele nos levanta, para nos dar forças a fim de irmos mais ao fundo; ele nos ilumina, a fim de poder nos enviar dentro da noite, a fim de fazer de nós um amparo aos desamparados.

Nem sempre estamos prontos para o deserto; só estamos preparados, após a experiência do Jordão. Nada, a não ser a visão do Filho, pode preparar-nos para o peso que o Espírito colocará em nosso coração; só a glória do batismo poderá fazer-nos suportar a fome no deserto. – *George Matheson*

Depois da bênção vem a batalha.

O tempo de prova que marca e enriquece poderosamente a vida espiritual de uma pessoa não é um tempo qualquer, mas um período em que o próprio inferno parece estar solto, um período em que percebemos que somos levados a uma armadilha, em que sabemos que Deus está permitindo estarmos à mercê de Satanás. Mas é um período que sempre termina em triunfo certo para os que entregaram a ele, o Senhor, a guarda de sua alma; é um período que nos torna muito úteis nas mãos do Senhor. – *Aphra White*

4 de Fevereiro

"... Eu te farei cavalgar sobre os altos da terra..." (Is 58.14.)

Dizem que uma das primeiras regras que um piloto aprende é pôr o avião de encontro ao vento e voar contra ele. O vento o eleva a maiores alturas. Onde foi que aprenderam isto? Foi com as aves. Se um pássaro está voando por prazer, ele vai ao sabor do vento. Mas se enfrenta algum perigo, faz meia-volta e voa contra o vento, a fim de ir mais para cima; e sobe cada vez mais alto.

Os sofrimentos são os ventos de Deus, ventos contrários, às vezes ventos fortes. São os furacões de Deus, mas tomam a nossa vida e a elevam a alturas maiores e em direção aos céus de Deus.

Todos nós já observamos no verão dias em que a atmosfera está tão opressiva que é até difícil respirar. Mas depois aparece uma nuvem no horizonte, ao ocidente, e ela cresce, e se derrama em rica bênção sobre a terra. É o relâmpago que corta os ares, é o trovão que ressoa, é a pesada chuva que cai. A atmosfera fica leve, e há uma vida nova no ar; tudo mudou.

Exatamente esse mesmo princípio é o que opera na vida humana. Quando a tempestade cai, a atmosfera do coração se transforma, é purificada e recebe vida nova; uma parte do céu é trazida à terra. – *Selecionado*

Os obstáculos deveriam fazer-nos cantar. O vento canta, não quando está atravessando a amplidão dos mares, mas quando encontra o obstáculo dos braços das árvores ou quando é quebrado pelas finas cordas de uma harpa eólica. Então ele canta, com poder e beleza. Libertemos nossa alma para cruzar os obstáculos da vida, as sombrias florestas da dor, ou até mesmo os pequenos embaraços e aborrecimentos que o próprio amor oferece, e ela também cantará. – *Selecionado*

Cânticos na noite
Só Deus pode dar.
E dá, que o provei
E o tenho provado.

Pois ele é o meu cântico
E a minha alegria:
É o mesmo, se é noite,
É o mesmo, se é dia;
Não pode mudar!

5 de Fevereiro

"Porquanto não saireis apressadamente..." (Is 52.12.)

Creio que ainda não começamos a compreender o poder maravilhoso que há em estarmos quietos. Estamos sempre tão apressados – precisamos estar *fazendo* alguma coisa – tão apressados, que corremos o perigo de não dar a Deus uma oportunidade de operar. Podemos estar certos de que, se Deus nos diz: "Aquietai-vos", ou: "Estai quietos", é porque ele vai fazer alguma coisa.

Esta é a nossa dificuldade com respeito à vida cristã; *nós* queremos fazer alguma coisa – quando precisamos é deixar que *ele* opere em nós. Quando posamos para uma fotografia também precisamos estar bem quietos.

Deus tem um propósito eterno a nosso respeito, e é que sejamos semelhantes a seu Filho; e para que isso se concretize, precisamos estar quietos em suas mãos. Ouvimos tanto falar em atividades, que talvez precisemos conhecer o que é estar quieto. – *Crumbs*

6 de Fevereiro

"Converteu o mar em terra seca; atravessaram o rio a pé; ali, nos alegramos nele." (Sl 66.6.)

É notável o que se declara aqui: *"atravessaram o rio"* (situação em que só esperaríamos tremor, terror, angústia e desfalecimento) e "ali", diz o salmista, "nos alegramos nele"!

Quantos crentes poderiam endossar isto como sua experiência: "ali", exatamente nos tempos de angústia e tristeza, eles têm sido, mais do que nunca, capacitados a triunfar e regozijar-se.

Quão de perto se faz presente o Deus da aliança! E como se destacam as suas promessas! Nos dias de prosperidade não vemos bem as promessas, assim como não vemos as estrelas ao brilho do sol. Mas quando vem a noite, a noite profunda e escura do sofrimento, multidões de estrelas começam a aparecer – são constelações que trazem esperança e consolação.

E como Jacó em Jaboque, é quando o sol se põe que vem a nós o Anjo divino e lutamos com ele e prevalecemos.

Era à noite que Arão acendia as lâmpadas do santuário. É na noite da aflição que muitas vezes são acesas as lâmpadas mais brilhantes do crente.

Foi na solidão do exílio que João teve a gloriosa visão de seu Redentor. Temos muitas outras patmos neste mundo, cujas lembranças mais belas são as da presença de Deus e do sustento de sua graça e amor na solidão e tristeza.

Quantos peregrinos, passando ainda por estes mares vermelhos e estes jordões de aflição, poderão dizer, no retrospecto da eternidade

– cheios de lembranças da grande bondade de Deus – palavras assim: "Atravessamos o rio a pé, ali – ali, naquelas experiências escuras. Com ondas surgindo de todos os lados, um abismo chamando outro abismo, o Jordão, como quando Israel o atravessou, transbordando 'por todas as suas ribanceiras' – ali nos alegramos nele"! – *Dr. Macduff*

7 de Fevereiro

"Por que estás abatida, ó minha alma?..." (Sl 43.5.)

Existem razões plausíveis para se estar abatido? Existem duas, mas somente duas razões. Se ainda não somos convertidos, temos razão para ficar abatidos; ou, se já somos convertidos, mas estamos em pecado, então de fato ficamos abatidos.

Mas a não ser por uma dessas duas causas, não temos por que ficar abatidos, pois tudo mais pode ser trazido diante de Deus em oração e súplicas, com ação de graças. E quanto às necessidades, dificuldades e todas as provas por que passamos, podemos em tudo exercitar a nossa fé no poder de Deus e no seu amor.

"Espera em Deus." Ah, lembremo-nos disto: não há uma só ocasião em que não possamos esperar em Deus. Qualquer que seja a nossa necessidade, por grande que seja a dificuldade e embora auxílio pareça impossível, nosso papel é esperar em Deus, e descobriremos que não é em vão. No tempo do Senhor virá o socorro.

Quantas centenas, sim, milhares de vezes, eu experimentei isto nestes setenta e quatro anos e quatro meses!

Quando parecia impossível qualquer auxílio, lá surgia o auxílio; de mil maneiras e por vezes incontáveis, Deus pode ajudar-nos, pois ele tem seus próprios recursos. Ele não está limitado.

Nossa parte consiste em colocar o problema na presença do Senhor, com toda simplicidade, e derramar o coração diante dele, dizendo:

"Eu não mereço que me ouças ou respondas os meus pedidos, senão por causa do meu Senhor Jesus; por amor dele, responde à minha oração, e dá-me a graça de esperar com paciência até ao momento em que hajas por bem responder, pois eu creio que tu o farás no teu tempo e da tua maneira."

"Pois ainda o louvarei." Mais oração, e mais fé, e mais espera paciente. O resultado será bênção, e bênção abundante. É o que tenho descoberto muitas centenas de vezes, por isso digo continuamente a mim mesmo: "Espera em Deus." – *George Müller*

8 de Fevereiro

"... E eis que estou convosco todos os dias..." (Mt 28.20.)

Não temamos as mudanças e acontecimentos desta vida. Antes olhemos para eles na plena esperança de que, à medida que surgirem, Deus, a quem pertencemos, nos livrará deles. Ele guardou nossa vida até aqui; apenas seguremos firme a sua mão querida, e ele nos guiará com segurança através de todas as coisas, e quando não pudermos ficar em pé, ele nos levará em seus braços.

Não olhemos o que poderá acontecer amanhã. O mesmo Pai que hoje cuida de nós, ainda cuidará amanhã e todos os dias. Ou ele nos abrigará do sofrimento, ou nos dará uma fortaleza infalível para suportá-lo. Portanto, tenhamos paz, e ponhamos de lado toda imaginação e pensamento ansioso. – *Frances de Sales*

"O Senhor é o meu pastor."

Não está escrito que ele era, ou pode ser, ou será. "O Senhor é o meu pastor", é no domingo, é na segunda-feira e é em cada dia da semana; é em janeiro, é em dezembro e em todos os meses do ano; é em nosso país, e é no estrangeiro; é na paz e é na guerra; é na fartura e é na necessidade. – *J. Hudson Taylor*

Ele irá adiante de ti;
O Deus eterno é o teu Companheiro.
É Deus onipotente!
Confia, somente;
Por onde vais, passou primeiro.

Ele **irá** *adiante de ti,*
Endireitando o teu caminho
A si chamou salvar-te.
Valer-te, cuidar-te,
Contigo está, não vais sozinho.

Ele irá **adiante** *de ti;*
Seu plano santo te irá mostrando.
Fiel é o que te chama;
No eterno programa
Te ensinará o **como**, *o* **quando**.

Ele irá adiante **de ti**;
Tu *és o objeto do seu cuidado;*
Pois para si criou-te,
Remiu-te, salvou-te;
Nas suas mãos te tem gravado!

Ele irá adiante de ti!

O que a nossa fé disser que Deus é para nós, ele será.

9 de Fevereiro

"*... não lhe respondeu palavra...*" (Mt 15.23.)
"*... calar-se-á por seu amor...*" (Sf 3.17 – ARC.)

Pode ser que esteja lendo estas linhas um filho de Deus que passa por alguma tristeza esmagadora, algum desapontamento amargo, um golpe doído vindo de onde nunca se esperaria. Está ansioso pela voz do Mestre a dizer-lhe: "Tem bom ânimo", mas só encontra silêncio e um sentimento de mistério e tristeza – "Não lhe respondeu palavra."

O terno coração de Deus muitas vezes deve doer, ouvindo os tristes e queixosos lamentos que se levantam do nosso coração fraco e impaciente; lamentamos, porque não vemos que é por amor a nós que ele não responde, ou que nos diz o contrário do que parece melhor aos nossos olhos embaçados pelas lágrimas, olhos de tão curta visão.

O silêncio de Jesus é tão eloquente quanto a sua voz, e pode ser um sinal, não de desaprovação, mas de aprovação e de seu profundo propósito de bênção para a nossa vida.

"Por que estás abatida, ó minha alma?" Ainda o louvarei, sim, até pelo silêncio de Deus. Aqui vai uma velha e bonita história do sonho que uma senhora crente teve a respeito de três pessoas que oravam. Enquanto estavam de joelhos, o Mestre chegou-se a elas.

Ao aproximar-se da primeira, inclinou-se para ela, e, sorrindo com amor, falou-lhe com voz suave.

Deixando-a, dirigiu-se à segunda, mas só pôs a mão sobre a sua cabeça curvada e deu-lhe um olhar de aprovação.

Pela terceira ele passou quase abruptamente, sem se deter para uma palavra ou olhar. A mulher, em seu sonho, pensou consigo: "Quanto ele deve amar a primeira; à segunda ele deu sua aprovação, mas nenhuma das demonstrações de amor que deu à primeira; e a terceira deve tê-lo entristecido muito, pois não lhe deu nenhuma palavra e nem sequer um olhar. O que será que ela fez e por que ele fez tanta diferença entre elas?"

Enquanto procurava interpretar a atitude de seu Senhor, ele mesmo aproximou-se dela, no sonho, e disse:

"Ó mulher, quão erradamente me interpretaste. A primeira mulher de joelhos precisa de toda a minha ternura e cuidado para conservá-la em meu caminho. Precisa sentir o meu amor, meu cuidado e auxílio a cada momento do dia. Sem isto iria falhar e cairia.

"A segunda já tem uma fé mais forte e um amor mais profundo, e posso esperar dela que confie em mim sejam quais forem as circunstâncias e o que quer que os outros façam.

"A terceira, que eu parecia nem notar e quase negligenciar, tem fé e amor da mais alta qualidade, e eu a estou treinando, através de processos enérgicos e drásticos, para o mais alto e santo serviço.

"Ela me conhece tão de perto e confia em mim tão inteiramente, que não depende de palavras, olhares ou qualquer demonstração sensível da minha aprovação. Não desmaia nem desanima diante de nenhuma circunstância que eu a faça atravessar; ela confia em mim, mesmo quando o sentimento, a razão e os mais fortes instintos do coração natural se rebelariam – porque sabe que estou operando nela para a eternidade, e que o que eu faço, conquanto não o saiba explicar agora, compreendê-lo-á depois.

"Eu me calo em meu amor porque amo além do poder de expressão das palavras e do poder do entendimento do coração humano, e também por causa de vós, para que possais aprender a me amar e confiar em mim correspondendo espontaneamente ao meu amor, com o amor dado pelo Espírito, sem o estímulo de nenhuma coisa exterior para fazê-lo brotar."

Ele fará maravilhas, se aprendermos o mistério do seu silêncio, e se o louvarmos por todas as vezes em que ele retira as suas dádivas a fim de que conheçamos melhor o Doador e o amemos mais.
– *Selecionado*

10 de Fevereiro

"Não vos vingueis a vós mesmos, amados..." (Rm 12.19.)

Há ocasiões em que ficar *quieto* requer muito mais força do que agir. A serenidade muitas vezes é a maior demonstração de força. Às acusações mais vis e mortais Jesus respondeu com um silêncio tal, que provocou a admiração do juiz e dos circunstantes. Aos insultos mais pesados, aos mais violentos maus-tratos e zombarias, que sem dúvida trariam indignação a um coração mais fraco, ele respondeu com serenidade muda e complacente. Os que são injustamente acusados, e maltratados sem razão, sabem quanta força é necessária para ficarem calados.

Os homens podem julgar mal teus alvos
E podem crer que com razão te culpam,
Dizer que estás errado;
Segue em silêncio pelo teu caminho:
Cristo é o Juiz, não eles, vai sem medo;
E ele é teu Advogado.

Paulo disse: *"Em nada considero a vida preciosa para mim mesmo."*

Ele não disse que as ofensas não o *feriam*. Uma coisa é ser ferido e outra coisa é sentir-se abalado porque foi ferido. Paulo tinha um coração muito sensível. Não lemos a respeito de nenhum apóstolo que chorasse, como Paulo chorou. É preciso que um homem seja forte, para poder chorar. Jesus chorou, e ele foi o homem mais perfeito que já viveu. Portanto, Paulo não disse que as injúrias não o feriam. Ele não julgava os fatos como nós geralmente somos inclinados a julgar; ele não se importava com a comodidade; não se importava com sua vida mortal. Preocupava-se apenas em ser leal a Cristo, ter a sua aprovação. Para o apóstolo Paulo, mais do que para qualquer outro, o trabalho de Cristo já era recompensa suficiente, o seu sorriso, o céu. – *Margaret Bottome*

11 de Fevereiro

"... assim que as plantas dos pés dos sacerdotes... pousem nas águas... serão elas cortadas..." (Js 3.13.)

Não era para o povo esperar no arraial, pela abertura do caminho. Era para andarem pela fé. Deviam levantar acampamento, guardar seus pertences, formar fileiras para a marcha e seguir até às margens do rio, para que ele se abrisse.

Se tivessem descido até à margem do rio e parado ali, à espera de que se abrisse antes de colocarem nele os pés, teriam esperado em vão. Precisaram dar um passo na água, para que o rio se abrisse.

Temos que crer na Palavra de Deus, e prosseguir avante no dever, embora não vejamos caminho algum por onde avançar. A razão por que tantas vezes nos vemos impedidos por dificuldades é que esperamos vê-las removidas antes de tentarmos passar.

Se avançarmos pela fé, o caminho se abrirá para nós. Muitas vezes ficamos parados esperando que o obstáculo seja removido, quando deveríamos seguir avante, como se não houvesse obstáculos. – *Evening Thoughts*

Deus deu-te uma promessa?
Fica firme; descansa ali o teu pé.
Certo virá, a seu tempo, o cumprimento;
Avança, crendo no acontecimento;
Não andas pela vista, andas por fé!

12 de Fevereiro

"*... vosso Pai celeste sabe...*" (Mt 6.32.)

Um homem, visitando uma escola de surdos-mudos, escrevia no quadro perguntas para as crianças responderem. Em dado momento escreveu a seguinte: "Por que Deus me fez capaz de ouvir e falar e fez vocês surdos-mudos?"

A terrível pergunta caiu sobre os pequenos como um tapa no rosto. Ficaram ali paralisados ante o espantoso "Por quê?" De repente uma menina levantou-se.

Seus lábios tremiam. Tinha os olhos cheios de lágrimas. Dirigiu-se com firmeza para o quadro e, tomando o giz, escreveu com mão segura: "Assim fizeste, ó Pai, porque assim foi do teu agrado." Que resposta! Ela alcança uma verdade eterna sobre a qual o crente mais amadurecido bem como o mais novo filho de Deus podem igualmente descansar – a verdade de que Deus é seu Pai.

Será que nós também sabemos disto? Será que cremos realmente? totalmente? Quando essa é a nossa experiência, então a nossa fé não vagueia mais como a pomba a buscar onde pousar o pé, mas descansa para sempre em seu eterno lugar de paz. "Vosso Pai!"

Eu creio que chegará o dia em que todos nós entenderemos os porquês; o dia em que as tragédias que agora anuviam o nosso céu se encaixarão em seus devidos lugares, como parte de um plano tão esplêndido, tão extraordinário, tão pleno de gozo, que exultaremos de admiração e prazer. – *Arthur Christopher Bacon*

Não foi o acaso que me trouxe os males,
As muitas dores que atravesso agora.
A mão de Deus o permitiu, que eu sei:
Vejo no Livro a história incomparável
Do servo Jó, em quem, como num palco,
Deus me ensina lições dos seus caminhos.
Caminhos muito acima destes meus!
Por isso, vejo em tudo a mão de Deus.

E se hoje não entendo muita coisa,
Bem sei que tudo entenderei por fim.
Posso confiar em Quem morreu por mim!

13 de Fevereiro

"*... a região montanhosa será tua. Ainda que é bosque, cortá-lo-ás...*"
(Js 17.18.)

Mais no alto sempre há espaço. Quando os vales estão cheios de cananeus, cujos carros de ferro opõem-se ao nosso progresso, podemos ir para os montes, ocupar um lugar mais no alto. Se não podemos mais estar no trabalho de Deus, oremos pelos que podem. Se não podemos mover a terra pela nossa palavra, podemos mover o céu. Se a vida se torna impossível no vale por causa de nossas limitações para o serviço, pela necessidade de sustentar outros e várias restrições semelhantes, devemos desenvolvê-la no âmbito do espírito, do eterno e do Divino.

"Ainda que é bosque, cortá-lo-ás."A fé derruba os bosques. Mesmo que as tribos de Israel tivessem percebido a existência de tesouros ali, não teriam achado possível desbastar aqueles montes cobertos por densa floresta. Mas quando Deus lhes indicou a sua tarefa, lembrou-lhes que tinham poder suficiente para executá-la. A visão de coisas que parecem impossíveis nos é apresentada, como esses montes cobertos de matas, não para nos ridicularizar, mas para incitar-nos a explorações espirituais, que seriam impossíveis, se Deus não tivesse colocado dentro de nós a grande força da sua presença.

As dificuldades nos são enviadas para revelar-nos o que Deus pode fazer em resposta à fé que ora e trabalha. Estamos oprimidos nos vales? Vamos para os montes, vivamos lá; tiremos mel da rocha e riqueza da região montanhosa agora escondida pelo bosque. – *Daily Devotional Commentary*

"E clamaram ao Senhor na sua angústia
E ele os livrou das suas aflições."
Clama também, se estás aflito. Clama.
E te surpreenderás, provando a graça
Que Deus tem para aflitos corações.

14 de Fevereiro

"... outra vez digo: alegrai-vos." (Fp 4.4.)

É bom nos alegrarmos no Senhor. Pode ser que tenhamos falhado da primeira vez que tentamos. Não importa, continuemos; e quando não estivermos sentindo nenhuma alegria, quando não houver nenhuma fonte, nem aparência de consolo ou encorajamento, ainda assim, alegremo-nos nele e tenhamos tudo por motivo de grande alegria. Mesmo quando estivermos passando por várias provações, consideremos tudo motivo de gozo, e Deus assim o fará em nós. Será que estamos pensando que o Pai nos deixará ir à frente do combate com a bandeira de sua vitória e alegria, e se colocará friamente atrás, para ver-nos cair capturados ou vencidos pelo inimigo? ***Não!*** O Espírito Santo nos sustentará, em nossa ousadia, e encherá o nosso coração de alegria e louvor, e o nosso coração se alegrará e se renovará pela plenitude dele no nosso homem interior. Senhor, ensina-me a alegrar-me em ti, e a alegrar-me sempre. – *Selecionado*

"... enchei-vos do Espírito... entoando e louvando de coração ao Senhor com hinos e cânticos espirituais..." (Ef 5.18,19.)

Cantemos, mesmo quando não estivermos com vontade de cantar, pois assim daremos asas a pés de chumbo e tornaremos fadiga em força. – *J. H. Jowett*

"Por volta da meia-noite, Paulo e Silas oravam e cantavam louvores a Deus, e os demais companheiros de prisão escutavam." (At 16.25.)

Paulo – que extraordinário exemplo você é para o povo de Deus! Você pôde gloriar-se de trazer em seu corpo as "marcas do Senhor Jesus". Marcas de apedrejamento quase até a morte; de ter sido três vezes açoitado com vara; marcas dos cento e noventa e cinco açoites em mão dos judeus e dos açoites na prisão de Filipos, quando as feridas lavadas pelo carcereiro são a prova de que houve sangue! Sem dúvida, a graça que o capacitou a cantar louvores em tal sofrimento é uma graça completamente suficiente. – *J. Reach*

15 de Fevereiro

"Não te indignes..." (Sl 37.1.)

Não nos indignemos por coisa alguma. Se já houve razão para alguém ficar indignado, foram as razões apresentadas nesse salmo. Os malfeitores andavam livremente para lá e para cá, vestidos de linho fino e púrpura e vivendo suntuosamente todos os dias. Os "obreiros de iniquidade" eram elevados aos mais altos postos de poder e tiranizavam seus irmãos menos favorecidos. Os pecadores andavam com arrogância pela terra, vivendo na soberba da vida e aquecendo-se à luz e ao conforto de grande prosperidade. Diante disso, os justos ficavam indignados e inflamados.

"Não te indignes." Não fiquemos indevidamente inflamados. Conservemos a mansidão! Mesmo numa causa nobre a indignação não é uma companheira sábia. A indignação apenas esquenta a máquina, mas não gera força. Não é bom, num trem, que os eixos se aqueçam; seu calor é antes um estorvo. Se eles se esquentam, é por causa de uma fricção desnecessária provocada pelo atrito de superfícies ásperas, que poderiam estar devidamente ajustadas e lubrificadas com uma suave camada de óleo.

Portanto não seria a indignação um sinal de falta do óleo da graça de Deus?

Ela provém de algum grãozinho que penetra nas engrenagens – um pequeno desapontamento, uma ingratidão, uma pequena falta de cortesia – e impede que a máquina da nossa vida funcione com harmonia perfeita. A fricção produz calor; e com o calor criam-se as mais perigosas condições.

Não podemos permitir que nossas máquinas se aqueçam. Deixemos que o óleo do Senhor conserve branda a nossa temperatura; não aconteça que, em razão de um calor que não é santo, venhamos a ser contados entre os malfeitores. – *The Silver Lining*

16 de Fevereiro

"... eu te afligi, mas não te afligirei mais." (Na 1.12.)

Há um limite para a aflição. Deus a envia, e a remove. Nós suspiramos e dizemos: "Quando irá acabar?" Esperemos em silêncio e estejamos pacientes na vontade do Senhor, até que ele venha. Nosso Pai retira a vara quando está completo o seu propósito em usá-la.

Se a aflição é enviada para nos provar, para que as nossas virtudes glorifiquem a Deus, ela terminará quando o Senhor nos tiver levado a glorificá-lo.

E por certo não desejaremos que a aflição se vá, enquanto Deus não tiver obtido de nós toda a honra que possamos lhe dar. Hoje poderá haver "grande bonança". Pois não é verdade que a fúria das ondas pode a qualquer momento dar lugar à calma, com aves marinhas pousando gentilmente sobre as águas?

Após longa tribulação, o instrumento de malhar é dependurado e o trigo descansa no celeiro. Assim como estamos tristes agora, pode ser que daqui a algumas horas estejamos muito felizes.

Não é difícil para o Senhor tornar a noite em dia. Aquele que envia as nuvens pode com igual facilidade limpar o céu. Tenhamos bom ânimo. O futuro que nos aguarda é melhor. *Cantemos aleluias em antecipação. – C. H. Spurgeon*

O grande Agricultor não está sempre debulhando o trigo. A aflição dura apenas algum tempo. As chuvas logo passam. O choro pode durar apenas as poucas horas da curta noite de verão; ao amanhecer já terá passado. Nossa aflição dura apenas um momento. Ela vem para um propósito, "se necessário" (1 Pe 1.6).

O próprio fato de existir a aflição prova que há em nós algo muito precioso ao Senhor; senão ele não gastaria tanto trabalho e tanto tempo conosco. Cristo não nos provaria se não visse, misturado com a pedra bruta da nossa natureza, o precioso minério da fé; é para separá-lo e torná-lo puro e belo que ele nos faz passar pela provação.

Tenhamos paciência no sofrimento. Os resultados serão mais do que compensadores, quando virmos como as provações produziram glória de valor eterno e excelente. Receber uma palavra de louvor da parte de Deus; ser honrado diante dos anjos; ser glorificado em

Cristo, refletindo nele a glória que é dele – ah! isso será mais do que compensador. – *Tried by Fire*

Como o peso é necessário a certos relógios, e o lastro aos navios, para o devido equilíbrio, assim é a aflição, na nossa vida. Os mais suaves aromas são obtidos sob enorme pressão; as mais delicadas flores crescem nas solidões geladas dos Alpes; as mais belas gemas são as que passaram mais tempo na roda do lapidário; as mais célebres estátuas levaram os maiores golpes de cinzel. Tudo isso, no entanto, está condicionado a leis. Nada acontece que não tenha sido ordenado com inteiro e precioso cuidado e previsão. – *Daily Devotional Commentary*

17 de Fevereiro

"*... terra que eu dou aos filhos de Israel.*" (Js 1.2.)

Deus fala aqui no tempo presente. Não se trata de algo que ele irá fazer, mas que está fazendo neste momento. É assim que fala a fé. É assim que Deus dá. É assim que ele está vindo ao nosso encontro hoje, no momento presente. Este é o teste da fé. Enquanto esperamos alguma coisa com incerteza, procurando por ela, não estamos crendo. Pode ser esperança, pode ser um desejo ardente mas não é fé; pois "fé é a certeza de coisas que se esperam, a convicção de fatos que se não veem". O mandamento com respeito à oração da fé está no imperativo presente: "E tudo quanto pedirdes em oração, crendo, recebereis." Já chegamos a este ponto? Será que já nos encontramos com Deus no seu eterno ***agora***? – *Josué*, de *Simpson*

A verdadeira fé apoia-se em Deus, e crê antes de ver. Normalmente, antes de crer queremos alguma evidência de que a nossa petição foi concedida; mas quando andamos por fé, não precisamos de outra evidência além da Palavra de Deus. Ele falou; e segundo a nossa fé nos será feito. Nós veremos, porque cremos, e esta fé nos sustenta nas horas mais difíceis, quando tudo à nossa volta parece contradizer a Palavra de Deus.

O salmista diz: "Pereceria sem dúvida, se não cresse que veria os bens do SENHOR na terra dos viventes." (Sl 27.13 – ARC.) Ele ainda não via a resposta do Senhor a suas orações, mas *creu que veria*; e isto guardou-o de desfalecer.

Se tivermos a fé que crê que verá, ela nos guardará de cairmos em desânimo. Nós nos riremos do impossível; quando nenhum dos recursos humanos puder solucionar a nossa dificuldade, esperaremos com prazer, para ver como Deus irá abrir um caminho em nosso mar Vermelho. É exatamente nessas ocasiões de dura prova que a nossa fé cresce e se fortifica.

Irmão afligido, você já esperou no Senhor por muitas noites e longos dias, e está com medo de que ele o tenha esquecido? Não o esqueceu! Levante a cabeça e comece a louvá-lo agora mesmo, pela libertação que está a caminho. – *Life of Praise*

18 de Fevereiro

"*... tudo quanto em oração pedirdes, crede que recebestes, e será assim convosco.*" (Mc 11.24.)

Quando meu filho tinha uns dez anos, a avó prometeu-lhe um álbum de selos para o Natal. Chegou o Natal, mas nada do álbum, e nenhuma linha da vovó. Contudo o assunto não foi comentado; mas quando os amiguinhos vieram ver seus presentes, fiquei surpresa – depois de ter enumerado os vários presentes recebidos, ele acrescentou:

– E um álbum de selos, da vovó.

Depois de ouvir isto por diversas vezes, chamei-o e disse-lhe:

– Mas, Jorginho, você não recebeu o álbum. Por que está falando assim?

Houve um olhar de surpresa em seu rosto, como se estivesse achando estranho que eu lhe fizesse aquela pergunta. E respondeu:

– Bem, mamãe, mas se a vovó disse que manda, é a mesma coisa.

Eu não tive o que dizer.

Passou-se um mês, e nada se ouviu do álbum. Um dia, finalmente, pensando em meu coração por que o álbum não teria vindo, eu lhe disse, para provar sua fé:

– Jorginho, eu acho que a vovó se esqueceu da promessa.

– Não, mamãe, disse ele com firmeza, não esqueceu, não.

Olhei para a carinha confiante, que por um momento ficou séria e grave, como se ele estivesse considerando no íntimo a possibilidade do que eu havia sugerido. A seguir seu rosto iluminou-se e ele me disse:

– Mamãe, será que não seria bom eu escrever para a vovó, agradecendo o álbum?

– Não sei, respondi, pode escrever.

Uma rica verdade espiritual começou a raiar no meu horizonte. Em poucos minutos uma cartinha estava pronta e encaminhada ao correio. E lá foi ele assobiando, confiante na vovó. Poucos dias depois chegou uma carta, dizendo:

"Querido Jorginho, não me esqueci da promessa. Procurei um álbum como você queria, mas não o encontrei. Então encomendei um de Nova Iorque, mas só chegou depois do Natal, e ainda não era como você queria. Já pedi outro, mas como ainda não chegou, mando-lhe agora o dinheiro para comprar um aí. Com amor, Vovó."

Enquanto lia a carta, estampava no rosto um ar de vitória.

– Está vendo, mamãe, eu não lhe disse?

E essa frase saía do fundo de um coração que não duvidara, e que em esperança crera "contra a esperança", que o álbum viria. Enquanto ele confiava, a vovó trabalhava, e no tempo próprio, a fé tornou-se vista.

É tão próprio de nós, seres humanos, querermos ver imediatamente a resposta de Deus, quando agimos baseados nas suas promessas. Mas o Salvador disse a Tomé e a todos os que, como ele, também duvidam: "Bem-aventurados os que não viram e creram." – *Mrs. Rounds*

19 de Fevereiro

"... todo o que dá fruto limpa, para que produza mais fruto ainda."
(Jo 15.2.)

Certa vez uma serva de Deus estava perplexa com o grande número de aflições que pareciam fazer dela o seu alvo. Um dia, passando por uma vinha no esplendor do outono, notou que as videiras não estavam podadas e que sua folhagem ostentava um luxuriante viço. Notou ainda que as ervas daninhas e o capim estavam crescendo ali à vontade e que o terreno parecia totalmente em descuido. Enquanto considerava aquilo, Deus lhe deu uma mensagem tão preciosa que ela não pôde deixar de passá-la adiante:

"Filha, você não entende a razão de tantas provações em sua vida? Observe esta vinha e aprenda a lição que aí está. O lavrador deixa de podar, de revolver a terra, de limpar ou de colher o fruto maduro, quando não espera mais nada da vinha naquela estação. Ela é deixada de lado porque a estação de fruto já passou, e qualquer esforço nessa ocasião não traria resultado. A vida livre de sofrimento reflete a mesma inutilidade. Você quer, pois, que eu pare de podar a sua vida? Devo deixá-la entregue a si mesma?" E o coração consolado exclamou: "Não!" – *Homera Homer-Dixon*

20 de Fevereiro

"... *Nada vos será impossível.*" (Mt 17.20.)

Para aqueles que estão realmente dispostos a apoiar-se no poder do Senhor para guiá-los e dar-lhes vitória, é possível viver a vida crendo totalmente em suas promessas.

É possível lançarmos diariamente o nosso cuidado sobre ele, e gozar profunda paz.

É possível purificarmos os pensamentos e as imaginações do nosso coração, num sentido mais profundo.

É possível vermos a vontade de Deus em todas as coisas, e recebê-la, não gemendo, mas cantando.

É possível, se nos refugiarmos no poder divino, ficarmos mais fortes a cada passo.

É possível descobrirmos que, aquilo que antes nos perturbava em nosso propósito de sermos pacientes, puros, humildes, fornece-nos agora uma oportunidade de experimentarmos que o pecado não tem domínio sobre nós. Isso temos por meio daquele que nos amou, o qual opera em nós a submissão à sua vontade e uma consciência verdadeira da sua presença e poder.

Essas possibilidades nos são fornecidas pela graça divina, e porque são obra dele, quando as experimentamos, somos levados a nos curvar humildemente a seus pés e aprendermos a aspirar por mais.

De fato, não podemos ficar satisfeitos com menos do que andar com Deus – cada dia, cada hora, cada momento; em Cristo, pelo poder do Espírito Santo. – *H. C. G. Moule*

Podemos ter de Deus tudo quanto queremos – Cristo nos põe na mão a chave do tesouro e nos manda que tiremos tudo o que quisermos. Se fosse concedido a alguém acesso aos cofres de um banco e lhe dissessem para tirar dali tudo quanto quisesse, e ele saísse com apenas um real, quem seria o culpado de sua pobreza? De quem é a culpa se os filhos de Deus vivem, geralmente, com porções tão pequenas das riquezas gratuitas de Deus? – *McLaren*

21 de Fevereiro

"Descansa no SENHOR e espera nele..." (Sl 37.7.)

Dar-se-á o caso de que você tenha orado, esperado longamente no Senhor, sem que haja nenhuma manifestação? Você está cansado de ver tudo sempre igual? Está a ponto de desistir? É possível que você esteja esperando de maneira errada. E isso o impede de estar no lugar certo – o lugar onde ele pode encontrar-se com você.

"...com paciência o aguardamos." (Rm 8.25.) A paciência afasta a *ansiedade.*

Ele disse que viria, e sua promessa é igual à sua presença. A paciência afasta o *pranto.* Por que nos sentirmos tristes e desanimados? Ele conhece a nossa necessidade melhor do que nós mesmos, e seu propósito na espera é trazer mais glória, de toda a situação. A paciência afasta as nossas *obras.* A obra que ele deseja de nós é que creiamos (Jo 6.29). Quando cremos, sabemos que tudo está bem. A paciência afasta o *querer imperioso.* Muitas vezes desejamos mais alcançar o nosso objetivo do que ver realizada a vontade de Deus naquele assunto.

A paciência afasta o *enfraquecimento.* Em vez de tomarmos a demora como desculpa para desistir, saibamos que Deus está preparando um suprimento maior para nós, e está nos preparando para recebê-lo. A paciência afasta a *vacilação.* Os fundamentos de Deus são firmes; e quando a paciência dele está em nós, ficamos firmes enquanto esperamos. A paciência produz *adoração.* A paciência que se manifesta em louvor, e que expressa alegria na longanimidade (Cl 1.11), é a melhor bênção que temos na espera. E enquanto esperamos, tenha "a paciência a sua obra perfeita" (Tg 1.4 – ARC), e assim acharemos grande enriquecimento. – *C. H. P.*

Olhando para Jesus e firmado na Palavra
É que espero em oração. Eu vou no poder da graça,
Pois que passa o tempo, e passa...
Senhor, sustenta-me a mão. Eu te espero em oração.

22 de Fevereiro

"*... Tudo é possível ao que crê.*" (Mc 9.23.)

Poucas vezes houve uma definição tão boa de fé como a que foi dada certa vez numa de nossas reuniões, por uma idosa senhora muito humilde, em resposta à pergunta de um jovem. Ele desejava saber como obter auxílio do Senhor na necessidade.

Num gesto bem característico seu, ela apontou o dedo para ele e disse com muita ênfase: "Você tem apenas que crer que ele deu; e está dado." O grande erro de muitos de nós é que depois de lhe fazermos um pedido, não cremos que fomos atendidos, mas começamos a ajudá-lo e a arranjar outros para auxiliá-lo também, esperando para ver como ele vai fazer aquilo.

A fé acrescenta o nosso *Amém* ao *Sim* de Deus. E então retira as mãos e deixa Deus acabar a sua obra. Esta é a linguagem da fé: "Entrega o teu caminho ao SENHOR, confia nele, e o mais ele fará.." – *Days of Heaven Upon Earth*

Uma fé operante pode dar graças por uma promessa, embora ela não esteja ainda alcançada; pois sabe que os cheques de Deus são tão certos como a própria importância. – *Matthew Henry*

23 de Fevereiro

"*... veio um leão...*" (1 Sm 17.34.)

É, na verdade, uma fonte de inspiração e fortalecimento vermos de perto o jovem Davi, e sua confiança em Deus. Pela fé em Deus ele venceu um leão e um urso, e depois derrubou o poderoso Golias. Quando o leão veio e apanhou a ovelha, Deus proporcionou uma oportunidade maravilhosa para a sua vida.

Ninguém pensaria que um leão fosse uma bênção especial de Deus; pensaríamos nisso apenas como um grande perigo. O leão era a *oportunidade de Deus, disfarçada*. Cada dificuldade que se nos apresenta é, se a recebemos da maneira certa, a oportunidade de Deus. Toda tentação que vem é uma oportunidade de Deus.

Quando vier um "leão", reconheçamo-lo como a oportunidade de Deus, não importa quão feroz ele seja aparentemente. O próprio tabernáculo de Deus no deserto era coberto com peles de animais marinhos e de cabra; ninguém pensaria que ali houvesse glória. E, no entanto, sob aquele tipo de cobertura, manifestava-se a glória de Deus. Que ele possa abrir os nossos olhos para vê-lo, seja na provação, no perigo, na tentação ou na adversidade. – *C. H. P.*

24 de Fevereiro

"*... João não fez nenhum sinal, porém tudo quanto disse a respeito deste era verdade.*" (Jo 10.41.)

Talvez você esteja descontente consigo mesmo. Não é nenhum gênio, não possui brilhantes qualidades e não se destaca por nenhum dom especial. Na sua vida predomina a mediocridade. Só o que se nota em seus dias é a monotonia e a insipidez. No entanto, mesmo assim você pode viver uma vida de real valor.

João não fez nenhum sinal, mas Jesus disse que, entre os nascidos de mulher, não aparecera profeta maior do que ele.

A maior tarefa de João foi dar testemunho da Luz, e essa pode ser a sua e a minha. João estava contente em ser apenas uma voz, se através dela os homens pensassem em Cristo.

Contentemo-nos em ser apenas uma voz, ouvida mas não vista; um espelho, cuja superfície não é notada, reflete a glória do sol.

Executemos as tarefas simples e comuns, como estando sob os olhos de Deus. Se temos de viver com pessoas difíceis, comecemos a conquistá-las pelo amor. Se cometemos um grande erro, não deixemos que ele obscureça a nossa vida, mas usemo-lo como experiência e fonte de fortalecimento.

Quando levamos homens a terem pensamentos verdadeiros sobre Cristo, o bem que praticamos é muito maior do que podemos imaginar. Eu me sentirei plenamente satisfeito se, após a minha partida, pessoas simples pararem junto ao meu túmulo, não para ver um grande mausoléu ali erigido, mas para dizer:

"Ele foi um homem bom; não fez nenhum sinal, mas falou palavras a respeito de Cristo, as quais me levaram a conhecê-lo pessoalmente." – *George Matheson*

Deus chama a muitos de seus mais valiosos servos, dentre a multidão desconhecida. (Ver Lucas 14.23.)

25 de Fevereiro

"Todo lugar que pisar a planta do vosso pé, vo-lo tenho dado, como eu prometi a Moisés." (Js 1.3.)

Além das terras que ainda não foram conquistadas para Cristo, existem também territórios de promessas divinas não reclamados nem palmilhados por nós.

O que disse Deus a Josué? "Todo lugar que pisar a planta do vosso pé, vo-lo *tenho dado*", assim ele traça as linhas da terra da Promessa – ela seria toda deles, com uma condição: *que caminhassem por todo o seu cumprimento e largura* e a medissem debaixo de seus pés.

Eles nunca percorreram mais do que um terço; e portanto nunca conquistaram mais do que um terço; possuíram exatamente o que mediram, e nada mais.

Em 2 Pedro, lemos a respeito da terra da promessa que está proposta para nós; e é vontade de Deus que nós, por assim dizer, meçamos esse território com os dois pés: o da fé que obedece e o da obediência que crê, reclamando-o para nós e apropriando-nos dele (2 Pe 1.3,4).

Quantos de nós já tomaram posse de promessas de Deus em nome de Cristo?

Pois aí está um excelente campo a ser conquistado pela nossa fé, e para ser por ela medido, em comprimento e largura; o que ela ainda não fez.

Entremos na posse de toda a nossa herança. Levantemos os olhos para o norte, o sul, o leste e o oeste, e ouçamo-lo dizer: "Toda a terra que vês eu te tenho dado!" – *A. T. Pierson*

Onde quer que Judá pusesse o pé, aquilo seria seu; onde quer que Benjamim pusesse o pé, aquilo seria seu. Cada um devia tomar posse da sua herança, pondo ali o seu pé. E quando um deles punha o pé em determinada parte do território, acaso não sentia imediata e instintivamente: "Isto é meu"?

Perguntaram certa vez a um senhor idoso que tinha uma experiência maravilhosa da graça: "Daniel, por que é que você tem tanta paz e gozo em sua religião?" "Ah," respondeu ele, "eu apenas descanso nas 'grandíssimas e preciosas promessas', e possuo tudo o que elas oferecem. Glória! Glória!" Aquele que descansa nas promessas sente que são suas todas as riquezas nelas contidas. – *Faith Papers*

26 de Fevereiro

"... A minha graça te basta..." (2 Co 12.9.)

Outra noite eu estava dirigindo de volta para casa, depois de um dia pesado de trabalho. Sentia-me cansado e bastante deprimido, quando, de súbito e como um raio, veio-me aquele texto: "A minha graça te basta." Cheguei à casa e procurei-o no original; finalmente ele me veio ao coração desta maneira: *"A **minha** graça te basta"*; então eu disse: "É claro que basta, Senhor!" E de repente comecei a rir. Até ali eu nunca tinha entendido bem o riso santo de Abraão. Como a incredulidade me pareceu absurda! Era como se um peixinho, sentindo muita sede, tivesse medo de esgotar a água do rio, se bebesse, e o Pai Tâmisa (para nós, o Amazonas) lhe dissesse: "Pode beber, peixinho, minhas águas te bastam." Ou, como se depois dos sete anos de fartura um ratinho ficasse com medo de morrer de fome, e José lhe dissesse: "Ânimo, ratinho, meus celeiros te bastam." Depois imaginei um homem nas alturas de uma soberba montanha, dizendo a si mesmo: "Eu aspiro tantos metros cúbicos de ar por ano, receio esgotar o oxigênio da atmosfera", e a terra a responder-lhe: "Pode aspirar à vontade, homem, e encher os pulmões; minha atmosfera te basta." Ah, irmãos, sejamos crentes que creem! Pouca fé bastará para levar-nos ao céu, mas uma grande fé trará o céu até nós.– *C. H. Spurgeon*

A maior necessidade encontra em Cristo – o suprimento;
A maior indagação – a resposta;
A maior lacuna – o preenchimento;
O maior vazio – a plenitude de satisfação;
A miséria maior encontra em Cristo – a graça!

Há sempre um grande saldo em nosso crédito no banco do céu, esperando os nossos saques de fé. Tire bastante dos recursos de Deus!

27 de Fevereiro

"Ficando ele (Jacó) só; e lutava com ele um homem, até ao romper do dia." (Gn 32.24.)

Ficou só! Que sensações variadas essas palavras trazem a cada um de nós. A alguns elas falam de solidão e tristeza, a outros, de repouso e silêncio. Ficar a *sós sem* Deus seria terrível demais, mas ficar a sós *com Deus* é um antegozo do céu. Se os crentes passassem mais tempo a sós com ele, teríamos outra vez gigantes na fé.

O Mestre colocou diante de nós um exemplo. Observemos quantas vezes ele ficava a sós com Deus; havia uma razão muito forte para ele nos dar este mandamento: *"Tu, porém, quando orares, entra no teu quarto e, fechada a porta, orarás."*

Os maiores milagres de Elias e Eliseu tiveram lugar quando eles estavam a sós com Deus. Foi a sós com Deus que Jacó tornou-se um príncipe, e é ali também que nós podemos tornar-nos príncipes – homens (e mulheres!) portentosos (Zc 3.8). Josué estava só quando o Senhor veio a ele (Js 1.1). Gideão e Jefté estavam sós quando comissionados para salvar Israel (Jz 6.11 e 11.29). Moisés estava a sós junto à sarça no deserto (Êx 3.1-50). Cornélio estava orando a sós quando o anjo lhe veio (At 10.2,3). Pedro estava a sós no terraço alto, quando recebeu instruções para ir aos gentios. João Batista estava só no deserto (Lc 1.80); e João, o amado, estava só, em Patmos, quando chegou mais perto de Deus (Ap 1.9).

Ansiemos por estar a sós com Deus. Se negligenciarmos isto, não só nos privaremos de bênçãos, como aos outros também, pois que, quando somos abençoados, levamos bênçãos aos outros. Estar a sós com Deus pode significar ter menos obras a apresentar, mas significará mais profundidade e poder; outro resultado será: "A ninguém viram senão unicamente a Jesus."

Nunca é demais salientarmos a importância de se estar a sós com Deus.

28 de Fevereiro

"... ofereçamos a Deus, sempre, sacrifício de louvor..." (Hb 13.15.)

Um missionário chegou certa vez à entrada estreita e escura de um cortiço e, enquanto procurava entrar, tropeçando nos lixos e entulhos, ouviu uma voz que dizia: "Quem está aí, meu bem?" Riscando um fósforo, viu um quadro de sofrimento e pobreza terrena, mas de santa confiança e paz, "talhado em ébano": com olhos calmos e tocantes, incrustados entre as rugas de um rosto preto e marcado, ali estava a velhinha sobre um catre, no meio de farrapos. Era uma noite gélida de inverno, e ela não tinha fogo para se aquecer, nem carvão, nem luz. Não jantara, nem almoçara, nem tomara café. Parecia não ter nada, senão reumatismo e fé no Senhor. Ninguém poderia estar tão completamente exilado de circunstâncias agradáveis; no entanto, o cântico favorito desta velha criatura dizia assim:

Meu sofrimento ninguém vê; ninguém, senão Jesus.
Meu sofrimento ninguém vê – Glória, aleluia!

Há vez que estou lá em cima; há vez que estou lá em baixo;
Às vezes, bem lá em baixo, rente ao pó...
Às vezes brilha luz ao meu redor! Glória, aleluia!

E assim prosseguia: "O meu trabalho ninguém vê", "O meu problema ninguém vê", com o coro sempre repetindo: "Glória, aleluia!" E a última estrofe dizia:

Minha alegria ninguém vê,
Ninguém, senão Jesus!

"Em tudo somos atribulados, porém não angustiados; perplexos, porém não desanimados; perseguidos, porém não desamparados; abatidos, porém não destruídos." Somente com palavras bíblicas podemos descrever o ânimo daquela humilde velhinha.

Vejamos Lutero em seu leito de enfermidade. Entre gemidos, ele conseguiu pregar nestes termos: "Estas dores e aflições são como os tipos que os impressores assentam. Como estão agora, temos que os ler de trás para diante, e parecem sem sentido; mas lá em cima, quando o Senhor Deus nos colocar na vida futura, descobriremos que eles formam uma escrita magnífica." Mas embora esteja de trás para diante, podemos começar a ler a escrita já aqui! Lembremo-nos de Paulo, andando pelo convés do navio em meio ao temporal, e confortando a tripulação: "Tende bom ânimo." Paulo, Lutero e a humilde velhinha são como girassóis, olhando sempre para o lado luminoso, olhando para a face de Deus. – *Wm. C. Barnett*

29 de Fevereiro

"... Faze-te ao mar alto..." (Lc 5.4 – ARC.)

Quão alto ele não diz. No entanto, quanto mais nos desligarmos da praia, quanto maior for a nossa necessidade e quanto maior o alcance que temos das nossas possibilidades, mais longe iremos em alto-mar. Os peixes eram encontrados em alto-mar, não no raso.

Assim acontece conosco; as nossas necessidades devem ser resolvidas nas coisas profundas de Deus. Devemos lançar-nos ao mar alto da sua Palavra, e o Espírito Santo pode abri-la ao nosso entendimento. E ele pode esclarecê-la de maneira tão cristalina que as mesmas palavras que aprendemos no passado passarão a ter muito mais sentido, e a primeira impressão que nos causaram ficará apagada em nossa mente.

Penetremos no mistério da expiação! Penetremos até que o precioso sangue de Cristo nos seja iluminado de tal forma pelo Espírito, que se torne um bálsamo poderoso e alimento e remédio para a nossa alma e corpo.

Aprofundemo-nos nos mistérios da vontade do Pai! Até que aprendamos em sua infinita exatidão e bondade, e em seu amplo e completo cuidado e provisão para nós.

Conheçamos os mistérios do Espírito Santo! Até que ele se torne para nós um oceano maravilhoso e inesgotável, no qual podemos mergulhar e lavar as nossas dores.

Sim, vamos até as profundezas do Espírito Santo – até onde ele se torne para nós uma resposta maravilhosa de oração, e provemos na experiência como ele nos dirige com cuidado, como está atento às nossas necessidades, e como a sua mão, de maneira extraordinária, está controlando o que nos acontece.

Penetremos nos caminhos dos propósitos de Deus e do seu reino por vir! Até que a vinda do Senhor Jesus e seu reino milenar se abram para nós; até que para além dessas coisas abram-se para nós os séculos dos séculos, de modo que os olhos da mente se ofusquem ante a claridade, e o coração vibre com as inexprimíveis antecipações do gozo no Senhor Jesus e da glória que lhe será revelada.

Todas estas riquezas o Senhor Jesus ordena que conheçamos. Ele nos criou e criou também os mistérios. Ele colocou em nós o anseio e a capacidade de penetrar nesses mistérios insondáveis.

As águas profundas do Espírito Santo são sempre acessíveis, porque estão sempre *vindo*. Por que não clamamos para sermos novamente imersos nessas águas de vida? As águas, na visão de Ezequiel, primeiro vieram como um filete de sob as portas do templo. Então o homem com o cordel de medir mediu-as, e eram águas que davam pelos artelhos. Depois mediu outra vez, e eram águas que davam até os joelhos. E novamente mediu, e eram águas até os lombos. Depois se tornaram águas para nadar – um rio que não se podia atravessar (ver Ezequiel 47). Até onde já entramos neste rio de vida? O Espírito Santo quer que nos anulemos completamente nele. Não apenas até os artelhos, até os joelhos, até os lombos, mas até estarmos cobertos totalmente. Nós, escondidos da vista, e mergulhados nesta corrente vivificante. Desprendamo-nos das praias e vamos ao mar alto. Nunca nos esqueçamos de que o Homem com o cordel de medir está conosco hoje. – *J. G. M.*

1.º de Março

"Atenta para as obras de Deus, pois quem poderá endireitar o que ele torceu?" (Ec 7.13.)

Muitas vezes Deus parece colocar seus filhos em situações de grande dificuldade, conduzindo-os a um caminho estreito de onde não há saída; criando uma situação que a razão humana nunca permitiria, se fosse previamente consultada. No entanto, é a própria nuvem de Deus que os conduz a esse lugar (Nm 9.17). Agora mesmo podemos estar envolvidos nessa nuvem.

O assunto parece ser bastante sério e suficiente para deixar-nos perplexos; mas está perfeitamente certo. Depois o livramento justificará plenamente Aquele que nos levou ali. Servirá como que de palco, onde o Senhor mostrará sua graça e poder.

E ele não somente nos dará o livramento, como, ao fazê-lo, nos dará também uma lição da qual jamais nos esqueceremos e da qual nos lembraremos muitas vezes, em dias futuros, com salmos de louvor. Nunca conseguiremos agradecer suficientemente a Deus por haver feito exatamente como fez. – *Selecionado*

Vi nascer o problema,
E o vi crescendo...
Vi-o tornar-se grande – imensurável.
E esmagar-nos a um canto
– inexorável.
E sem nada entender;
E sem nada poder.

– Ó Senhor, que fazer?

A minha alma clamou.
E sofreu, e chorou.
E angustiou-se.
Mas ali, meu Senhor,
Eu te vi bem de perto;
Conheci o teu toque
E provei o teu bálsamo,
Assistência e amor.

... Entender o problema?
Eu não o entendo.
Mas vi meu Deus tão grande
– incomparável!
Vi seu amor por mim – imensurável.
Seu é todo o poder;
Tudo pode fazer;
Tudo pode entender;
E é meu Pai.

2 de Março

"E prepara-te para amanhã, para que subas... e ali te apresentes a mim no cimo do monte. Ninguém suba contigo..." (Êx 34.2,3.)

O momento matinal com Deus é essencial. Não podemos encarar o dia sem ter olhado para Deus, nem ter contato com outros, sem primeiro ter estado em contato com Deus. Não podemos esperar vitória, se começamos o dia na nossa própria força. Enfrentemos o trabalho de cada dia sentindo a influência de alguns momentos tranquilos com o coração diante de Deus. Não entremos em contato com ninguém, mesmo os de casa, sem ter primeiro conversado com o grande hóspede e companheiro de nossa vida – Jesus Cristo.

Conversemos a sós com ele regularmente. Conversemos a sós com ele diante da Bíblia, e enfrentemos os deveres habituais e não habituais de cada dia, tendo a influência dele a controlar cada um de nossos atos.

Tens hoje muito que fazer, talvez; fala com Deus, primeiro.
As coisas mudam tanto de figura quando encaradas lá,
A sós com Deus.

Familiariza-o com esses teus assuntos; derrama ali o cuidado que te trazem;
Procura ver a mente do Senhor.

Toma as promessas que nos fez, tão grandes:
De que ouve as orações; de que trabalha para quem nele espera;

Que lancemos sobre ele as ansiedades. Que ele cuida de nós; e tantas outras!
E usa-as no teu viver.

Sim, vale a pena,
Antes de pôr a mão nos afazeres, primeiro irmos falar a sós com Deus.

Os homens que mais trabalharam para Deus neste mundo foram os que passaram mais tempo de joelhos.

Mathew Henry costumava ir para o escritório às quatro da manhã e ali ficava até as oito; então, depois do café e da oração em família, ali ficava outra vez até meio-dia; depois do almoço retomava os livros ou a pena até as quatro; e o resto do dia passava em visita aos amigos.

Doddridge, o autor de *Family Expositor*, refere-se à existência dessa sua obra como uma prova da diferença entre levantar-se às cinco e às sete, que, em quarenta anos, é equivalente a mais dez anos de vida.

O *Comentário* de Adam Clark foi preparado principalmente nas primeiras horas da manhã.

O tão conhecido e útil *Comentário* de Barnes foi também fruto "das primeiras horas do dia".

Simeon, o autor de *Notas* (Sketches), preparou-as, na maior parte, entre as quatro e as oito da manhã.

3 de Março

"E ele, clamando e agitando-o muito, saiu..." (Mc 9.26.)

O mal nunca se rende sem feroz luta e resistência. Não alcançamos nenhuma vitória entre os divertimentos agradáveis de um piquenique, mas sempre nas duras disputas do campo de batalha. É assim que acontece no campo espiritual. Em cada área da nossa vida só alcançamos a liberdade a preço de sangue. O adversário não é posto em fuga por meio de uma delicada solicitação; ele está presente em todo o caminho; e cada passo avante será marcado com sofrimento. Não podemos esquecer-nos disto, ou iremos acrescentar aos outros fardos da vida a amargura causada por uma interpretação errônea. Não nascemos de novo em berçários macios e protegidos, mas em campo aberto, onde precisamos tirar forças do próprio furor da tempestade: "Por muita tribulação nos importa entrar no reino de Deus." – *Dr. J. H. Jowett*

Senhor Jesus, meu fiel Amigo, meu Salvador, fica comigo;
Porque já é tarde, a noite desce... E tudo muda, tudo perece;
A luta cresce e o mal aumenta! Minha alma frágil só não aguenta!
Faze-te perto, fica comigo, meu Salvador!

"... eis que estou convosco todos os dias ..." (Mt 28.20.)

4 de Março

"... imitadores daqueles que, pela fé e pela longanimidade, herdam as promessas." (Hb 6.12.)

Eles (os heróis da fé) do alto posto que conquistaram, nos fazem um apelo e dizem que, o que o homem fez uma vez, pode fazer de novo. Não apenas nos lembram da necessidade de fé, mas também daquela paciência pela qual a fé tem a sua obra completada. Temamos retirar-nos das mãos do nosso Guia ou perder uma só lição da sua amável disciplina, por desânimo ou dúvida.

"Só há uma coisa que eu temo", dizia um ferreiro, "e é ser lançado na pilha de ferro velho.

"Quando vou temperar uma peça de aço, primeiro a aqueço bem, depois a golpeio, então, rapidamente mergulho-a neste balde de água fria. Logo vejo se vai aguentar a têmpera ou não. Quando descubro, após uma ou duas provas, que aquele aço não vai aceitar a têmpera, jogo-o na pilha de ferro velho e vendo-o por qualquer bagatela.

"Assim também eu vejo que Deus me prova com fogo, e água, e severos golpes do seu pesado martelo; e se não estou disposto a passar pela prova, ou não sou achado adequado para receber a sua têmpera, receio que me lance na pilha de ferro velho."

Quando o fogo estiver mais quente, guarde calma, pois haverá um abençoado "depois"; e poderemos dizer como Jó: "Provando-me ele, sairei como o ouro." – *Selecionado*

É do sofrimento que brota uma vida santa. São necessárias onze toneladas de pressão para afinar-se um piano. Deus afinará a nossa vida segundo o diapasão celeste, se nós suportarmos o processo.

Sim, Senhor, bendito és. Faze o que te aprouver.
És todo-sábio, e és meu Deus; és meu Pai; meu Redentor.
Faze o que te aprouver e como te aprouver.
Em tuas mãos estou, Senhor!

5 de Março

"Porque nos temos tornado participantes de Cristo, se, de fato, guardarmos firme, até ao fim..." (Hb 3.14.)

O último passo é que marca a vitória; e na história de *O Peregrino* não há lugar mais perigoso do que a região próxima aos portais da Cidade Celestial. Era ali que ficava o Castelo da Dúvida. Era ali que o terreno encantado atraía o cansado viajante, levando-o a um sono fatal. É quando as bênçãos celestes estão à vista, que a porta do inferno se torna mais presente com seus perigos mortais. Não nos cansemos de fazer o bem, porque a seu tempo ceifaremos, *"se não desfalecermos"*. "Correi de tal maneira que o alcanceis."

6 de Março

"... nós esperávamos..." (Lc 24.21.)

Eu sempre lamentei que naquela caminhada a Emaús os discípulos não tenham dito ao Senhor: "Nós *ainda* esperamos", em vez de "Nós *esperávamos*". É triste isso – alguma coisa que acabou.

Se apenas tivessem dito: "Tudo está contra as nossas esperanças; parece que a nossa confiança foi em vão, mas não desistimos; cremos que o veremos outra vez." Mas não, eles caminharam ao seu lado, declarando que haviam perdido a fé, e ele teve que dizer-lhes: "Ó néscios e tardos de coração para crer!"

Não estaremos no mesmo perigo de ouvir estas coisas ditas a nosso respeito? Tudo mais podemos perder, desde que não percamos a nossa fé no Deus de verdade e amor.

Nunca ponhamos a nossa fé no passado, como estes discípulos: "Nós esperávamos", mas digamos sempre: "Eu estou esperando." – *Crumbs*

Eu sou como os dois homens de Emaús:
De coração tardio para crer.
Senhor, ajuda-me a incredulidade!
Sei que és fiel, e tenho, na verdade,
Provado teu cuidado e teu poder;
Mas se me vejo em nova situação,
Percebo ainda tremer meu coração...
Eu te conheço, e sei que deveria
Agir, Senhor, com bem mais ousadia!
Quero glorificar-te em meu viver:
Aumenta a minha fé, Senhor Jesus.

7 de Março

"... em tudo fomos atribulados..." (2 Co 7.5.)

Por que teria Deus de guiar-nos assim, e permitir que a pressão seja tão dura e constante? Bem, em primeiro lugar, isso mostra muito melhor a sua força e graça suficiente, do que se estivéssemos isentos de pressão e prova. O tesouro está "em vasos de barro, para que a excelência do poder seja de Deus e não de nós".

Além do mais, isto faz-nos mais conscientes da nossa dependência dele. Deus está constantemente procurando ensinar-nos a nossa dependência, e procurando conter-nos inteiramente em sua mão e confiados ao seu cuidado. Era o lugar que Jesus ocupava e quer que nós ocupemos; firmados, não em nossa própria força, mas com a mão sempre na sua, e com tal confiança nele que não ousemos dar sequer um passo sozinhos. E esses caminhos de Deus para nós ensinam-nos confiança.

Não há maneira de aprendermos a ter fé, senão pelas provações. Elas são a escola da fé, e é muito melhor aprendermos a confiar em Deus do que a gozar a vida.

A lição da fé, uma vez aprendida, é uma aquisição eterna, bem como um eterno tesouro; e sem a confiança, até mesmo riquezas nos deixarão pobres. – *Days of Heaven Upon Earth*

Sim, meu Senhor, quanta lição preciosa.
Faze-me atento, faze-me aprender.

8 de Março

"... faze como falaste... e seja para sempre engrandecido o teu nome..."
(1 Cr 17.23,24.)

Este é um aspecto importante da oração. Muitas vezes pedimos coisas que não estão absolutamente prometidas. Portanto, se não perseverarmos durante algum tempo, não podemos ter certeza se o que pedimos está ou não dentro dos propósitos de Deus. Há outras ocasiões, e na vida de Davi esta foi uma delas, em que estamos inteiramente persuadidos de que o que estamos pedindo está de acordo com a vontade de Deus. Somos levados a tomar uma promessa das Escrituras e reivindicá-la, sob a impressão de que ela contém uma mensagem para nós. Em tais ocasiões, com fé, confiantes, dizemos: "Tu disseste." De fato, nada melhor nem mais seguro do que descobrirmos uma promessa da Palavra de Deus e nos apropriarmos dela. Não precisa haver angústia, luta ou combate; simplesmente apresentamos o cheque e pedimos o fundo; apresentamos a promessa, e requeremos o seu cumprimento; e nem pode haver dúvida quanto ao resultado. Teríamos maior interesse na oração, se fôssemos mais definidos no que pedimos. É bem melhor clamar especificamente por uma bênção do que orar vagamente por muitas. – *F. B. Meyer*

Cada promessa das Escrituras é um documento escrito de Deus, que pode ser cobrado diante dele com este pedido lógico: "Faze como falaste." O Criador não trai a confiança das criaturas que nele confiam, e mais ainda, o Pai celestial não falta com a Palavra para com seu filho.

"Lembra-te da palavra dita a teu servo e na qual me fizeste esperar", eis o clamor que prevalece. É um argumento duplo: é a tua Palavra. Não a cumprirás? Por que falaste, se não a vais fazer valer? Tu me fizeste esperar nela, irás fazer desapontar a esperança que tu mesmo geraste em mim? – *C. H. Spurgeon*

"Estando plenamente convicto de que ele era poderoso para cumprir o que prometera." (Rm 4.21.)

É a eterna fidelidade de Deus que torna as promessas bíblicas "grandíssimas e preciosas". As promessas humanas são muitas vezes sem valor. Muitos corações têm ficado partidos por causa de promessas quebradas. Mas desde que o mundo é mundo, Deus jamais quebrou uma só promessa feita a qualquer de seus filhos.

Ah, é triste ver um crente à porta da promessa na noite escura da aflição, com receio de abrir o trinco, quando deveria chegar-se ali e buscar abrigo com confiança, como um filho na casa do pai. – *Gurnal*

Cada promessa é edificada sobre quatro pilares: A justiça e a santidade de Deus que não lhe permitem enganar; sua graça ou bondade, que não o deixa esquecer; sua verdade, que não o deixa mudar e que o faz cumprir. – *Selecionado*

9 de Março

"... olha do cimo..." (Ct 4.8.)

Aos crentes, os pesos esmagadores fornecem asas. Parece contradição, mas é uma grande verdade. Davi, no meio de uma experiência amarga, exclamou: "... quem me dera asas como de pomba! Voaria e acharia pouso." (Sl 55.6). Mas antes de terminar essa meditação, ele parece ter percebido que esse seu desejo era realizável, pois diz: "Confia os teus cuidados ao SENHOR, e ele te susterá." Outra tradução diz: "Descarrega o teu fardo sobre o SENHOR."

Os fardos dos santos são dádivas de Deus, pois levam-nos a esperar "no Senhor". E ao fazerem isso, por meio da confiança o "fardo" se transforma em asas, e aquele que estava sob o peso do fardo subirá com asas como águia. – *Sunday School Times*

Ver teu rosto, Jesus, é o que me importa.
Circunstâncias hostis, a pressão do inimigo,
Tudo me quer tirar esta visão:
Ver teu rosto e habitar contigo, em ti.
Venho pois, Salvador, como tu queres,
– Como traz alegria a ti e a mim –
Descansar em teu braço e contemplar-te.
Quero ficar aqui. Quero te ver.

10 de Março

"... O justo viverá por fé." (Rm 1.17.)

Muitas vezes a fé é substituída pelo que está diante dos olhos e pelos sentimentos. As emoções felizes e as experiências profundas que satisfazem o coração fazem parte da vida cristã, mas isso não é tudo. Ao longo do caminho estão aflições, conflitos, combates e provas, e não devem ser contados como infelicidade, mas como parte de nossa necessária disciplina.

Se estamos andando obedientemente diante do Senhor, devemos considerar, em todas estas experiências, o fato de que ele habita em nosso coração, mesmo que não o estejamos sentindo. É aqui que muitos ficam perturbados; procuram andar pelas emoções, em vez de caminhar pela fé.

Uma irmã consagrada conta que certa vez Deus parecia ter-se afastado dela. Sua misericórdia *parecia* haver desaparecido completamente. Sua solidão durou um mês e meio e depois disso pareceu-lhe que o Senhor lhe dizia:

"Catarina, você tem procurado por mim do lado de fora, no mundo dos sentimentos, mas todo o tempo eu tenho estado esperando por você; encontre-se comigo no interior do seu espírito, *pois eu estou ali*."

Façamos distinção entre o *fato* da presença de Deus e a *emoção* do fato. É uma felicidade quando, embora a nossa alma se sinta solitária e deserta, a fé pode dizer: "Eu não te vejo, eu não te sinto, mas embora eu esteja como estou, tu estás aí." Digamos a nós mesmos, repetidamente: "Tu estás aí; embora a sarça não pareça arder, sei que ela está ardendo. Vou tirar os sapatos de meus pés, porque o lugar em que estou é terra santa". – *London Christian*

Creiamos mais na Palavra e no poder de Deus do que em nossas emoções e experiências. A nossa Rocha é Cristo, e não é a Rocha que oscila nas marés, mas o mar. – *Samuel Rutherford*

Tenhamos os olhos fixos na grandiosidade infinita da justiça e da obra consumada de Cristo. Olhemos para Jesus e creiamos, olhemos para Jesus e vivamos! Olhando para ele, icemos as velas de nossa embarcação e singremos com ousadia os mares da vida. Não fiquemos parados no porto da desconfiança ou adormecidos na sombra, em repouso inativo, nem à mercê da instabilidade do nosso humor e das nossas emoções, como o barco no porto, largado ao sabor das ondas. A vida religiosa não consiste em pairar sobre emoções. Avancemos com as velas içadas e os olhos postos naquele que governa a fúria das águas. A segurança do pássaro está em suas asas. Se o seu abrigo é próximo ao chão, se ele voa baixo, expõe-se à armadilha ou à rede do caçador. Se ficarmos revolvendo-nos nas regiões baixas dos sentimentos e emoções, ver-nos-emos em mil malhas de dúvida e desânimo, de tentação e incredulidade. Esperemos em Deus. – *J. R. Macduff*

11 de Março

"Sucedeu, depois da morte de Moisés, servo do SENHOR, que este falou a Josué, filho de Num, servidor de Moisés, dizendo: Moisés, meu servo, é morto; dispõe-te, agora, passa este Jordão, tu e todo este povo, à terra que eu dou aos filhos de Israel." (Js 1.1,2.)

A tristeza entrou em seu lar deixando ali um vazio. Seu primeiro impulso agora é desistir de tudo e sentar-se em desespero entre os destroços de suas esperanças. Mas você não se atreve. Está no campo de batalha, e a crise está às portas. Fraquejar um momento seria pôr em perigo algum interesse santo. Outras vidas seriam prejudicadas por uma demora sua, interesses santos ficariam prejudicados se você cruzasse os braços. E você não pode parar, nem para sofrer um pouco a sua própria dor.

Um general relatou uma história dramática vivida por ele no tempo da guerra. Seu filho era tenente de bateria. Processava-se um assalto. O pai comandava sua divisão num ataque; enquanto avançava no campo, seus olhos de repente caíram sobre um tenente morto, bem à sua frente. De um relance percebeu que era seu filho. O impulso do coração de pai foi parar junto do morto querido e dar vazão à dor, mas o dever do momento ordenava que ele prosseguisse no ataque; assim, roubando às pressas um beijo, aos lábios mortos, avançou, rápido, liderando seu grupo no assalto.

O choro inconsolável à beira de um túmulo não poderá restituir-nos aquele que amamos, nem tampouco bênção alguma virá dessa tristeza. A dor faz cicatrizes profundas; ela grava seus registros indelevelmente no coração dos que a sofrem. Na verdade, nós nunca nos recuperamos inteiramente de nossas grandes dores; nunca somos os mesmos depois que passamos por elas. No entanto, na dor que foi devidamente aceita e suportada com ânimo, há uma influência humanizadora e fertilizadora. Aliás, são pobres os que nunca sofreram e não trazem marca de sofrimento. O gozo que nos está proposto deveria brilhar sobre as nossas dores, como o sol brilha através das nuvens, dando-lhes glória. Deus estabeleceu as coisas de tal forma que, prosseguindo no dever, encontraremos a mais rica e verdadeira consolação. Se nos sentamos para acalentar as nossas dores, a escuridão cresce à nossa volta e penetra em nosso coração, e nossa força muda-se em fraqueza. Mas se voltarmos as costas à sombra e tomarmos as tarefas e deveres a que Deus nos chama, a luz novamente voltará e ficaremos mais fortes. – *J. R. Miller*

12 de Março

"... e o SENHOR trouxe sobre a terra um vento oriental todo aquele dia e toda aquela noite; quando amanheceu, o vento oriental tinha trazido os gafanhotos. Então, se apressou Faraó em chamar a Moisés e a Arão... Então, o SENHOR fez soprar fortíssimo vento ocidental, o qual levantou os gafanhotos e os lançou no mar Vermelho; nem ainda um só gafanhoto restou em todo o território do Egito." (Êx 10.13,16,19.)

Observemos como, nos dias antigos, quando o Senhor lutava por Israel contra o cruel Faraó, os ventos operaram livramento; o que, aliás, tornamos a ver naquela grande demonstração do poder de Deus – o golpe final que ele lançou contra o orgulhoso desafio do Egito. Deve ter parecido a Israel uma coisa estranha e quase impiedosa verem-se cercados por tão grande hoste de perigos – pela frente, o mar a desafiá-los; de cada lado, os picos rochosos tirando-lhes toda esperança de fuga; sobre eles, como que a formar-se um furacão. Era como se o primeiro livramento tivesse vindo para posteriormente entregá-los a uma morte inevitável. Para completar o terror, ergueu-se o grito: *os egípcios vêm vindo atrás de nós*!

Quando parecia que haviam caído nas mãos do inimigo, então veio o glorioso triunfo. E vieram os ventos e afastaram as ondas, e os exércitos de Israel avançaram através da vereda aberta no grande leito do mar – tendo como abóbada protetora o amor de Deus.

De cada lado estavam as paredes de água, brilhando à luz da glória do Senhor; e acima deles soprava o forte vento. Assim foi por toda a noite; e quando, ao romper do dia seguinte, os últimos homens de Israel puseram o pé do outro lado do mar, o trabalho do vento estava terminado.

Então Israel cantou ao Senhor o cântico *do vento que servira ao cumprimento da sua Palavra.*

"O inimigo dizia: Perseguirei, alcançarei, repartirei os despojos... Sopraste com o teu vento, e o mar os cobriu; afundaram-se como chumbo em águas impetuosas."

Um dia, pela grande misericórdia de Deus, nós também estaremos de pé sobre o mar de vidro, tendo nas mãos a harpa de Deus. Então cantaremos o cântico de Moisés, servo de Deus, e o cântico do Cordeiro: "Justos e verdadeiros são os teus caminhos, ó Rei das nações!" Então saberemos como os *ventos fortes* operaram nosso livramento.

Hoje vemos apenas o mistério da grande tristeza pela qual estamos passando; depois compreenderemos que o inimigo ameaçador foi banido exatamente naquela noite de temor e pesar.

Agora olhamos apenas a perda; depois saberemos que a perda foi um golpe sobre aquele mal que estava ameaçando nos prender com seus grilhões.

Hoje estremecemos ante os ventos sibilantes e os trovões que rugem; mais tarde veremos que eles afastaram as águas da destruição e nos abriram o caminho para a terra da promessa. – *Mark Guy Pearse*

"Ele voa sobre as asas do vento."

13 de Março

"... Justos e verdadeiros são os teus caminhos, ó Rei das nações!"
(Ap 15.3.)

O incidente que segue é relatado pela Sra. Spurgeon, uma mulher que conheceu o sofrimento por mais de vinte e cinco anos.

"Ao fim de um dia escuro e tristonho, estava eu deitada em meu divã, enquanto a noite descia; e embora tudo estivesse claro em meu quarto gostoso, um pouco daquela escuridão lá de fora começou como que a entrar em minha alma e a obscurecer minha visão espiritual. Em vão eu procurava ver a mão que eu bem sabia estar segurando a minha e guiando meus pés, calçados em névoas, ao longo da íngreme e escorregadia vereda do sofrimento. Em tristeza meu coração perguntou:

"Por que será que meu Senhor trata assim a um filho seu? Por que será que tantas vezes me envia esta dor tão aguda? Por que será que permite que esta fraqueza demorada impeça o serviço que eu tanto anelo prestar a seus pobres servos?

"Estas perguntas ansiosas foram depressa respondidas, e por meio de uma linguagem muito estranha; nenhum intérprete foi necessário, além do consciente segredar do meu coração.

"Por um instante reinou silêncio no pequeno aposento, interrompido apenas pelo estalar da acha de carvalho na lareira. De repente ouvi um som doce e suave, uma pequena e clara nota musical, como o leve trinar de um passarinho à minha janela.

"O que será? Por certo nenhum passarinho vai estar cantando lá fora nesta época do ano e a estas horas.

"Novamente vem a fraca e lamentosa nota; tão doce, tão melodiosa, e contudo bastante misteriosa para provocar admiração. Minha amiga exclamou:

"'Ouça! Vem da acha de carvalho no fogo!' O fogo estava deixando livre a música aprisionada no âmago do carvalho.

"Quem sabe se ele não tinha armazenado este canto nos dias em que tudo lhe ia bem, quando passarinhos saltitavam alegremente em seus ramos e o sol lhe dourava as tenras folhas. Mas ele tinha envelhecido, desde então, e tinha se endurecido; anel após anel de crescimento lhe havia marcado de nós o tronco e selado a esquecida melodia, até que as chamas vieram consumir sua insensibilidade, e o ardor veemente do fogo arrancou dali um canto... 'Ah', pensei, 'quando o fogo da aflição tira de nós hinos de louvor, então estamos de fato purificados, e o nosso Deus é glorificado!'

"Quem sabe se algum de nós não está como esse velho carvalho – frio, duro, insensível; e não produziríamos sons melodiosos a não ser por meio do fogo, ardendo à nossa volta e libertando notas de confiança nele e de alegre assentimento à sua vontade.

"Enquanto eu refletia, o fogo crepitava, e minha alma achou conforto na parábola tão estranhamente trazida ao meu coração.

"Cânticos nas chamas! Sim, com a ajuda de Deus, e se essa for a única maneira de tirar harmonia destes corações duros e insensíveis, seja a fornalha aquecida sete vezes mais."

14 de Março

"... Moisés, porém, se chegou à nuvem escura onde Deus estava." (Êx 20.21.)

Deus ainda tem seus segredos, ocultos aos sábios e entendidos. Não os temamos; contentemo-nos em aceitar as coisas que não podemos entender; esperemos com paciência. Em breve ele nos revelará os tesouros ocultos, as riquezas da glória do mistério. O mistério é apenas o véu da face de Deus.

Não temamos entrar na nuvem que está descendo sobre a nossa vida. Deus está nela. O outro lado da nuvem está radioso da sua glória. "Não estranheis o fogo ardente que surge no meio de vós, destinado a provar-vos, como se alguma coisa extraordinária vos estivesse acontecendo; pelo contrário, alegrai-vos na medida em que sois coparticipantes dos sofrimentos de Cristo." Quando parecemos estar mais sós e mais abandonados, Deus está perto. Ele está na nuvem escura. Mergulhemo-nos na escuridade dela, sem temor; no oculto do seu tabernáculo encontraremos Deus à nossa espera. – *Selecionado*

Numa cama, entre dores; tudo adverso.
Nuvens densas e escuras ao redor.
Mas um brilho no olhar, irradiante;
No sorriso, uma paz transbordante.
A beleza de Cristo; a presença de Deus.

Certa vez o Sr. *C.* estava num alto pico das montanhas Rochosas, observando uma tempestade que caía no vale. De repente uma águia surgiu, atravessando as nuvens e voando para as alturas onde havia sol. As gotas d'água nas suas penas brilhavam como diamantes. Não fosse a tempestade, talvez ela tivesse ficado no vale – As tristezas da vida nos levam a buscar a Deus.

15 de Março

"Não temas, ó vermezinho de Jacó... Eis que farei de ti um trilho cortante e novo..." (Is 41.14,15.)

Poderiam duas coisas ser mais contrastantes que um verme e um instrumento de trilhar? O verme é tenro, esmaga-se sob uma pedra ou sob a roda que passa; um instrumento de trilhar é capaz de quebrar sem ser quebrado; é capaz de deixar marca sobre uma rocha. E o Deus poderoso pode converter um no outro. Ele pode tomar um homem ou uma nação que tenha a fragilidade do verme, e, com o vigor do seu Espírito, imprimir-lhe uma força tal, que venha a exercer uma influência marcante sobre a história.

Portanto, o verme não deve desanimar. O Deus poderoso pode fazer-nos mais fortes do que as circunstâncias. Ele pode dispô-las todas para o nosso bem. Na força de Deus, podemos fazer com que todas elas contribuam para o nosso bem. Podemos até extrair de um amargo desapontamento uma bênção da graça. Quando Deus nos dá uma vontade de ferro, podemos vencer as dificuldades como a lâmina do arado, que abre sulco no solo mais duro. "Farei de ti" – e não o fará?

Cristo está edificando o seu reino com vidas quebrantadas. Os homens querem somente o que é forte, bem-sucedido, vitorioso, inquebrável, para a construção de seus reinos; mas Deus é o Deus dos mal-sucedidos, daqueles que fracassaram. O céu está ficando cheio de vidas quebrantadas, e não há cana quebrada que Cristo não possa restaurar e transformar em uma gloriosa bênção. Ele pode tomar a vida esmagada pela dor ou tristeza e torná-la numa harpa cuja música será toda de louvor. Ele pode nos soerguer do mais triste fracasso terreno à glória do céu. – *J. R. Miller*

Fui pesada em balança, e achada em falta.
Cercada por estranha situação, provei-me aquém da situação: em falta.
Vi no meu ser coisas que eu não sabia! (Mas tu sabias: ainda assim me amavas.)
Na tua cruz as deixo, Salvador.

E eis, meu Senhor, o coração em falta – opere a **tua suficiência** *em mim.*
Graças te dou, que assim me revelaste: o meu vazio, e o suprimento em ti!

16 de Março

"... para aproveitamento..." (Hb 12.10.)

Ralph Connor conta num de seus livros, a história de Gwen, uma adolescente voluntariosa, temperamental, que tinha sido acostumada a fazer sempre o que queria. Um belo dia, sofreu um terrível acidente que a deixou paralítica. Encheu-se de revolta, e enquanto se encontrava nesse estado de rebelião, recebeu a visita do missionário que trabalhava entre o povo das montanhas onde ela morava.

Ele contou-lhe a parábola do *canyon*. "No princípio não havia *canyons*, mas somente a campina muito vasta e aberta. Um dia o Mestre da Campina, andando pelos seus grandes prados onde havia apenas grama, perguntou-lhe: 'Onde estão suas flores?' E a Campina respondeu: 'Mestre, eu não tenho sementes.'

"Então ele falou com os pássaros, e eles tomaram sementes de todo tipo de flores e as espalharam por toda a extensão da campina, e logo ela estava coberta por uma grande variedade de flores! Então veio o Mestre e ficou muito alegre; mas achou que faltavam ainda as flores de que mais gostava, entre as quais a violeta e as anêmonas. Então perguntou por elas à Campina.

"De novo ordenou aos pássaros e de novo eles trouxeram as sementes e as espalharam. Mas, novamente, quando o Mestre chegou, não encontrou aquelas flores de que tanto gostava. E perguntou:

"'Onde estão aquelas florzinhas de que tanto gosto?' E a Campina respondeu tristemente:

"'Oh, Mestre, eu não consigo conservar essas flores, porque o vento sopra aqui com muita força e o sol é muito ardente, e elas murcham logo, e secam, e se vão com o vento.'

"Então o Mestre falou com o raio, e com um golpe rápido o raio rasgou a Campina. E ela estremeceu e gemeu em agonia, e por muitos dias se lamentou amargamente pela ferida escura, recortada e profunda.

"Mas o rio derramou suas águas pela fenda e carregou para ali bastante húmus; e novamente os pássaros carregaram sementes e as espalharam, agora pelo *canyon*. E depois de muito tempo as rochas ásperas estavam cobertas de musgo macio, de delicadas trepadeiras e cheias de recantos abrigados, onde podiam crescer em profusão aquelas outras flores, e por todo lado as violetas e as anêmonas, até que o *canyon* ficou sendo o lugar favorito do Mestre para descanso, paz e gozo."

Então o missionário leu para ela: "O fruto – eu vou ler 'flores' – do Espírito é: amor, alegria e paz, longanimidade, benignidade, bondade, fidelidade, mansidão, domínio próprio – e algumas destas só crescem no *canyon*."

"Quais são as flores do *canyon*?" perguntou Gwen mansamente. E o missionário respondeu: "Benignidade, mansidão, longanimidade; e embora as outras – amor, gozo e paz floresçam no lugar aberto, contudo nunca dão flores tão belas e com tanto perfume como no *canyon*."

Gwen ficou um bom tempo em silêncio, e então disse, pensativa, enquanto seus lábios tremiam: "Não há flores no meu *canyon*. Só rochas ásperas."

"Logo vai haver, minha querida. O Mestre vai achá-las ali, e nós também as veremos."

Caro irmão, quando você chegar ao seu *canyon*, lembre-se!

17 de Março

"*... permanece lá até que eu te avise...*" (Mt 2.13.)

Ó coração inquieto, que se debate contra as grades da prisão das circunstâncias, aspirando por uma esfera mais ampla de serviço. Deixe Deus dirigir os seus dias. Paciência e confiança, na monotonia da rotina, serão a melhor preparação para você aguentar corajosamente a tensão e o desgaste da grande tarefa que Deus poderá um dia mandar-lhe.

Eu me vi, por momentos, como em grades;
Como impedida pelas circunstâncias,
De realizar, contente, o ministério
Que cuido arder em mim, dado por ti.
Por momentos apenas; dou-te graças –
E foi assalto astuto do inimigo –
Pois tu, Senhor, Senhor das circunstâncias,
És quem dirige todo o meu viver.

Só quero estar humilde e bem disposta,
Aqui, ali, além; onde me ponhas;
Contando como alegre ministério,
Estando em ti o derramar de ti
Até que hajas por bem, Senhor da Seara,
Fazer o uso que bem te parecer
Desta chama que em mim fizeste arder.

18 de Março

"Jesus, porém, não respondeu palavra..." (Mc 15.5.)

Não há na Bíblia um quadro mais tocante que o do Salvador em silêncio, sem responder palavra alguma aos que o injuriavam, os quais ele poderia ter feito cair prostrados a seus pés com apenas um olhar ou uma só palavra de repreensão. Mas ele os deixou falar e fazer o pior, e ali ficou no *poder do silêncio de Deus* – o mudo Cordeiro de Deus.

Há um silêncio que deixa Deus operar por nós; o silêncio que para com os próprios planos e a autorreivindicação, com os próprios recursos de sabedoria e com suas previsões, e deixa que Deus proveja e responda ao golpe cruel, segundo o seu amor fiel e infalível.

Quantas vezes perdemos a intervenção de Deus porque tomamos nas mãos a nossa própria causa e avançamos em nossa defesa. Que Deus nos dê este poder de guardarmos silêncio; e também nos dê este espírito manso! – *A. B. Simpson*

Tomaram o Salvador, e amarrado o levaram
Como o banco dos réus, e, vis, o interrogaram;
E com astúcia mordaz, torpemente o acusaram.
Jesus, porém, não respondeu palavra.

De púrpura o vestiram e o coroaram de espinhos;
"Salve, Rei dos judeus!" lhe exclamaram escarninhos;
Maltrataram-no ali segundo os seus caminhos.
Jesus, porém, não lhes falou palavra.

De Deus a ovelha muda, em mão dos tosquiadores,
O Justo do Senhor, em mão dos malfeitores,
O Cordeiro de Deus, que salva os pecadores,
Jesus, ali, não respondeu palavra.

Olha pois a Jesus, amigo, se és tentado
A tomar a defesa e agir, se mal julgado;
Deixa o assunto com o Pai, se és sem culpa acusado.
Teu Salvador não respondeu palavra!

19 de Março

"Amados, não estranheis o fogo ardente que surge no meio de vós, destinado a provar-vos... alegrai-vos... sois coparticipantes dos sofrimentos de Cristo..." (1 Pe 4.12,13.)

Muitas horas de espera foram necessárias para o enriquecimento da harpa de Davi; e muitas horas de espera no deserto produzirão em nós um salmo de "ação de graças e voz de cântico", para levarmos alento aos corações desanimados, aqui em baixo, para júbilo na casa do Pai, lá em cima.

Que preparação teve o filho de Jessé para produzir aqueles cânticos nunca igualados na terra? A afronta dos ímpios, que fez brotar nele o clamor pelo socorro de Deus. Então a tênue esperança na bondade de Deus desabrochou num cântico de regozijo por seus poderosos livramentos e múltiplas misericórdias. Cada tristeza era uma nova corda para sua harpa; cada livramento, outro tema de louvor.

Quão grande seria a nossa perda, se uma só daquelas angústias lhe tivesse sido poupada; se uma só dentre aquelas bênçãos não fosse agradecida ou notada; se um só daqueles perigos fosse evitado; quão grande, sim, seria a perda naquele vibrante Saltério em que o povo de Deus encontra a expressão de sua tristeza e louvor!

Esperar em Deus e experimentar a sua vontade é conhecê-lo e participar dos seus sofrimentos e ser feito conforme a imagem de seu Filho. Assim, se é necessário agora que o vaso de barro seja aumentado para maior compreensão espiritual, não devemos nos assustar com a grande dose de sofrimento que nos espera. A capacidade de compreensão e solidariedade dada por Deus será bem maior, pois a ação do Espírito Santo não nos torna insensíveis, antes pelo contrário, ele torna os nossos sentimentos mais ternos e verdadeiros. – *Anna Shipton*

20 de Março

"Entristecidos, mas sempre alegres..." (2 Co 6.10.)

O estoico zomba daquele que derrama lágrimas; ao crente, porém, não é proibido chorar. Às vezes, diante de uma dor muito grande, a pessoa permanece calada, enquanto a tesoura do tosquiador roça a sua carne trêmula; mas, quando o nosso coração se abate sob a série contínua de provações, podemos buscar alívio no choro. *Há, porém, algo ainda superior a isto.*

Dizem que em certos lugares fontes de água doce saltam no meio das águas salgadas do mar; que as mais lindas flores dos Alpes se encontram nos recantos mais agrestes e escarpados das montanhas; que os mais sublimes salmos foram o produto da mais profunda agonia de alma.

Pois bem, assim, entre as múltiplas provas, aqueles que amam a Deus encontrarão motivo de grande alegria. Embora um abismo chame outro abismo, o cântico do Senhor se fará ouvir claro dentro da noite. E *é possível*, mesmo na hora mais difícil que o homem atravessar, bendizer o Deus e Pai de nosso Senhor Jesus Cristo. Será que aprendemos esta lição? Não se trata de suportar, meramente, a vontade de Deus, e não somente de escolhê-la, mas de regozijar-se nela com gozo inefável e cheio de glória. – *Tried as by Fire*

21 de Março

"... Faça-se-vos conforme a vossa fé." (Mt 9.29.)

Podemos dizer que uma pessoa "prevaleceu em oração" quando, durante a oração, ela teve a certeza de que foi atendida, e ficou realmente consciente de já ter recebido aquilo que estava pedindo.

Não nos esqueçamos de que nenhuma circunstância terrena pode impedir o cumprimento da sua Palavra, se de fato estamos olhando firmemente para a imutabilidade daquela Palavra, e não para a incerteza deste mundo que está sempre mudando. Deus quer que creiamos na sua Palavra, sem outra confirmação, e *então* ele está pronto a dar-nos segundo a nossa fé.

Faça prova de Deus,
Que as promessas de Deus
Permanecem de pé.
Faça prova de Deus,
Pois a fé honra a Deus,
Também, Deus honra a fé.

A oração da era de Pentecostes era como um cheque a ser pago em moeda perante sua apresentação. – *B. Anderson*

"E disse Deus... E assim se fez." (Gn 1.6,7.)

22 de Março

"Decorridos quarenta anos, apareceu-lhe, no deserto do monte Sinai, um anjo, por entre as chamas de uma sarça que ardia. Disse-lhe o Senhor... Vi, com efeito, o sofrimento do meu povo no Egito, ouvi o seu gemido e desci para libertá-lo. Vem agora, e eu te enviarei ao Egito." (At 7.30,33,34.)

Essa foi uma longa espera, em preparação para uma grande missão. Quando Deus parece "tardar", ele não está inativo. Está preparando seus instrumentos, está deixando amadurecer nossos poderes; e no momento aprazado, nos levantaremos à altura da nossa tarefa. Mesmo Jesus de Nazaré permaneceu trinta anos no silêncio, crescendo em sabedoria, antes de começar sua obra. – *Dr. Jowett*

Deus nunca está com pressa. Ele gasta muito tempo preparando aqueles que pretende usar para um serviço mais importante na sua obra. Ele nunca considera o tempo da preparação demasiadamente longo nem desnecessário.

O ingrediente mais difícil de se suportar é, muitas vezes, o *tempo*. Um golpe agudo e rápido é suportado mais facilmente, mas quando um sofrimento se arrasta por anos longos e monótonos, e a cada dia continua presente, com a mesma rotina enfadonha de irremediável agonia, o coração perde a força, e, sem a graça de Deus, certamente cairá num amargo desespero. Longa foi a prova de José, e, muitas vezes, Deus tem de gravar suas lições no nosso coração por meio do fogo de uma dor prolongada. "Assentar-se-á como um ourives e refinador de prata", mas ele sabe por quanto tempo, e como um verdadeiro ourives ele diminui o fogo no momento em que vê a sua imagem no metal brilhante. Podemos não ver agora o resultado do plano grandioso que Deus está ocultando na sombra de sua mão; e este pode ser-nos ainda oculto por muito tempo; mas a fé pode estar certa de que ele está assentado no trono, esperando calmamente pela hora em que, em arrebatamento e adoração diremos: "Todas as coisas contribuíram juntamente para o bem." Sejamos, à semelhança de José, mais cuidadosos para aprender as lições na escola da dor, do que ansiosos pela hora do livramento. Há um "se necessário" para cada lição, e quando estivermos prontos, por certo virá o livramento, e descobriremos que não poderíamos ter permanecido firmes no nosso posto de serviço, sem as lições que aprendemos na fornalha da provação. Deus está nos educando para o futuro, para um serviço mais elevado e para bênçãos mais sublimes; e se temos qualidades que nos habilitam para uma posição de autoridade, nada nos poderá impedir de ocupá-la, quando chegar o tempo de Deus. Não roubemos da mão de Deus o amanhã. Devemos dar-lhe tempo para falar conosco e revelar-nos a sua vontade. Ele nunca está atrasado; aprendamos a esperar.

Não corramos afoitamente adiante do Senhor; aprendamos a esperar pelo seu tempo: tanto o ponteiro dos minutos como o ponteiro das horas precisam estar apontando o momento da ação.

23 de Março

"Dos despojos das guerras as dedicaram para a conservação da Casa do SENHOR." (1 Cr 26.27.)

No seio da terra há energia armazenada nas minas de carvão originada do calor que incendiou grandes florestas em eras remotas. De modo semelhante, armazenam-se forças espirituais dentro de nós, por meio do sofrimento que nós não compreendemos.

Um dia descobriremos que a experiência adquirida nas provações era apenas uma preparação para que pudéssemos ajudar, na hora da prova, aqueles que caminham conosco para a cidade do grande Rei.

Mas nunca nos esqueçamos de que a base para podermos ajudar os outros é a vitória sobre o sofrimento. A dor que nos deixa gemendo e chorando nunca trará benefício a ninguém.

Paulo não vivia a lamentar-se, mas entoando hinos de louvor e vitória; e quanto mais dura a prova, mais ele confiava e se regozijava, dando louvores até no altar do sacrifício. Ele disse: " Entretanto, mesmo que seja eu oferecido por libação sobre o sacrifício e serviço da vossa fé, alegro-me e, com todos vós, me congratulo." Senhor, ajuda-me neste dia a tirar forças de tudo o que me vier. – *Days of Heaven Upon Earth*

Senhor, quando uma vez tu permitiste
Que eu sofresse, na carne, tanta dor,
Eu te vi tão de perto e tão precioso!

E o teu consolo foi tão abundante!
Era como se eu fosse uma criança
Sustentada nos braços pela mãe...

Minha alma cantou notas
Repassadas de gozo,
Produzidas em mim por teu Espírito.

Hoje, com gratidão, lembro esse tempo.
E louvo-Te, Senhor, pelo milagre
Dos cânticos na noite da aflição!

24 de Março

"E orou Jacó: Deus de meu pai Abraão e Deus de meu pai Isaque, ó SENHOR, que me disseste: Torna à tua terra e à tua parentela, e te farei bem. Livra-me..." (Gn 32.9,11.)

Há muitos sintomas sadios nessa oração. De certa forma ela pode servir como um modelo para o nosso espírito se expressar, quando estivermos na fornalha da aflição.

Ele começou citando a promessa de Deus: "Disseste." E o disse duas vezes (9 e 12). Assim ele ficou com Deus à sua mercê. Nas suas promessas, Deus se coloca ao nosso alcance; e quando lhe dizemos: "Tu disseste", ele não pode dizer não. Ele tem de fazer como prometeu. Se o próprio Herodes foi tão zeloso de seu juramento, como não o será o nosso Deus? Quando orarmos, firmemos o pé sobre uma promessa; ela nos dará suficiente apoio para que as portas do céu se abram e nós entremos na posse da bênção. – *Practical Portions for The Prayer Life*

O Senhor Jesus deseja que sejamos definidos em nossas orações e específicos naquilo que pedimos. "Que queres que te faça?" é a pergunta que ele faz a cada um que, em aflição e prova, chega-se a ele. Se quisermos obter respostas bem definidas, apresentemos os nossos pedidos, de maneira clara. Orações vagas são a causa de tantas vezes ficarmos aparentemente sem resposta. Se preenchermos um cheque com um pedido definido, ele será descontado no banco do céu, quando for apresentado no nome de Jesus. Tenhamos a ousadia de ser específicos com Deus.

Frances R. Havergal disse certa vez: "Cada ano que eu vivo, e quase poderia dizer cada dia, pareço ver mais claramente que toda a paz, alegria e poder da vida cristã dependem de uma só coisa, e esta coisa é: aplicar a si mesmo a Palavra de Deus, crendo que ele na realidade quer dizer exatamente o que diz, e aceitando exatamente as palavras em que ele revela a sua bondade e graça, sem as substituir por outras ou alterar os modos e tempos que ele achou por bem usar."

Usemos a Palavra de Cristo e o seu sangue – a promessa de Cristo e o seu sacrifício – e nenhuma das bênçãos celestes nos será negada. – *Adam Clarke*

25 de Março

"De fato, sem fé é impossível agradar a Deus, porquanto é necessário que aquele que se aproxima de Deus creia que ele existe e que se torna galardoador dos que o buscam." (Hb 11.6.)

Fé para os dias de desespero. A Bíblia está cheia de dias assim. Seus registros são formados deles, seus cânticos são inspirados neles, sua profecia está ocupada com eles e sua revelação veio através deles.

Os dias de desespero são as pedras que pavimentam o caminho de luz. Parecem ter sido a oportunidade de Deus e a escola de sabedoria para o homem.

No Antigo Testamento, no Salmo 107, há a história de uma festa de amor; e em cada história de livramento, o ponto de desespero trouxe a oportunidade de Deus. O fim das forças humanas foi o começo do poder de Deus. Devemos nos lembrar da promessa de uma descendência numerosa como as estrelas do céu e como a areia do mar, feita a um casal já idoso. Leiamos novamente a história do mar Vermelho e daquela libertação, e do Jordão com a arca passando em seco. Estudemos mais uma vez as orações de Asa, Josafá e Ezequias, quando estavam em grande angústia e não sabiam o que fazer. Tornemos a ler a história de Neemias, Daniel, Oseias e Habacuque. Cheguemos com reverência ao Getsêmani e nos curvemos junto ao túmulo no Jardim de José de Arimateia durante aqueles dias terríveis. Busquemos o testemunho da igreja primitiva e peçamos aos apóstolos que nos contem a história daqueles dias desesperadores.

A fé não é responsável pelos nossos dias de desespero. Mas a obra da fé é dar-nos alento e mostrar a solução.

Não há um exemplo melhor dessa verdade do que o dos três jovens hebreus na fornalha. A situação era desesperadora, mas eles responderam corajosamente: "Se o nosso Deus, a quem servimos, quer livrar-nos, ele nos livrará da fornalha de fogo ardente e das tuas mãos, ó rei. Se não, fica sabendo, ó rei, que não serviremos a teus deuses, nem adoraremos a imagem de ouro que levantaste." Eu gosto deste "se não"!

Tenho espaço apenas para mencionar o Getsêmani. Consideremos profundamente o seu "Todavia", "Se possível... Todavia"! Profunda escuridão tinha descido sobre a alma do Senhor. Confiar-se na mão do Pai significava angústia até ao sangue e trevas até à descida ao Hades – Todavia! Todavia! – *Rev. Samuel Chadwick*

Havia Alguém com eles na fornalha,
Uma presença augusta – era o Senhor!
O mesmo Alguém promete estar comigo
Sempre presente, e sei que nunca falha.
Na chama ardente, no maior calor,
Há Alguém comigo, perto – o Salvador!

26 de Março

"... olha desde onde estás para o norte, para o sul, para o oriente e para o ocidente; porque toda essa terra que vês, eu ta darei..." (Gn 13.14,15.)

O Espírito Santo não põe em nós uma fome que ele não pretenda satisfazer. Que a sua fé, pois, levante voo e reclame toda a terra que você avistar. – *S. A. Keen*

Tudo o que pudermos apreender com a visão da fé é nosso. Estendamos os olhos até onde eles alcançam, pois tudo nos pertence. Tudo o que desejamos ser como crentes, tudo o que ansiamos fazer para Deus, está dentro das possibilidades da fé. Então acheguemo-nos a ele, e com a alma aberta às influências do Espírito de Deus, deixemos que todo o nosso ser receba o batismo da sua presença; e quando ele nos abrir o entendimento para ver toda a plenitude divina, creiamos que tudo o que ele tem é nosso. Apliquemos a nós mesmos todas as promessas da sua Palavra, aceitemos todos os desejos que ele despertar dentro de nós, tudo aquilo que podemos ser como seguidores de Jesus. Toda a terra que virmos, nos foi dada.

As provisões da graça de Deus estão de acordo com a sua visão interior. Aquele que põe no seio da ave o instinto de atravessar o continente em busca do sol de verão, não a engana; assim como colocou nela aquele instinto, colocou também naquela outra região as brisas suaves e o esperado sol, para que ela os encontre quando chegar.

Aquele que sopra em nosso coração a esperança celeste não nos enganará nem falhará, quando avançarmos ao encontro dela. – *Selecionado*

E, indo, tudo encontraram como Jesus lhes dissera (Lc 22.13).

27 de Março

"Porque para mim tenho por certo que os sofrimentos do tempo presente não podem ser comparados com a glória a ser revelada em nós."
(Rm 8.18.)

Um notável incidente ocorreu certa vez numa cerimônia de casamento na Inglaterra. Um rapaz muito rico e de elevada posição social, que havia perdido a vista num acidente aos dez anos de idade, e que a despeito da cegueira havia concluído o curso superior, estava noivo de uma jovem muito linda. Algum tempo antes do casamento ele havia se submetido a uma série de tratamentos em mãos de especialistas, e o clímax veio no dia da cerimônia.

Havia chegado a hora, e ali estavam os convidados. Entre estes, ministros de estado, generais e bispos, e outras pessoas importantes. O noivo, muito bem vestido, com os olhos ainda vendados, entrou na igreja com o pai, e juntos se dirigiram à sala paroquial, onde se encontraram com o médico do rapaz.

Chegou a noiva. Foi entrando na igreja pelo braço do pai. Grande era a sua emoção. Será que finalmente aquele que ela amava iria poder ver o seu rosto, que tantos admiravam mas que ele só conhecia pelo tato?

Ao aproximar-se do altar, enquanto ressoavam ainda os últimos acordes da marcha nupcial, seus olhos pousaram num estranho grupo.

Ali estava o rapaz com o pai, e, junto do moço, o médico, que acabava de tirar de seus olhos a última atadura. O noivo deu um passo à frente, com aquela dramática incerteza de alguém que não consegue acreditar que está acordado. Caía-lhe sobre o rosto um raio de luz rósea vindo de um vitral, mas isso não chamou a sua atenção.

Estaria ele vendo alguma coisa? Sim! Recobrando num instante sua firmeza de expressão, e com uma dignidade e gozo jamais vistos em seu rosto, adiantou-se ao encontro da noiva. Olharam-se ambos nos olhos, e dir-se-ia que os olhos dele jamais deixariam o rosto da moça.

"Até que enfim!" murmurou ela. "Até que enfim!" ecoou ele solenemente, inclinando-se. Foi uma cena de grande impacto, e sem dúvida de imensa alegria. E, no entanto, é apenas uma mera sugestão do que acontecerá no céu quando o crente que tem andado por este mundo de provas e dores vir o Senhor face a face. – *Selecionado*

28 de Março

"Porque há de acontecer que, assim que as plantas dos pés dos sacerdotes que levam a arca do SENHOR*, o Senhor de toda a terra, pousem nas águas do Jordão, serão elas cortadas, a saber, as que vêm de cima, e se amontoarão."* (Js 3.13.)

Valorosos levitas! Quem pode deixar de admirá-los por carregarem a arca em direção ao rio, molhando já os pés nas suas águas? Pois as águas não foram divididas enquanto eles não tocaram nelas os pés (v. 15). Deus não o tinha prometido de outra forma. Deus honra a fé. A fé que vê a promessa e olha só para ela. Podemos imaginar como o povo não estaria olhando estes santos homens avançarem com a arca, e até como alguns dos espectadores não estariam dizendo: "Eu é que não me arriscaria a tanto! Imaginem, aquela arca vai ser levada pela correnteza!" Mas não! "Os sacerdotes pararam firmes no meio do Jordão, e todo o Israel passou a pé enxuto."

A arca tinha varais para ser levada nos ombros. Ela não se movia por si mesma, precisava ser transportada. Quando Deus é o arquiteto, os homens são os pedreiros e operários. A fé é um ajudante de Deus. Ela pode fechar a boca de leões e apagar a força do fogo. Ela honra a Deus, e Deus a honra. Como precisamos desta fé que prossegue em frente, deixando o cumprimento das promessas com Deus, para quando ele achar que é o momento próprio! Companheiros levitas, coloquemos os ombros embaixo da preciosa carga, e não pensemos que estamos carregando a urna mortuária de Deus. É a arca do Deus vivo! Cantemos, enquanto marchamos em direção às águas! – *Thomas Champness*

Uma das principais características da presença do Espírito Santo na Igreja Apostólica era o espírito de ousadia. Uma das qualidades mais excelentes da fé, que se lança à frente de grandes empresas para Deus e espera dele grandes bênçãos, é a santa ousadia. No nosso relacionamento com Deus, quando se trata de recebermos dele aquilo que é humanamente impossível, é mais fácil receber muito do que pouco; é mais fácil ficar num lugar de ousada confiança do que num de cautelosa timidez.

Para viver uma vida de fé, lancemo-nos ao mar alto, como os sábios marinheiros, e descubramos que, para o Senhor, todas as coisas são possíveis, e que tudo é possível ao que crê.

Façamos hoje grandes coisas para Deus; para isso, tomemos a fé e a força que procedem dele, e creiamos que assim poderemos realizá-las. – *Days of Heaven Upon Earth*

29 de Março

"... Considerai como crescem os lírios do campo..." (Mt 6.28.)

Preciso de óleo", disse um monge. Então plantou uma mudazinha de oliveira. "Senhor", orou ele, "ela precisa de chuva, para que suas raízes tenras possam beber e crescer. Manda chuvas brandas." E o Senhor mandou-lhe chuvas brandas. "Senhor", orou o monge, "minha planta precisa de sol. Peço-te, manda sol." E o sol brilhou dourando as nuvenzinhas chuvosas. "Agora neve, meu Senhor, para robustecer seus tecidos", pediu o monge. E lá ficou a plantinha coberta de neve brilhante. Mas à noite morreu.

Então o monge foi ao quarto de outro irmão e contou-lhe a estranha experiência. "Eu também plantei uma arvorezinha", disse o outro, "e veja como está viçosa! Mas eu confio a minha planta ao Deus que a criou. Ele que a fez sabe do que ela precisa, melhor do que um homem como eu. Não impus condições. Não estabeleci meios ou maneiras. Orei: 'Senhor, manda-lhe o que ela necessita. Sol ou chuva, vento ou neve. Tu a fizeste, e tu sabes'."

Faça como os lírios,
Deixe com o Senhor!
Eles crescem... crescem...
Quer no sol... na chuva...
Crescem e são cuidados!
Deixe com o Senhor!

Muito mais que aos lírios
Deus lhe tem amor!
Ele é quem trabalha
Para quem nele espera.
Sem temor, descanse...
Deixe com o Senhor!

30 de Março

"Eia! Todos vós, que acendeis fogo e vos armais de setas incendiárias, andai entre as labaredas do vosso fogo e entre as setas que acendestes; de mim é que vos sobrevirá isto, e em tormentas vos deitareis." (Is 50.11.)

Que aviso importante para aqueles que estão atravessando momentos de trevas e procuram sair para a luz por si mesmos. São comparados no verso com alguém que acende um fogo e anda no meio de suas próprias faíscas. O que significa isto?

Significa que, quando estamos em trevas, a tentação é descobrir uma saída sem confiar no Senhor e sem buscar apoio nele. Em vez de deixarmos que ele nos guie para fora das trevas, procuramos sair por nós mesmos. Procuramos a luz do mundo e buscamos o conselho de amigos. Procuramos as conclusões da nossa própria razão, e talvez até sejamos tentados a aceitar um caminho de livramento que não seria absolutamente o do Senhor.

Todos estes caminhos são fogos acesos por nós; luzinhas frouxas, que certamente nos levarão a encalhar em algum banco de areia. E Deus nos deixará andar na luz dessas fagulhas, mas o fim serão dores.

Irmãos, não procuremos sair de uma situação difícil, a não ser no tempo de Deus e da maneira de Deus. O tempo de aflição tem o propósito de ensinar-nos lições de que precisamos grandemente.

Os livramentos prematuros podem frustrar a obra da graça em nossa vida. Simplesmente entreguemos a ele toda a situação. Estejamos com o coração disposto a suportar qualquer prova, desde que tenhamos conosco a presença dele. Lembremo-nos de que é melhor andar no escuro com Deus do que no claro sozinho. – *The Still Small Voice*

Deixemos de interferir nos desígnios e na vontade de Deus. Se pusermos a mão em algum de seu planos, estragaremos a obra. Podemos mover os ponteiros do relógio segundo a nossa conveniência, mas isso não mudará o tempo; podemos querer apressar o desenrolar da vontade de Deus, mas estaremos atrapalhando, e, não ajudando a obra. Podemos abrir um botão de rosa, mas isso trará danos à flor. Deixemos tudo com ele. Tiremos nossas mãos. Faça-se a tua vontade, Senhor, não a minha. – *Stephen Merritt*

31 de Março

"... o vento era contrário." (Mt 14.24.)

Os ventos da primavera muitas vezes trazem tempestade. E não tipificam eles a tempestuosa estação de minha vida? Mas, na verdade, eu devia estar alegre por travar conhecimento com essas estações. É melhor que as chuvas caiam e venham as águas, do que eu permaneça em terras amenas onde nunca parece escurecer, nem sopram ventos fortes. A tempestade da tentação afigura-se cruel, mas não é verdade que ela dá mais intensidade e ardor à oração? Não me impele a me firmar nas promessas com mais força? Não torna o meu caráter mais refinado?

A tempestade do luto é dolorosa; mas, não é uma forma de o Pai me atrair a si mesmo, para que, no mistério da sua presença, a sua voz mansa e delicada possa falar ao meu coração? Há um aspecto da glória do Mestre que só pode ser visto quando o vento é contrário e o barco é agitado pelas ondas.

"Jesus Cristo não é um abrigo *contra* o temporal, ele é um refúgio perfeito *no* temporal. Ele nunca nos prometeu uma viagem fácil, somente uma chegada certa."

1.º de Abril

"... sei em quem tenho crido..." (2 Tm 1.12.)

"Na tempestade", disse um velho marujo, "só há uma coisa que se pode fazer – uma só: pôr o navio em determinada posição, e conservá-lo nela."

Crente, é isso que temos que fazer. Às vezes, como Paulo, não vemos nem o sol nem as estrelas, e a tempestade que cai não é pequena. Só há uma coisa a fazer – uma só.

A razão não nos pode ajudar; as experiências passadas não nos trazem luz. Até a oração parece não trazer consolo. Só resta um caminho. Temos que pôr a alma em determinada posição, e ali ficar.

Temos que estar escorados no Senhor; e venha o que vier – onda ou vento, trovões ou raios, vagalhões ou rochedos perigosos – não importa o quê, nosso lugar é estar atado ao leme, na certeza de que Deus é fiel; de que ele assumiu um compromisso para conosco em sua aliança; de que ele nos tem amor eterno em Cristo Jesus. – *Richard Fuller*

Melhor lugar não há
De pouso e segurança
Que os braços do Senhor.
Eu fico ali;
Espero ali;
Ali me escondo e abrigo;
Eu moro ali. Pois nele achei:
Meu Deus,
Meus Pai,
Meu Salvador,
Meu Mestre,
Meu Amigo

C. M.

2 de Abril

"... olharam... e eis que a glória do SENHOR *apareceu na nuvem."* (Êx 16.10.)

Cultivemos o hábito de procurar nas nuvens a borda iluminada e, achando-a, continuemos a olhar para ela, em vez de ficar olhando para o cinzento escuro do centro.

Não nos entreguemos ao desânimo, por mais oprimidos ou molestados que estejamos. A pessoa desanimada nada pode fazer. Nesse estado, ela não consegue resistir aos ardis do inimigo, nem prevalecer em oração pelos outros.

Fujamos de qualquer indício desse inimigo mortal, como fugiríamos de uma víbora. Não nos demoremos em virar-lhe as costas, ou acabaremos lambendo o pó, em amarga derrota.

Olhemos para as promessas de Deus, e digamos a respeito de cada uma delas: "Esta promessa é *para mim*." E se algum sentimento de dúvida ou desânimo ainda persistir, derramemos o coração diante de Deus e peçamos-lhe que repreenda o inimigo que tão impiedosamente nos inquieta.

No momento em que o nosso coração rejeita a desconfiança ou o desânimo, o Espírito Santo desperta em nós a fé e sopra em nossa alma o vigor divino.

A princípio não temos consciência disto, mas, se com o coração resoluto, e sem olhar para os lados, continuarmos desprezando toda dúvida e depressão que nos assalta, logo teremos consciência de que os poderes das trevas estão recuando.

Se os nossos olhos pudessem enxergar o exército de força e poder que está atrás de nós cada vez que tomamos posição contra as hostes das trevas e em direção a Deus, quanto terreno o inimigo perderia em seus esforços para nos deprimir e desanimar!

Pois se o crente mais fraquinho submeter-se ao Senhor e recorrer a ele no nome de Jesus e com a fé singela de uma criança, todo o poder de Deus estará ao seu lado.

Certo dia de outono, vi uma águia mortalmente ferida por um tiro. Seus olhos ainda brilhavam como um aro luminoso. Ali, vagarosamente, ela virou ainda a cabeça e lançou para as alturas um olhar ansioso. As alturas tinham sido o seu domínio. Mas agora lá estava à morte, porque, por um momento, esquecida, tinha voado baixo demais. A nossa alma é como essa águia. Aqui em baixo não é o seu lugar. Ela não pode perder aquele olhar em direção ao alto. Temos de guardar a fé, guardar a esperança, guardar a coragem, conservar os olhos em Cristo. Se não vamos ser corajosos, é melhor abandonarmos já o campo de batalha, pois a hora não é para covardia. Ó minha alma, guarda os teus olhos no alto!

Olhando para o ocidente, não veremos o sol nascer. – *Provérbio japonês*

3 de Abril

"*... provei-te na fornalha da aflição.*" (Is 48.10.)

Atentemos para a palavrinha *na*. Devemos honrar o Senhor *na* aflição – naquilo que de fato é uma aflição. Embora tenha havido casos em que Deus não permitiu que seus servos sentissem as chamas, contudo, regra geral, o fogo traz dor.

Mas aí mesmo é que devemos glorificá-lo, pela nossa perfeita fé na sua bondade e amor, que permitiram a vinda de todas essas coisas sobre nós.

E mais do que isto, devemos crer que dessa situação virá alguma coisa mais para o seu louvor, do que viria sem essa dura prova.

Algumas provas só podemos atravessar com uma grande fé; uma fé pequena não aguentaria. Precisamos conhecer a vitória na aflição. – *Margaret Bottome*

A fidelidade do crente é comprovada no tempo da aflição. Os moços que foram lançados na fornalha ardente saíram como entraram – exceto quanto aos cordões que os amarravam.

Quantas vezes, na fornalha da aflição, Deus nos arranca os cordões! O corpo daqueles moços ficou ileso – sua pele nem se chamuscou, tampouco seus cabelos ou suas roupas; e nem cheiro de fogo passou sobre eles. E assim é que os crentes devem sair da fornalha da aflição: libertos dos cordões que os amarram e não tocados pelas chamas.

Triunfando deles na cruz (Cl 2.15).

Esse é o verdadeiro triunfo – triunfar sobre a doença, *na doença*; triunfar sobre a morte, *morrendo*; triunfar sobre as circunstâncias adversas, *estando nelas*. Sim, creia-me, irmão, há um poder capaz de fazer-nos vitoriosos *na* luta. Há uma alta posição a ser conquistada, de onde poderemos contemplar as regiões de onde viemos e cantar o nosso cântico de triunfo, e isso, ainda nesta vida. Sendo pobres, podemos levar muitos a nos considerarem ricos, e em nossa pobreza podemos enriquecer a muitos. O nosso triunfo é *na* circunstância. O triunfo de Cristo foi na sua humilhação. Possivelmente o nosso triunfo também será manifestado naquilo que aos outros parece humilhação. – *Margaret Bottome*

Há algo de cativante na figura de um crente cheio de tribulações, e tendo contudo o coração firme e cristalino. Não é verdade que há algo de valor contagiante na visão de alguém grandemente tentado, mas mais do que vencedor? Não é um tônico para o coração, vermos um peregrino, quebrado no corpo, mas conservando o esplendor de uma paciência não quebrada? Que testemunho do poder da graça! – *J. H. Jowett*

4 de Abril

"Orou Eliseu e disse: SENHOR, peço-te que lhe abras os olhos para que veja..." (2 Rs 6.17.)

Esta é a oração que precisamos fazer por nós mesmos e uns pelos outros: "Senhor, abre os nossos olhos para que vejamos"; pois, à nossa volta, como foi com o profeta, estão carros de Deus e seus cavaleiros, esperando para levar-nos a vitórias gloriosas. E quando os nossos olhos são assim abertos, podemos ver em todos os acontecimentos da vida – grandes ou pequenos, alegres ou tristes – um "carro" para a nossa alma.

Tudo o que nos vem pode tornar-se um carro, se o tratarmos como tal; e por outro lado, a mais leve dificuldade pode ser um peso esmagador e deixar-nos em miséria e desespero, se assim a considerarmos.

Cabe a nós mesmos escolher o que cada circunstância será. Tudo depende não dos acontecimentos em si, mas de como os tomamos. Se nos deixamos abater em face deles e permitimos que nos esmaguem, tornam-se para nós como o carro de Jaganata, que transportava o ídolo do deus e debaixo do qual os fiéis se lançavam; mas se subimos neles como num carro de vitória e os fazemos carregar-nos para diante e para o alto em triunfo, tornam-se para nós os carros de Deus. – *Hannah Whitall Smith*

O Senhor não pode fazer muito com o crente abatido; por isso o inimigo procura sempre levar o povo do Senhor ao desespero e ao sentimento de que nada podemos fazer pela nossa situação ou pela situação da igreja. Alguém já disse que um exército desanimado vai para a batalha com a certeza da derrota. Contou-nos uma missionária, que foi levada de volta para a pátria, inválida, que, como o seu espírito desmaiou, em consequência o seu corpo desmaiou também. Precisamos entender melhor estes ataques do inimigo sobre o nosso espírito e aprender como resistir a eles. Se o inimigo não consegue deslocar-nos da nossa posição, então procura consumir-nos (Dn 7.25) por um cerco prolongado, para que, por fim, pelo total abatimento, emudeça o nosso grito de vitória.

5 de Abril

"... fecha a porta sobre ti e sobre teus filhos..." (2 Rs 4.4.)

Deviam ficar a sós com Deus, pois não estavam lidando com as leis da natureza, nem com governos humanos, nem com a igreja ou os sacerdotes; nem ainda com o grande profeta de Deus. Deviam estar ali a sós, isolados de qualquer outra pessoa, de qualquer apoio em circunstâncias, de qualquer apoio em raciocínios humanos, e lançados no espaço, por assim dizer, dependendo de Deus somente, em contato com a fonte dos milagres.

Aí está um outro aspecto do plano de operações de Deus, um quarto secreto de intercessão e fé onde todo crente que deseja produzir frutos precisa entrar.

Há ocasiões em que Deus nos cerca com um muro misterioso e nos tira todos os pontos de apoio, todas as maneiras de agir a que estamos acostumados. Ele nos fecha e nos deixa entregues à sua maneira de agir, maneira inteiramente nova e inesperada para nós, muito diferente dos nossos antigos padrões. É uma situação em que não sabemos exatamente o que vai acontecer; em que Deus está cortando o pano de nossas vidas dentro de um novo molde; e ele nos faz olhar somente para ele mesmo.

A maioria das pessoas religiosas vive numa espécie de rotina invariável e cansativa, em que podem calcular quase tudo o que vai acontecer. Mas aqueles que Deus está tirando do contexto comum e colocando num contexto especial, bem perto dele, o Senhor os fecha num lugar onde tudo o que sabem é que Deus os tem em sua mão e os está provando. E então esperam nele somente.

Como aquela viúva, precisamos estar desligados do que é exterior e ligados interiormente ao Senhor apenas, a fim de ver as suas maravilhas. – *Soul Food*

É muitas vezes nas provas mais duras que Deus nos permite fazer as mais preciosas descobertas de si mesmo. – *Gems*

6 de Abril

"Pôr-me-ei na minha torre de vigia, colocar-me-ei sobre a fortaleza e vigiarei para ver o que Deus me dirá e que resposta eu terei à minha queixa."
(Hc 2.1.)

Nós só conhecemos o que é esperar em Deus e o que é receber auxílio de Deus, quando há uma expectação vigilante da nossa parte. Se alguma vez deixamos de receber dele força e proteção, é porque não estamos realmente contando com elas. Muitos socorros que nos são oferecidos do céu passam por nós sem que os gozemos! Por quê? Porque não estamos em nossa torre de vigia para avistar, de longe, que eles vêm chegando, e escancarar as janelas do coração para recebê-los. Quem não está vigilante, à espera do auxílio, pouco receberá. Estejamos atentos à espera da intervenção de Deus nos acontecimentos da nossa vida.

Há um provérbio simples que diz: "Quem espera pela Providência terá sempre providências a esperar." E podemos mudá-lo da seguinte maneira: "Quem não espera providências, nunca terá providências a esperar." Se não pusermos nossas vasilhas na chuva, não apanharemos água.

Precisamos ser mais objetivos e usar mais o bom senso, quando clamamos pelas promessas de Deus. Se víssemos um homem entrar e sair de um banco várias vezes no dia, apenas pondo um cheque sobre o balcão, para tirá-lo em seguida, creio que logo veríamos barrada a entrada dele ali.

Quem vai a um banco e apresenta um cheque, espera ali até receber a importância correspondente, e só então se retira; não sai sem haver completado a transação. Não apresenta o cheque e simplesmente discute sobre o valor da assinatura e a excelência do documento; não, a pessoa quer a importância que lhe cabe, e não se contenta sem ela. Não fica ali só passando o tempo. Pois há muitas pessoas que estão como que brincando com a oração. Não esperam de Deus uma resposta. Assim, só estão passando tempo. Quando oramos, o Pai celestial quer que façamos com ele uma transação real. – *C. H. Spurgeon*

"Não será frustrada a tua esperança."

7 de Abril

"*... no sossego e na confiança, estaria a vossa força.*" (Is 30.15 – arc.)

Para conhecermos realmente a Deus é absolutamente necessário haver silêncio em nosso interior. Lembro-me de quando, pela primeira vez, percebi isso. Havia surgido uma situação de grande emergência em minha vida. Cada parte do meu ser parecia tremer de ansiedade, e a necessidade de uma ação imediata e decisiva parecia impelir-me com força; no entanto, as circunstâncias eram tais que eu não podia fazer nada, e a pessoa que podia, não fazia um movimento sequer.

Por um pequeno espaço de tempo, foi como se eu fosse ficar em pedaços, por causa do tumulto interior em que me achava; de repente uma voz mansa e delicada segredou no profundo do meu ser: "Aquietai-vos, e sabei que eu sou Deus." A palavra veio com poder, e eu atendi. Sujeitei meu corpo a uma grande quietude, obriguei meu conturbado espírito a acalmar-se, olhei para cima e esperei; então "conheci" que era Deus, Deus mesmo, que vinha, naquela emergência e dificuldade, para resolver meu problema; descansei nele. Foi uma experiência que eu não quereria ter perdido por preço algum; e devo acrescentar também que desta quietude pareceu surgir um novo poder para enfrentar a dificuldade, que em pouco tempo a trouxe a bom termo. Aprendi então, efetivamente, que *em estar quieta estava a minha força. – Hannah Whitall Smith*

Existe uma certa passividade que não é indolência, é uma quietude viva, nascida da confiança. Tensão quieta não é confiança. É simplesmente *ansiedade reprimida.*

8 de Abril

"*Pelo que sinto prazer nas fraquezas, nas injúrias, nas necessidades, nas perseguições, nas angústias, por amor de Cristo. Porque, quando sou fraco, então, é que sou forte.*" (2 Co 12.10.)

Aqui está o segredo para experimentarmos a suficiência de Deus: chegar ao fim de nós mesmos e dos nossos recursos. Quando chegamos a esse ponto, paramos de pedir a compaixão dos outros pela nossa situação ou pelo tratamento que recebemos; pois reconhecemos nas circunstâncias as próprias condições de bênção, e nos voltamos delas para Deus. Vemos nelas uma oportunidade para lançar mão das suas promessas. – *A. B. Simpson*

George Matheson, o bem conhecido pregador cego da Escócia, disse certa vez: "Meu Deus, eu nunca te agradeci por meu espinho. Muitas vezes te agradeci por minhas rosas, mas nem uma vez por meu espinho. Sempre sonhei com um mundo onde obterei uma compensação pela minha cruz; mas nunca pensei em minha cruz como sendo, ela mesma, uma glória presente.

"Ensina-me a glória da minha cruz; ensina-me o valor do meu espinho. Mostra-me que é pela vereda da dor que tenho subido a ti. Mostra-me que as lágrimas formam na minha vida um arco-íris."

9 de Abril

"... Todas estas coisas me sobrevêm." (Gn 42.36.)
"... todas as coisas cooperam para o bem daqueles que amam a Deus..." (Rm 8.28.)

Muitas pessoas estão querendo poder. Mas como se obtém poder? Outro dia passamos por uma casa de máquinas, onde certos aparelhos são movidos por eletricidade. Ouvimos o ruído de inúmeras rodas, e perguntamos ao nosso amigo:

– Como é produzida a energia?

– Bem, disse ele, pelo giro daquelas rodas e a fricção que produzem. A fricção cria a corrente elétrica.

E assim é: quando Deus quer trazer mais poder à nossa vida, ele nos traz mais pressão. Ele está fazendo gerar a força espiritual através de uma forte fricção. Alguns não gostam da operação e procuram escapar da pressão em que se encontram, em vez de obter o poder e usá-lo para se erguerem acima das pressões.

Para o verdadeiro equilíbrio de forças, é necessária a oposição. As forças centrípeta e centrífuga, agindo em oposição uma à outra, mantêm nosso planeta em órbita. Uma impelindo, a outra repelindo, de tal forma agem e reagem, que em vez de sair voando a esmo pelo espaço, a terra segue sua órbita equilibrada em volta do sol.

Assim Deus guia a nossa vida. Não basta termos uma força propulsora, precisamos igualmente de uma força de repulsão, e assim ele nos contém – por meio das provações da vida, das pressões da tentação e da dificuldade, e de tudo que parece estar contra nós. Estas dificuldades, na realidade, estão favorecendo o avanço da nossa caminhada e firmando o nosso andar.

Agradeçamos a Deus por ambas. Tomemos os pesos, bem como as asas. E assim, impelidos por Deus, avancemos com fé e paciência em nossa soberana e celeste vocação. – *A. B. Simpson*

10 de Abril

"*... faze-me saber por que contendes comigo.*" (Jó 10.2.)

Você que está sendo provado, quem sabe se o Senhor está fazendo isto para desenvolver as virtudes que há em você. Algumas delas que nunca teriam sido descobertas se não fossem as provações. A fé aparece muito mais sublime no inverno do que no verão, você sabia? O amor também, muitas vezes, é como o vagalume, mostrando pouca luz, exceto no escuro. A própria esperança, como as estrelas, não é vista enquanto o sol da prosperidade está brilhando. Ela aparece só na noite da adversidade. Muitas vezes as aflições são o pano escuro sobre o qual Deus coloca as virtudes de seus filhos, para fazer sobressair o seu brilho.

Há pouco tempo, de joelhos, você orou: "Senhor, eu receio não ter fé; faze-me ver que eu tenho fé."

Não era essa, embora de modo inconsciente, uma oração pedindo provações? Pois como podemos saber se temos fé enquanto a fé não é exercitada? Note bem isto: Deus muitas vezes nos envia provas, a fim de que sejam reveladas as virtudes existentes em nós, e para que nos certifiquemos de que elas são reais. Aliás, não se trata apenas disso, mas de *um verdadeiro crescimento na graça,* que é produzido pelas provações que vêm de Deus.

Deus treina os seus soldados, não em tendas de comodismo e luxo, mas forçando-os a sair e usando-os em marchas forçadas e serviço árduo. Ele os faz escalar montes, lutar contra correntezas, atravessar rios a nado e fazer longas caminhadas levando às costas pesadas mochilas. Bem, crente, será que isto explica as tribulações por que você está passando? Não será esta a razão pela qual ele está contendendo com você? – *C. H. Spurgeon*

Não estar sendo molestado por Satanás não é evidência de bênção.

11 de Abril

"O que vos digo às escuras, dizei-o a plena luz..." (Mt 10.27.)

O Senhor está sempre trazendo-nos a um canto escuro a fim de nos fazer revelações. O escuro do lar ensombreado, onde o luto cerrou as cortinas; o escuro da vida solitária e desolada, onde alguma enfermidade encobre de nós a luz e nos arrefece o ânimo de viver; o escuro de algum desapontamento ou tristeza esmagadora.

Então ele nos conta os seus segredos, grandes e estupendos, eternos e infinitos; os olhos que estavam ofuscados pelo brilho da terra, ele leva a contemplar as constelações celestes; e leva o ouvido a perceber os meios-tons suaves da sua voz, muitas vezes sufocada pelo tumulto dos estridentes gritos da terra.

Mas tais revelações sempre implicam responsabilidade – "*dizei-o* a plena luz... pregai-o..."

Não é para ficarmos sempre no escuro ou permanecermos no quarto fechado; há um momento em que somos conclamados a tomar o nosso lugar na marcha e no tumulto da vida; e, chegada a nossa hora, devemos dizer e proclamar o que aprendemos.

Isto dá um novo significado ao sofrimento, pois, muitas vezes, o elemento mais triste do sofrimento é a sua aparente inutilidade. "Como sou inútil!" "O que estou fazendo para o bem da humanidade?" "Por que desperdiçar desta forma o precioso nardo da minha alma?"

Assim se lamenta aquele que sofre. Mas Deus tem um propósito naquilo tudo. Ele chamou à parte aquele seu filho, para ter comunhão com ele numa esfera mais alta, a fim de que possa ouvir o seu Deus face a face e levar a mensagem para os seus semelhantes que estão ao pé do monte.

Foram desperdiçados os quarenta dias que Moisés passou no monte, ou foi desperdício o tempo que Elias passou em Horebe, ou o foram os anos que Paulo passou na Arábia?

Na vida de fé não há atalho, e a fé é a condição vital para uma vida santa e vitoriosa. Nós precisamos de períodos de comunhão e meditação a sós com Deus. É indispensável que subamos ao monte da comunhão, que cheguemos ao vale de repouso tranquilo, à sombra de uma grande rocha, e que tenhamos noites sob as estrelas – em que a escuridade esconde o mundo material, silencia o burburinho da vida humana e abre a visão para o que é infinito e eterno – sim, é tão indispensável quanto o é o alimento para os nossos corpos.

Só assim pode a consciência da presença de Deus tornar-se um fato real para nós, capacitando-nos a dizer repetidamente com o salmista: "Tu estás perto, Senhor." – *F. B. Meyer*

"Alguns corações, como certas flores, abrem-se com maior beleza nas sombras da vida."

12 de Abril

"Jesus, cheio do Espírito Santo, voltou do Jordão e foi guiado pelo mesmo Espírito, no deserto, durante quarenta dias, sendo tentado pelo diabo..." (Lc 4.1,2.)

Jesus estava cheio do Espírito Santo, e, contudo, foi tentado. Muitas vezes a tentação assalta a um homem, e mais forte ainda, quando ele está mais perto de Deus. Como alguém já disse, "O inimigo alveja alto". Ele levou um apóstolo a dizer que nem conhecia a Cristo.

Poucos homens experimentaram tantos conflitos com o diabo como Martinho Lutero. Por quê? Porque Martinho Lutero ia sacudir o próprio reino do inferno. Ah, e que conflitos experimentou João Bunyan!

Se um homem está cheio do Espírito de Deus, ele terá grandes conflitos com o tentador. Deus permite a tentação porque ela nos faz o que as tempestades fazem aos carvalhos – ela nos enraíza – e o que o fogo faz nas pinturas em porcelana – ele as fixa.

Nunca reconhecemos melhor o quanto estamos presos a Cristo e como Cristo nos tem presos a ele, como quando o inimigo está usando toda a força para nos atrair e afastar dele; nessa hora sentimos o puxar da mão de Cristo. – *Selecionado*

Não devemos encarar as aflições fora do comum como sendo a punição de algum pecado fora do comum; às vezes elas vêm para pôr à prova graças fora do comum. Deus tem muitos instrumentos cortantes e lixas ásperas para o polimento de suas joias; e aqueles que ele particularmente ama e deseja tornar bem resplandecentes, neles muitas vezes aplica esses instrumentos. – *Arcebispo Leighton*

Eu dou meu testemunho de que devo mais ao fogo, ao martelo e à lixa do que a qualquer outro instrumento da oficina do Senhor. Às vezes me pergunto se eu teria jamais aprendido qualquer coisa a não ser por meio da vara. Quando minha aula é no escuro é que eu vejo mais. – *C. H. Spurgeon*

13 de Abril

"A mão do SENHOR veio sobre mim, e ele me disse: Levanta-te e sai para o vale, onde falarei contigo." (Ez 3.22.)

Você já ouviu falar em alguém muito usado por Cristo que não tenha tido primeiro um tempo de *espera* ou não tenha sofrido o *transtorno* completo de todos os seus planos? Sempre foi assim – desde que Paulo foi enviado por três anos aos desertos da Arábia (quando devia estar transbordante da boa-nova), até os nossos dias.

Você estava ansioso por anunciar a confiança em Cristo, na Síria; então ele lhe diz: "Eu quero que você mostre o que é confiar em mim, aí onde está, sem esperar pela Síria."

A minha experiência foi bem mais simples, mas, em princípio, é a mesma. Quando pensei que a porta estava aberta para eu me lançar no trabalho literário, veio a barreira, e o médico se interpôs, dizendo simplesmente: "Nunca! Ela precisa escolher entre escrever ou viver, não dá para ambos."

Isso foi em 1860. Então, em 1869 saí da concha, com o livro *Ministério do Cântico*, e compreendi a grande sabedoria de Deus em me guardar na sombra por nove anos. Como o amor de Deus não muda, ele está-nos amando mesmo quando não vemos nem sentimos seu amor. Também, seu amor e sua sabedoria funcionam juntos, e em todas as situações; ele sabe melhor o que realmente contribuirá para o amadurecimento e progresso da sua obra em nós. – *Memorials of Frances Ridley Havergal*

14 de Abril

"Porquanto o Senhor mesmo, dada a sua palavra de ordem, ouvida a voz do arcanjo, e ressoada a trombeta de Deus, descerá dos céus, e os mortos em Cristo ressuscitarão primeiro; depois, nós, os vivos, os que ficarmos, seremos arrebatados juntamente com eles, entre nuvens, para o encontro do Senhor nos ares, e, assim, estaremos para sempre com o Senhor." (1 Ts 4.16,17.)

Foi "de madrugada, sendo ainda escuro", que Jesus ressuscitou dos mortos. Não o sol, mas só a estrela da alva brilhava sobre o seu túmulo, quando se abriu. As sombras da noite ainda não tinham ido embora, os cidadãos de Jerusalém ainda não estavam acordados.

Ainda era noite, hora de sono e escuridão, quando ele ressurgiu. E a sua ressurreição não interrompeu o sono da cidade. Assim será – "de madrugada, sendo ainda escuro", nada brilhando senão a estrela da manhã – que o corpo de Cristo, a Igreja, ressuscitará. Como ele, seus santos despertarão quando os filhos da noite e das trevas estiverem ainda dormindo seu sono de morte. Em seu despertar, a ninguém perturbam. O mundo não ouve a voz que conclama os filhos de Deus. Como o Senhor os fez repousar, cada um em seu silencioso túmulo qual criança nos braços da mãe, assim também, em igual quietude, em igual suavidade, despertarão eles ao chegar a hora. Vêm a eles as palavras vivificantes: "... despertai e exultai, os que habitais no pó..." (Is 26.19.) É nos seus túmulos que entram os primeiros raios da glória. E são eles que bebem dos primeiros albores da manhã, quando nas nuvens do nascente só há ligeiros prenúncios da aurora. São eles que sorvem a fragrância, a quietude, o frescor, a doce solidão, a pureza do alvorecer! Tudo tão cheio de dignidade e de esperança!

Oh que contraste entre estas coisas e a negra noite que atravessaram! Oh que contraste entre tudo isto e o túmulo de onde se levantaram! E enquanto lançam de si o pó que os limitou, deixando atrás a mortalidade, levantando-se em corpos glorificados para encontrar-se com o Senhor nos ares, são iluminados e guiados para cima – através do caminho ainda não trilhado – sobre os raios da Estrela da manhã, a qual, como a estrela de Belém, os conduz à presença do Rei. O choro pode durar uma noite, mas a alegria vem pela manhã. – *Horatius Bonar*

"Vem, Senhor Jesus."

Disse um soldado: "Quando eu morrer, não quero toques de silêncio à minha sepultura, mas de despertar, o toque da alvorada, a ordem de levantar."

15 de Abril

"... confio na tua palavra." (Sl 119.42.)

A nossa fé será mais fraca ou mais forte, exatamente na proporção em que crermos que Deus fará o que disse. A fé nada tem a ver com sentimentos ou impressões, com improbabilidades ou com aparências externas. Se desejarmos ligar as duas coisas – fé e sentimentos, fé e aparência – não estaremos descansando na Palavra de Deus, porque a fé não precisa de coisa alguma desse tipo. *A fé descansa na Palavra de Deus.* Quando cremos na sua Palavra, o nosso coração descansa.

Deus tem prazer em exercitar a nossa fé; porque é bênção para nós, depois porque é bênção para a Igreja, e também para os de fora. Mas nós evitamos o exercício, em vez de o recebermos como um bem. Quando vêm as provas, deveríamos dizer: "Meu Pai celestial põe nas minhas mãos este cálice de aflição, para que eu possa ter alguma coisa agradável depois."

As aflições alimentam a fé. Ah, deixemo-nos nas mãos do Pai celestial! Seu coração tem prazer no bem de seus filhos.

Mas as aflições e dificuldades não são os únicos meios pelos quais a fé é exercitada e aumentada. *Há a leitura das Escrituras, através da qual podemos conhecer de perto a Deus, como ele se revelou na sua Palavra.*

Será que podemos dizer, pelo conhecimento que temos de Deus, que ele é um ser realmente desejável? Se não, instemos com Deus para que nos leve a isso, de modo que possamos admirar o seu coração de amor e bondade, e sejamos capazes de dizer como ele é bom e como tem prazer em fazer o bem a seus filhos.

E quanto mais nos aproximamos desta realidade, mais prontos estamos a descansar em suas mãos, satisfeitos com tudo o que ele nos reserva. E quando vier a aflição, diremos:

"Eu vou esperar para ver qual a bênção que Deus trará por meio dela, pois sei que ele vai fazê-lo." Assim daremos um testemunho digno diante do mundo e isso servirá para fortalecer a fé de outras pessoas. – *George Müller*

16 de Abril

"Pela fé, Abraão, quando chamado, obedeceu, a fim de ir para um lugar que devia receber por herança..." (Hb 11.8.)

Ele não sabia para onde ia; bastava-lhe saber que ia com Deus. Não era tanto nas promessas que ele se apoiava, mas naquele que prometera. Não olhava para as dificuldades do que estava à sua frente, mas para o Rei, eterno, imortal, invisível, o único Deus sábio, que havia assumido o compromisso de dirigir o seu caminho e que por certo honraria o seu próprio nome. Gloriosa fé! Esta é a tua tarefa e estas são as tuas possibilidades. Devemos nos contentar em sair do porto com as ordens em envelope fechado, tendo toda a confiança na sabedoria do

Comandante em chefe; devemos estar prontos a levantar, deixar tudo e seguir a Cristo, pela segurança que possuímos de que o máximo da terra não se pode comparar com o mínimo do céu. – *F. B. M.*

Não basta partirmos com Deus para uma aventura de fé. Abandonemos qualquer itinerário que a nossa imaginação tenha traçado para a jornada.

Nada será como esperamos.

Nosso Guia não se prenderá a caminhos já trilhados. Ele nos guiará por um caminho que jamais sonhamos ver. Ele não conhece temor, e espera que nada temamos enquanto ele está ao nosso lado.

"... e partiu, sem saber aonde ia"...
Porém, Deus o sabia,
E ele andava com Deus.
Eu também me entreguei a Deus um dia.
Vou por onde me guia. Ele é fiel.

17 de Abril

"Qual entre todos estes não sabe que a mão do Senhor fez isto?" (Jó 12.9.)

Há anos achou-se na África um dos mais magníficos diamantes da história. Foi oferecido ao rei da Inglaterra, para fulgurar na sua coroa. O rei enviou-o a Amsterdam para ser lapidado, e foi posto nas mãos de um especialista. E o que fez ele?

Tomou a valiosa gema e fez nela uma marca. Então deu-lhe com seu instrumento um golpe seco. E pronto, lá estava a soberba pedra dividida em dois pedaços! Que imprudência, que desperdício, que descaso criminoso!

De modo algum. Por dias e semanas aquele golpe havia sido estudado e planejado. Desenhos e modelos haviam sido feitos da pedra. Suas qualidades, seus defeitos, as linhas do corte, tudo havia sido estudado com extremo cuidado. O homem a quem ela estava entregue era um dos mais hábeis lapidários do mundo.

Então aquele golpe foi um erro? Absolutamente. Foi o clímax do engenho do lapidário. Quando ele desferiu o golpe, fez aquilo que traria a pedra à sua mais perfeita forma, brilho e esplendor. Aquele golpe que parecia arruinar a magnífica preciosidade, era na verdade a sua redenção. Pois daquelas duas metades saíram as duas soberbas gemas que o olho hábil do lapidário enxergou escondidas na pedra bruta que veio da mina.

Assim, às vezes Deus deixa cair sobre a nossa vida um golpe cortante. O sangue jorra. Os nervos retraem-se. Nossa alma grita em agonia. O golpe nos parece um grande erro. Mas não é. Pois somos para Deus uma joia preciosíssima. E ele é o mais hábil lapidário do universo.

Um dia iremos fulgurar no diadema do Rei. Agora, enquanto estamos na sua mão, ele sabe exatamente como lidar conosco. Não recairá sobre nós nenhum golpe que não seja permitido pelo amor, o qual, das suas profundezas, opera bênçãos e enriquecimentos espirituais que nunca vimos nem procuramos. – *James H. MacConkey*

Num dos livros de Jorge MacDonald aparece este fragmento de conversa:

"Eu imagino por que Deus me fez", disse o Sr. F. "Estou certo de que não adiantou nada fazer-me!"

"Talvez não tenha adiantado muito ainda", disse D., "mas ele ainda não acabou de fazer você. Ele ainda o está fazendo; e você está questionando o processo."

Se os homens apenas cressem que estão no processo de criação, e consentissem em ser feitos – em deixar o Criador moldá-los como o oleiro ao barro, submetendo-se aos movimentos da sua roda – dentro de pouco tempo estariam louvando a Deus pelas vezes que a sua mão os pressionou, mesmo que lhes tivesse causado dor; e por vezes, não seriam apenas capazes de crer, mas reconheceriam o fim que Deus tem em vista, que é *trazer um filho à glória.*

18 de Abril

"... e o mais ele fará." (Sl 37.5.)

Primeiro eu pensava que, depois de orar, eu devia fazer tudo o que estivesse ao meu alcance para a concretização da resposta. Ele me ensinou um caminho melhor, e mostrou-me que meu esforço próprio sempre atrapalhava a sua operação; e que quando eu orava e cria definidamente nele para um determinado fim, ele queria que eu esperasse em espírito de louvor e só fizesse o que ele me mandasse. Parece uma coisa tão insegura, simplesmente ficar quieto e não fazer nada, senão confiar no Senhor; às vezes, é tremenda a tentação de tomarmos a batalha em nossas próprias mãos.

Todos sabemos como é difícil salvar de afogamento uma pessoa que procura ajudar quem a socorre. Assim também, nós impossibilitamos o Senhor de combater os nossos combates, quando insistimos em procurar combatê-los nós mesmos. Não é que ele não queira, mas não pode. Nossa interferência impede a sua operação. – *C. H. P.*

As forças espirituais não podem operar enquanto as forças terrenas estão em atividade.

Deus precisa de tempo para responder a orações. Muitas vezes falhamos em dar oportunidade a Deus a este respeito. Leva tempo para Deus colorir uma rosa. Leva tempo para ele formar um carvalho. Leva tempo para Deus tornar em pão um trigal. Ele toma a terra. Ele a amolece. Ele a enriquece. Ele a umedece com chuvas e orvalho. Ele a aquece com vida. Ele dá a lâmina, a haste, o grão dourado, e então, por fim, o pão para o faminto.

Tudo isto leva tempo. Por isso nós semeamos, cultivamos, e esperamos, e confiamos, até que seja cumprido o propósito de Deus. Estamos dando uma oportunidade a ele. A mesma lição se aplica à nossa vida de oração. Deus precisa de tempo para responder à oração. – *J. A. M.*

19 de Abril

"*... aquietai-vos e vede o livramento do SENHOR...*" (Êx 14.13.)

Para o crente que enfrenta grandes dilemas e se encontra em extrema dificuldade, esta é a ordem do Senhor. Quando não pode retirar-se, não pode avançar, está cercado à direita e à esquerda – o que fazer?

As palavras do Mestre são: "Aquietai-vos." Em ocasiões assim deveríamos dar ouvidos somente à Palavra do Mestre, pois maus conselheiros hão de vir com as suas sugestões. O *desespero* nos segreda: "Entregue-se e morra; desista de tudo." Mas Deus deseja ver-nos revestidos de ânimo e coragem e, mesmo nos tempos mais difíceis, regozijando-nos no seu amor e fidelidade.

A *covardia* diz: "Desista; volte para o mundo; você não pode proceder como cristão; é muito difícil. Abandone esses princípios."

Mas por mais que Satanás queira inculcar-nos esse comportamento, nós não poderemos segui-lo, se somos realmente filhos de Deus. O decreto divino nos manda ir de força em força, e nem a morte nem o inferno podem mover-nos de nosso curso. Se por um momento somos chamados a ficar quietos, não será para renovarmos as forças para um avanço maior, em tempo oportuno?

A nossa *precipitação* exige: "Faça alguma coisa; mova-se; ficar quieto e esperar é pura indolência." Nós *temos* que fazer alguma coisa imediatamente; *temos* que agir, pensamos, em vez de olhar para o Senhor, que não fará apenas alguma coisa, mas fará tudo.

A nossa *presunção* se jacta: "Se o mar estiver diante de você marche sobre ele e espere um milagre." Mas a fé não dá ouvidos à presunção, nem ao desespero, nem à covardia, nem à precipitação; ela ouve a voz de Deus, dizendo: "Aquietai-vos", e ali fica, imóvel como uma rocha.

"Aquietai-vos" – conservemos a postura do homem reto, pronto para a ação, esperando as ordens que virão, aguardando com ânimo e paciência a voz de comando; e não demorará até que Deus nos diga, tão claramente como Moisés disse ao povo de Israel: marche. – *Spurgeon*

Em tempos de incerteza, devemos esperar. Sempre que tivermos qualquer dúvida, *esperemos*. Não nos precipitemos a agir. Se houver constrangimento em nosso espírito, esperemos até que tudo esteja claro.

20 de Abril

"... Não por força nem por poder, mas pelo meu Espírito, diz o SENHOR *dos Exércitos."* (Zc 4.6.)

O meu caminho seguia por uma ladeira, e bem embaixo vi um menino de bicicleta. Ele pedalava ladeira acima, de encontro ao vento, e evidentemente achava bastante difícil a tarefa. Enquanto ele se esforçava penosamente, apareceu uma camioneta, subindo na mesma direção. Quando ela passou perto dele, o menino pegou-lhe numa alça traseira e lá foi morro acima, como um passarinho. Então acudiu-me um pensamento:

"Ora, no meu cansaço e fraqueza eu sou como aquele menino de bicicleta. Estou pedalando morro acima, contra todo tipo de oposição, e estou quase liquidada ante a tarefa. Mas aqui, à mão, está disponível um grande recurso: a força do Senhor Jesus.

"Tenho simplesmente que tocá-lo e manter comunicação com ele, embora através de um simples dedo de fé. Isso será o bastante para que eu tenha o seu poder, na execução deste serviço que está parecendo demais para mim." Recebi auxílio para vencer o cansaço e compreender esta verdade. – *The Life of Fuller Purpose*

Tu que tens o nome excelso
De Jesus, o Salvador,
Que morreste, mas que vives
E conosco estás, Senhor,
Oh quão bom é confiar
Sempre, em ti, e descansar!

Tu és quem, onipotente,
Podes, de cair, guardar
Os meus pés, tão vacilantes
E seguro me levar,
Salvador! Ó meu Jesus,
Guarda-me na tua luz.

Oh que dita conhecer-te:
Tu, da morte Vencedor!
Aprender de dia em dia,
Como tu és Salvador!...
Mais e mais, Senhor, provar,
Que nos podes tu salvar!

Faze que na minha vida
Possa, meu Jesus, sentir
Mais do teu poder imenso,
– Tua vida refletir;
Que se veja em mim, Senhor,
Tua graça, Teu amor.
– H. M. Wright

21 de Abril

"Estando plenamente convicto de que ele era poderoso para cumprir o que prometera." (Rm 4.21.)

Lemos que Abraão, embora vendo seu corpo já amortecido, não desanimou, porque não estava olhando para si, mas para o Todo-Poderoso.

Ele não vacilou ante a promessa, mas ficou firme, e não se deixou esmagar pela grandeza da bênção a ele prometida; e quanto mais as dificuldades surgiam, em vez de fraquejar, ele se fortalecia, robustecendo-se ainda mais; glorificando a Deus por sua suficiência, e estando "plenamente convicto" de que ele era não apenas capaz, mas... abundantemente capaz, generosamente capaz, capaz com recursos ilimitados, infinitamente capaz de "cumprir o que prometera".

Ele é um Deus de recursos infinitos. Nós é que somos limitados. O nosso pedir, o nosso pensar e o nosso orar são muito pequenos; nossas expectações são muito limitadas. Ele quer elevar-nos a uma noção mais alta e atrair-nos a uma expectação maior e a uma apropriação maior dos seus recursos. Ah, e trataremos a Deus com descaso? Não há limite para o que podemos pedir e esperar do nosso glorioso El-Shaddai; só há uma medida dada para a sua bênção, e é "segundo o poder que em nós opera". – *A. B. Simpson*

"Suba à casa do tesouro das bênçãos, pela escada feita de promessas divinas. Com uma promessa, como se fosse uma chave, abra a porta das riquezas da graça e favor de Deus."

22 de Abril

"... ele sabe o meu caminho..." (Jó 23.10.)

Crente! Que gloriosa segurança! *Esse* seu caminho – talvez torcido, misterioso, emaranhado – esse caminho de provação e lágrimas – *Ele o conhece.* A fornalha aquecida sete vezes – Ele a acendeu. Há um Guia todo-poderoso conhecendo e dirigindo os nossos passos, seja às águas amargas de Mara, seja ao gozo e refrigério de Elim.

Aquele caminho, escuro para os egípcios, tem seu pilar de nuvem e fogo para Israel. A fornalha é quente, mas não somente podemos confiar na mão que a acendeu, como também estar seguros de que o fogo está aceso não para consumir, mas para refinar; certos de que, terminado o processo de refinamento (não mais cedo, nem mais tarde), ele tira para fora o seu povo, como ouro.

Quando os seus pensam que ele não está tão perto, muitas vezes ele está ainda mais perto.

Será que nós conhecemos a visita, em nosso quarto, já com os primeiros raios da manhã, daquele que é mais fulgente que o esplendor do sol? E conhecemos um olhar cheio de compaixão, que nos acompanha por todo o dia e sabe o nosso caminho?

O mundo, com seu vocabulário frio, na hora da adversidade fala da "*Providência*" – "a vontade da *Providência*" – "os golpes da *Providência*". *Providência*! O que é isso?

Por que destronar da sua soberania na terra um Deus que vive e governa? Por que substituir um Jeová pessoal, operante, controlador, por uma abstração inanimada e fúnebre?

Se encarássemos as grandes provações como Jó o fazia, isso tornaria o sofrimento suportável: nas horas de dor mais profunda, quando toda a esperança terrena se desvanecia a seus pés, ele viu a mão divina, e não outra. Ele viu aquela mão, atrás das espadas dos sabeus; ele a viu, atrás do fogo; ele a viu, atrás do temporal; ele a viu, no terrível silêncio de sua casa saqueada.

"O *Senhor* o deu e o *Senhor* o tomou; bendito seja o nome do Senhor!"

Assim, vendo a Deus em tudo, sua fé alcançou o clímax quando este príncipe do deserto, uma vez poderoso, sentou-se sobre a cinza e disse: "Ainda que ele me mate, nele esperarei."

23 de Abril

"Se ando em meio à tribulação, tu me refazes a vida..." (Sl 138.7.)

A ideia no hebraico é: "Quando eu estou andando no centro, mesmo, da tribulação..." Como essas palavras descrevem bem a situação! Nosso coração *clamou* a Deus no meio da angústia; clamamos por suas promessas de libertação, e nenhuma libertação veio; o inimigo continuou oprimindo, até nos encontrarmos no meio da peleja, no centro da tribulação e da angústia. Por que incomodar mais o Mestre?

Quando Marta disse: "Senhor, se estiveras aqui, meu irmão não teria morrido", o Senhor respondeu à sua falta de esperança com mais uma promessa: "Teu irmão há de ressurgir." Quando andamos "no centro da tribulação" e somos tentados a pensar como Marta que o tempo do livramento já passou, ele vem ao nosso encontro também, com uma promessa da sua Palavra. "Se ando em meio à tribulação, *tu me refazes a vida.*"

Embora sua resposta esteja demorando tanto, embora possamos ainda continuar "andando" no meio da angústia, *o centro da angústia é o lugar onde ele nos vivifica, não o lugar em que ele falha para conosco.*

Quando estamos num lugar sem esperança, esse lugar sem esperança é a ocasião em que ele estende a mão contra a ira dos nossos inimigos e aperfeiçoa o que nos concerne; é a ocasião em que ele fará malograr e cessar o ataque. Então, por que desanimar? – *Aphra White*

24 de Abril

"... a fé é... a convicção de fatos que se não veem." (Hb 11.1.)

A fé verdadeira coloca a sua carta na caixa do correio e a deixa ir. A desconfiança a segura por uma ponta, e fica imaginando por que a resposta não vem. Eu tenho algumas cartas na minha escrivaninha, escritas já há semanas, mas, como não havia muita certeza quanto ao endereço ou ao conteúdo, não foram postas no correio. Ainda não cumpriram nada, quer a meu favor, quer dos outros. E nunca terão nenhuma finalidade, enquanto não saírem das minhas mãos e não forem entregues ao correio.

Assim acontece quando temos fé verdadeira. Entregamos o problema a Deus; e ele então opera. É tão boa aquela passagem do Salmo 37: "Entrega o teu caminho ao SENHOR, confia nele, e o mais ele fará." Mas ele nunca poderá fazer nada, se não lhe fizermos a entrega. Fé é tomar para si as dádivas oferecidas por Deus. Nós podemos crer, entregar e descansar; mas não compreenderemos todo o alcance da bênção que é nossa, enquanto não começarmos a receber e assumir a atitude de permanecer ali e tomar posse. – *Days of Heaven Upon Earth*

Um servo de Deus, Dr. Payson, quando jovem, escreveu a uma mãe idosa, oprimida por grande ansiedade a respeito da condição de um filho seu: "A senhora se angustia demais por ele. Depois de ter orado por ele, como tem feito, e de o ter entregado a Deus, não deveria então parar de sentir ansiedade? O mandamento: 'Não estejais inquietos por coisa alguma' é ilimitado; e assim também a palavra: 'Lançando sobre ele *toda* a vossa ansiedade'. Se lançamos as nossas cargas sobre outra pessoa, será que elas continuam pesando sobre nós? Se voltamos com elas do trono da graça, é evidente que não foram deixadas lá. Com referência a mim mesmo tenho feito disto um teste para minhas orações: se depois de entregar qualquer problema a Deus eu posso, como Ana, voltar com um semblante que já não está triste, um coração que não está mais sob peso e ansiedade, tomo isto como prova de que orei com fé; mas se trago comigo o meu fardo, concluo que a fé não foi posta em prática."

25 de Abril

"Achavam-se ali, sentadas em frente da sepultura, Maria Madalena e a outra Maria." (Mt 27.61.)

Que coisa sem sentido é a mágoa. Ela nos impede de aprender e conhecer, e até mesmo de querer aprender. Quando aquelas mulheres sentaram-se tristes junto ao sepulcro do Filho de Deus, acaso viram os dois mil anos de triunfo que chegaram até nós? Não. Elas nada viram senão isto: "Nosso Cristo se foi!"

O nosso Cristo veio daquela perda que elas sofreram! Milhares de corações que choram têm tido ressurreição, no meio de sua tristeza; mas os observadores chorosos olham para o prenúncio de vida que ali desponta, e nada veem. O que as mulheres contemplavam como o fim da vida era exatamente a preparação para a coroação: pois Cristo estava no silêncio, para que pudesse viver outra vez com toda a exuberância de poder.

Elas não viam isto. Lamentaram, e choraram, e se foram; depois voltaram ao sepulcro, movidas pelo coração. Ainda não passava de um sepulcro – sem futuro, sem mensagem, sem significado.

Conosco também é assim. O homem senta-se em frente ao sepulcro no seu jardim, e diz: "Esta tristeza é irremediável. Não vejo nela benefício algum. Não tirarei dela consolação." Contudo, muitas vezes é nas piores adversidades que está o poder de Cristo, esperando o momento de entrar em cena para nos livrar.

Onde parece estar a nossa morte, está o nosso Salvador. Onde termina a esperança, aí está o mais promissor começo dos frutos. Onde a treva é mais densa, aí está para raiar a fulgurante luz que não conhece ocaso. Quando a experiência toda está consumada, nós descobrimos que o jardim não é desfigurado pela presença do sepulcro. Nossas alegrias se tornam melhores se há tristeza no meio delas. E as nossas tristezas são iluminadas pelas alegrias que Deus plantou à sua volta. As flores podem não ser as de que mais gostamos, mas são flores do coração – amor, esperança, fé, alegria, paz – estas são as flores plantadas ao redor de cada sepultura cavada no coração do crente.

26 de Abril

"Sim, deveras considero tudo como perda, por causa da sublimidade do conhecimento de Cristo Jesus, meu Senhor..." (Fp 3.8.)

Brilhar custa sempre alguma coisa. A luz só brilha às custas daquilo que a produz. Uma vela não produz luz se não for acesa. Ela precisa arder, para brilhar. Nós não podemos ser de grande utilidade para os outros sem que isso nos custe. Arder sugere sofrimento. E sempre nos retraímos à ideia de sofrer.

Somos inclinados a pensar que estamos fazendo o maior bem ao mundo, quando somos fortes e capazes para o dever ativo e quando temos o coração e as mãos cheios de bons serviços.

Quando somos chamados de parte e nos sobrevém o sofrimento, quando estamos doentes, quando estamos consumidos de dor, quando todas as nossas atividades têm que ser deixadas, sentimos que não temos utilidade alguma, que nada estamos fazendo.

Mas, se formos pacientes e submissos, é quase certo que somos maior bênção para o mundo em nosso tempo de sofrimento e dor, do que nos dias em que pensávamos estar fazendo o máximo do nosso trabalho. Estamos ardendo, agora, e brilhando, porque estamos ardendo. – *Evening Thoughts*

"A glória de amanhã tem suas raízes no sofrimento de hoje."

Muitos querem a glória sem a cruz, o brilho sem a queima; porém, antes da coroação vem a crucificação.

Com tua mão, a tua mão ferida,
Quebra a dureza deste coração!
Unta com Óleo esta cerviz erguida,
Dobra-a de todo sob a tua mão!

Quero provar a Cruz em minha vida;
Provar a vida de ressurreição;
Provar as glórias da alma redimida;
A plenitude desta salvação!

És meu. Sou teu. Eu sei que foi ouvida
De ti, Senhor, a minha petição.
Ao pé da Cruz, minha alma já rendida,
De fé em fé, siga na tua unção!

27 de Abril

"E aquele que vive; estive morto, mas eis que estou vivo pelos séculos dos séculos..." (Ap 1.18.)

As árvores, as flores, as borboletas, a primavera, as vozes da natureza nos falam da ressurreição. Meditemos e deixemos a nossa alma impregnar-se desta esperança, desta certeza. Até que, como Paulo, mesmo caminhando para a morte, sigamos triunfantes, em certeza de fé e com o rosto sereno e brilhante. Ele vive! – *Adaptado*

Levou todas as dores o Cordeiro.
Só, rejeitado, verme, ensanguentado...
"Homem de dores", tão desfigurado...

Todas as dores sobre si levou.
As minhas dores sobre si levou.
Levou os pecados todos o Cordeiro.
O oculto, o "leve", o torpe, o hediondo e cru.
Morreu. Desamparado, exposto, nu.
Todo o pecado sobre si levou.
O meu pecado sobre si levou.
Manhã.
Silêncio. Túmulo vazio.
Paz, salvação,
Perdão, graça, vitória,
Vida –
Vida abundante, eterna! Glória!
Tudo para mim.

Um pastor estava em seu escritório escrevendo um sermão de Páscoa, quando um pensamento tomou conta dele: seu Senhor estava vivo! Pôs-se de pé num salto, alegremente, e, andando de lá para cá, repetia para si mesmo: "Pois Cristo está vivo, ele não é o grande 'Eu era', mas o grande 'Eu sou'!" Sim, ele não é apenas um fato, mas um fato *vivo*. Gloriosa verdade da Páscoa!

Nós cremos num Senhor ressurreto. Não nos voltemos para o passado para adorá-lo junto ao túmulo, mas olhemos para cima e para a sua presença em nós, para que adoremos o Cristo vivo. E porque ele vive, nós também viveremos. – *Abbott*

28 de Abril

"Clamaram ao SENHOR os filhos de Israel, e o Senhor lhes suscitou libertador, que os libertou: Otniel... irmão de Calebe e mais novo do que ele. Veio sobre ele o Espírito do SENHOR..." (Jz 3.9,10.)

Deus está preparando os seus heróis; e quando a oportunidade chega, ele pode colocá-los em seu lugar, num momento; e o mundo se admira, pensando de onde terão vindo.

Deixemos que o Espírito Santo nos prepare através das disciplinas da vida; e quando tiver sido dado ao mármore o toque final, será fácil para Deus colocar-nos no pedestal e ajustar-nos em nosso nicho.

Vem vindo um dia em que, como Otniel, nós também julgaremos as nações e governaremos e reinaremos com Cristo na terra, no milênio. Mas até à chegada daquele dia glorioso, precisamos deixar que Deus nos prepare – como fez com Otniel em Quiriate-Sefer – entre as aflições e as pequenas vitórias da presente vida, cujo significado talvez nem sonhemos. Estejamos seguros disto, e se o Espírito Santo tiver um Otniel pronto, o Senhor do céu e da terra terá um trono preparado para ele. – *A. B. Simpson*

Pai, dá-me a mão;
Eu sei que é só um túnel,
Porém é muito escuro e nada vejo.
Quero sentir-te a mão,
Ouvir-te a voz.

Fala sempre comigo,
E mais depressa
Verei passar o tempo deste escuro.
Até que chegue ali, à plena luz,
E receba a coroa, após a cruz.

"Toda estrada da vida humana desce de vez em quando ao vale. Todo homem tem que atravessar o túnel da tribulação antes de poder viajar pela estrada elevada do triunfo."

29 de Abril

"Elias era homem semelhante a nós, sujeito aos mesmos sentimentos..."
(Tg 5.17.)

Graças a Deus por isso! Ele deitou-se em baixo de um zimbro, como você e eu já fizemos tantas vezes; queixou-se e murmurou, como nós também fazemos tantas vezes; foi incrédulo, como tantas vezes temos sido. Mas, quando realmente tocou a Deus, não foi isso que aconteceu. Embora "homem sujeito aos mesmos sentimentos" que nós, "ele orou em oração". É interessante observar que o original não diz "fervorosamente", mas "ele orou em oração". Ele continuou orando. Qual a lição aqui? Precisamos *continuar orando.*

Venha ao cume do Carmelo e veja aquela admirável lição de fé e vista. O necessário agora não era a descida de fogo, mas de água; e o homem que pode ordenar a vinda de um, pode ordenar a vinda de outro, pelos mesmos meios e métodos. Lemos que ele se prostrou com o rosto entre os joelhos; isto é, fechou-se de tudo o que entrasse pela vista ou pelos ouvidos. Colocou-se numa posição em que, sob seu manto, não podia ver nem ouvir o que se passava em volta.

E disse ao servo: "Sobe, e olha." O servo foi, voltou e disse: "Não há nada."

Dizemos: "É exatamente como eu pensei!" e desistimos de orar. Foi o que Elias fez? Não, ele disse: "Volta." O servo voltou e veio outra vez, dizendo: "Nada!" "Volta." "Nada!"

Mas uma vez ele voltou, dizendo: "Eis aqui uma pequena nuvem, como a mão de um homem." A mão de um homem estivera erguida numa súplica, e em breve caiu a chuva, e Acabe não teve tempo de voltar até à porta de Samaria com todos os seus rápidos cavalos. Eis uma lição de fé e vista – a fé, fechando-se a sós com Deus; a vista, observando e nada vendo; a fé, prosseguindo, e "orando em oração", ainda com as desesperançosas notícias da vista.

Você sabe como orar dessa maneira, como orar prevalecendo? Traga a vista as desanimadoras notícias que trouxer, não lhes dê atenção. O Deus vivo ainda está nos céus, e mesmo a demora é parte da sua bondade. – *Arthur T. Pierson*

30 de Abril

"As vacas feias à vista e magras comiam as sete formosas à vista e gordas... As espigas mirradas devoravam as sete espigas grandes e cheias..."
(Gn 41.4,7.)

Há uma advertência para nós neste sonho: os melhores anos da nossa vida, as melhores experiências, as melhores vitórias conquistadas, o melhor serviço prestado, podem ser devorados por tempos de fracasso, derrota, desonra e inutilidade no reino de Deus. Algumas vidas, que tanto prometiam e já realizavam bastante, terminaram dessa maneira. É doloroso pensar, mas é verdade. *Contudo não é necessário que seja assim.*

Como disse S. D. Gordon, a única certeza de segurança contra essa tragédia é "um sempre renovado contato com Deus", diariamente, de momento a momento. As experiências benditas frutíferas e vitoriosas de ontem não só não valem para mim hoje como na verdade serão devoradas ou anuladas pelos fracassos de hoje, *a menos que* sirvam de incentivo para experiências melhores e mais ricas.

A única maneira de conservar fora da minha vida as vacas magras e as espigas mirradas é permanecer em Cristo, num "sempre renovado contato com Deus". – *Messages for The Morning Watch*

Perto de Deus –
Andando todo o dia
Perto de Deus, na sua companhia.
Trazendo os fardos para Deus levar;
E os meus caminhos, para Deus guiar;
Trazendo as dores, falhas e pecado;
Nele esperando, nele só firmado;
Dele escutando que sou filho amado!...
Andando em meu viver,
Perto de Deus.

1.º de Maio

"... o Deus que não pode mentir prometeu..." (Tt 1.2.)

Ter fé não é elaborar, pelo poder da vontade, uma espécie de certeza de que algo vai acontecer, mas é ver como fato real que, se Deus falou, aquilo vai acontecer, e é verdade; e então regozijar-se em saber que é verdade, e simplesmente descansar porque Deus o falou.

A fé torna a promessa em profecia. Enquanto é simplesmente uma promessa, está dependendo da nossa cooperação. Mas quando a fé a reclama para si, torna-se uma profecia, e seguimos o nosso caminho sabendo que é algo que vai ser feito, porque Deus não pode mentir. – *Days of Heaven Upon Earth*

Ouço muitas pessoas orarem pedindo mais fé, mas quando atento bem para o que dizem, muitas vezes descubro que não é realmente mais fé que estão querendo, mas a mudança de fé em vista. Querem ver para crer.

A fé não diz: "Vejo que isto é para o meu bem, então é Deus que o deve ter mandado", mas: "Deus o mandou, então é para o meu bem."

A fé, quando anda no escuro com Deus, só ora para que ele segure mais forte a sua mão. – *Phillips Brooks*

Não é fé na sua fé que Deus lhe pede.
Mas ***fé naquele que é fiel****, e prometeu.*
Se temos dele uma promessa, aquilo é nosso.
Crendo, aguardemos, que há de vir o que nos deu.

2 de Maio

"Nos céus, estabeleceu o S*ENHOR o seu trono, e o seu reino domina sobre tudo."* (Sl 103.19.)

Certo dia no princípio da primavera, eu estava saindo à porta, quando de repente um golpe de vento noroeste veio entrando – impiedoso, desagradável, debilitante – levantando, ao passar, uma nuvem de poeira.

Fechei a porta e estava tirando a chave do trinco, quando disse um tanto impaciente: "Ah, esse vento; gostaria que ele..." – eu ia dizer: *mudasse*, mas contive a palavra e a frase nunca se completou.

Enquanto fui andando, o pequeno incidente tornou-se para mim numa parábola. Era como se um anjo tivesse vindo a mim, dizendo:

"Meu Mestre te saúda e manda-te isto."

"O quê?" perguntei.

"A chave dos ventos", disse o anjo, e desapareceu.

Agora sim eu ia ficar contente! Corri para o lugar de onde vinham os ventos e me pus entre as suas cavernas. "Pelo menos acabarei com o vento noroeste, e ele não nos aborrecerá mais", exclamei. E fazendo recolher-se aquele vento indesejável, fechei a porta atrás dele. E ouvi os seus ecos pelas cavernas. Virei a chave na fechadura em triunfo. "Pronto", falei, "acabamos com ele."

"Qual escolherei no seu lugar?", perguntei a mim mesmo, olhando em volta. "O vento sul traz bom tempo"; e pensei nos rebanhos e em toda vida nascente em toda parte, e nas flores despontando nas cercas-vivas. Mas, quando coloquei a chave na sua porta, ela começou a me queimar a mão.

"O que estou fazendo?", exclamei. "Quem sabe que danos irei causar? Como posso saber o que querem os campos? Milhares de males podem resultar desta minha loucura."

Confuso e envergonhado, olhei para cima e orei para que o Senhor me enviasse o seu anjo outra vez para tomar a chave; e de minha parte prometi que não a quereria mais.

Mas eis que o Senhor mesmo se pôs ao meu lado e estendeu a mão para pegar a chave. Ao deixá-la em sua mão, vi que pousou de encontro ao sagrado sinal do cravo.

Doeu-me pensar que alguma vez eu tivesse murmurado contra qualquer coisa executada por Aquele que trazia tão sagradas marcas de amor. Ele então tomou a chave e a colocou no seu molho.

– Tu é que guardas as chaves dos ventos?, perguntei.

– Sim, meu filho, respondeu com mansidão.

Olhei outra vez para aquele molho, e lá estavam todas as chaves de toda a minha vida. Ele viu meu olhar surpreso e perguntou:

– *Não sabias, meu filho, que o meu reino domina sobre tudo?*

– Sobre tudo, meu SENHOR! respondi. Então não convém que eu murmure contra coisa alguma?

Ele colocou a mão amorosamente sobre mim e disse:

– Meu filho, a única coisa que te convém é, em tudo, amar, confiar e louvar. – *Mark Gui Pearse*

3 de Maio

"E acontecerá que todo aquele que invocar o nome do SENHOR será salvo..."
(Jl 2.32.)

Por que não invocar o seu nome? Por que correr para esta e aquela pessoa, quando Deus está tão perto e ouvirá o meu fraco chamado? Por que sentar e inventar planos e traçar esquemas? Por que não ir imediatamente ao Senhor e lançar-me sobre ele, e o meu fardo comigo?

Aquele que prossegue em frente sem se distrair é o melhor corredor – por que não corrermos de uma vez para o Deus vivo? Em vão buscarei livramento em qualquer outra parte. Mas em Deus o acharei; pois ali tenho a sua promessa, que é garantida.

Não preciso perguntar se posso ou não invocá-lo, pois a expressão "todo aquele" inclui a mim também. Ela se refere a qualquer pessoa que invocar a Deus. Seguirei, portanto, a direção do texto e imediatamente invocarei ao Senhor que fez a promessa.

O meu problema é urgente e não vejo como posso obter livramento; mas isto não compete a mim. Aquele que fez a promessa achará caminhos e maneiras de cumpri-la. Minha parte é obedecer ao seu mandamento; não cabe a mim dirigir seus conselhos. Eu sou seu servo, não seu inquiridor. Eu o invocarei, e ele me salvará. – *C. H. Spurgeon*

4 de Maio

"... ele faz a ferida e ele mesmo a ata; ele fere, e as suas mãos curam." (Jó 5.18.)

Ao passarmos ao pé de colinas que foram sacudidas por algum terremoto e rasgadas por abalos, descobrimos que depois dos períodos de destruição vêm tempos de calma. Junto às rochas desmoronadas, lá estão poças de água calma; lírios d'água crescem viçosos e juncos sussurram na sombra; a cidade levanta-se outra vez sobre os túmulos esquecidos, e a torre da igreja parece fazer um renovado apelo à proteção daquele de quem diz o salmista: "Nas suas mãos estão as profundezas da terra, e as alturas dos montes lhe pertencem." – *Ruskin*

No maior temporal
Deus te mostra um abrigo:
Um refúgio real
Contra todo perigo.
É uma Rocha eficaz.
Firme porto de esperança.
Nela só, provarás
Plena paz, segurança.

Nesse abrigo acharás
O descanso almejado,
Salvação, gozo e paz
Deus te tem reservado.
Essa Rocha é Jesus,
Preparada aos que perecem;
Vento e mar, treva e luz,
Ao seu mando obedecem.

Densas nuvens de dor
Vêm cercar-te de perto:
Ansiedade e temor
Te ameaçam, por certo.
Ergue os olhos e vê
Teu abrigo no Rochedo.
Entra ali, nele crê,
Perderás todo o medo.

No Calvário, por ti,
Foi a Rocha ferida;
Contra o mal, tens ali
Para sempre, guarida.
No refúgio de Deus
Entra agora, pressuroso!
Ele o dá para os seus.
Vem provar seu repouso!

5 de Maio

"Tendo eles começado a cantar e a dar louvores, pôs o SENHOR *emboscadas... e foram desbaratados."* (2 Cr 20.22.)

Ah, como deveríamos argumentar menos sobre as nossas aflições e dificuldades, e cantar mais, louvar mais! Há milhares de coisas que nós usamos como algemas e que poderíamos usar como instrumentos cheios de música, se apenas soubéssemos como.

Aqueles que ponderam, consideram, pesam os afazeres da vida, estudam o misterioso desenrolar da providência de Deus, e imaginam por que são eles sobrecarregados, e torcidos, e pisados – quão mais felizes seriam e quão mais alegre a sua vida se, em vez de se deixarem ficar revolvendo nesses pensamentos, tomassem cada dia as suas experiências e, elevando-as à presença de Deus, lhe agradecessem por elas.

É mais fácil esquecermos os nossos cuidados com cânticos, do que com raciocínios e argumentações. Cante pela manhã. Os pássaros são os primeiros a cantar, e são os seres mais livres de cuidado que conhecemos.

Cante à noite. Cantar é a última coisa que fazem certos passarinhos; quando já completaram seu trabalho diário, quando deram o último voo do dia e apanharam seu último bocado, então, no ramo mais alto, cantam um canto de louvor.

Ah, tomara cantássemos de manhã até a noite. Sim, tomara os nossos cânticos enchessem os ares por todo o dia. – *Selecionado*

"Alegrai-vos sempre no Senhor..." (Fp 4.4.)

6 de Maio

"O segredo do SENHOR *é para os que o temem..."* (Sl 25.14 – ARC.)

Há segredos da providência de Deus que seus filhos podem aprender. Para quem vê de fora, o modo de Deus agir para com os seus às vezes parece cruel e terrível. Mas a fé vai mais adiante e diz: "Isto é segredo de Deus. Vocês olham apenas para o exterior; eu posso olhar mais além e ver a sua intenção."

Às vezes, diamantes são embrulhados em pacotes grosseiros, para que ninguém suspeite o valor do que está ali dentro. Quando o Tabernáculo foi construído no deserto, não havia riqueza na sua aparência exterior. O material precioso estava todo dentro, e a cobertura externa, de pele de animais marinhos, não dava ideia das coisas valiosas que continha.

Deus pode mandar-lhe, amigo, alguns pacotes com conteúdos valiosos. Não se aflija se vierem com uma aparência grosseira. Pode estar certo de que ali dentro estão escondidos tesouros de amor, de bondade e de sabedoria. Se aceitarmos o que ele nos manda e confiarmos nele quanto à bondade ali contida, mesmo no escuro, conheceremos o significado dos segredos da sua providência. – *A. B. Simpson*

Quem é dominado por Cristo pode dominar cada circunstância. Caro leitor, se as circunstâncias o estão pressionando fortemente, não se rebele. É a mão do Oleiro. Você não alcançará domínio sobre as circunstâncias, rebelando-se contra elas, mas suportando a disciplina que elas encerram. Pois elas não somente nos transformam num vaso de honra e beleza, como também tornam úteis os nossos recursos espirituais.

7 de Maio

"Disse-lhes Jesus uma parábola sobre o dever de orar sempre e nunca esmorecer." (Lc 18.1.)

Na vida de intercessão nenhuma tentação é tão comum como a de deixar de *perseverar.* Começamos a orar por determinada coisa; apresentamos as nossas petições por um dia, uma semana, um mês; então, não recebendo ainda nenhuma resposta definida, desmaiamos e cessamos inteiramente de orar sobre o assunto.

É uma falta de proporções incalculáveis. É nada mais nada menos que o velho costume pernicioso de começar as coisas e não acabar. Ele é prejudicial em todas as áreas da vida.

Quem forma o hábito de começar sem acabar, simplesmente formou o hábito de fracassar. Quem começa a orar por um assunto e não persiste até obter segurança da resposta, por sua vez está formando na vida de oração o mesmo hábito de fracasso.

Desanimar é fracassar. Esse fracasso produz desencorajamento e descrença na realidade da oração, e isto destrói a possibilidade de êxito.

Mas alguém dirá: "Então, por quanto tempo devemos orar? Não chegamos a um ponto em que devemos cessar de pedir e deixar o assunto nas mãos de Deus?"

A única resposta é: *ore até receber o que pediu, ou então até ter a certeza, no coração, de que o receberá.*

Só num desses dois casos deveríamos deixar de insistir, pois a oração não significa apenas recorrer a Deus, é também entrar em conflito com Satanás. E visto que Deus está usando a nossa intercessão como um poderoso fator de vitória nesse conflito, ele somente, e não nós, deve decidir qual é o tempo de cessarmos com a nossa petição. Por isso, não paremos de orar enquanto a resposta não *tiver vindo*, ou enquanto não recebermos a certeza de que *virá*.

No primeiro caso, paramos porque vimos. No segundo, paramos porque cremos, e a fé do nosso coração é tão segura como a vista dos nossos olhos; pois é a fé vinda de Deus, em nós.

Cada vez mais, em nossa vida de oração, experimentaremos e reconheceremos esta certeza dada por Deus, e saberemos quando descansar tranquilamente nela ou quando continuar a pedir até receber. – *The Practice of Prayer*

Fiquemos firmes na promessa de Deus até que ele venha ao nosso encontro. Ele sempre volta pelo caminho de suas promessas. – *Selecionado*

8 de Maio

"*... que andam passeando dentro do fogo...*" (Dn 3.25.)

As chamas não impediram os movimentos deles; andavam no meio do fogo. Ele foi uma das avenidas pelas quais seguiram em direção ao ponto final. O conforto da revelação de Cristo não é que ela nos ensine a nos emanciparmos *do* sofrimento, mas a nos emanciparmos *através* do sofrimento.

Ó Deus, ensina-me a ver que, quando as sombras descem, estou apenas num túnel. Basta-me saber que um dia tudo estará bem.

Eu sei que um dia chegarei à glória da ressurreição. Mas eu quero mais, ó Pai: quero que seja o Calvário que me leve até lá. Quero ver nas sombras deste mundo as sombras de uma estrada – a estrada para a casa de meu Pai. Diga-me que eu tenho somente que subir esta avenida, pois a tua casa fica lá no alto! Eu não sofrerei dano algum do sofrimento, se andar no meio do fogo. – *George Matheson*

Ó Pai, eu estremeço ao ser provado!
Sei que sairei como ouro refinado,
Mas enquanto no fogo,
Quero ver-te a meu lado.
Quero ver-te, Senhor!

9 de Maio

"... Abraão permaneceu ainda na presença do S*ENHOR."* (Gn 18.22.)

Aquele que é amigo de Deus pode interceder junto a ele em favor de outros. Talvez nos pareça que a grandeza da fé e da amizade de Abraão estivesse muito além da nossa capacidade. Contudo não devemos desanimar; Abraão cresceu; nós também podemos crescer. Ele caminhou passo a passo, e não em grandes saltos.

O homem cuja fé foi profundamente provada, e alcançou vitória, é aquele a quem devem vir as maiores provas.

As joias mais preciosas são trabalhadas e polidas com extremo cuidado; os metais mais preciosos são provados no fogo mais forte. Abraão nunca teria sido chamado o "pai dos fiéis", se não tivesse sido provado ao máximo. Leiamos o capítulo 22 de Gênesis:

"Toma teu filho, teu único filho... a quem amas." Podemos imaginá-lo caminhando na direção de Moriá, o coração sob disciplina, atento e indagador, mas em humilde obediência, tendo ao lado o ídolo de seu coração, prestes a ser sacrificado sob a ordem de Deus, a quem ele fielmente amava e servia!

Que repreensão para nós, quando questionamos sobre a maneira de Deus tratar conosco! Deixemos de lado todos os comentários de dúvida sobre esta cena extraordinária. Ela foi uma lição objetiva para todos os tempos. Os próprios anjos foram testemunhas.

Acaso o exemplo de fé deste homem trará sempre fortalecimento e auxílio a todo o povo de Deus? Será que, através dele, todos ficarão sabendo que uma fé firme sempre provará a fidelidade de Deus?

Sim; e tendo a sua fé suportado vitoriosamente a suprema prova, o Anjo do Senhor – quem? o Senhor Jesus, Jeová, Aquele em quem *todas as promessas de Deus são sim e amém* – falou a Abraão, dizendo: "Agora sei que temes a Deus." Confiaste em mim completamente, eu também confiarei em ti; tu serás sempre meu amigo, e eu te abençoarei e farei de ti uma bênção.

É sempre assim, e sempre o será. *"Os que são da fé são benditos com o crente Abraão." – Selecionado*

Não é coisa de pouca monta gozarmos da amizade de Deus.

10 de Maio

"... nem desmaies..." (Hb 12.5.)

Como é grande a tentação aqui. Quando passamos por duras aflições ou sofremos uma grande perda, nós desfalecemos, o coração se abate e a fé hesita, ante a aguda prova de dor.

"Não aguento mais, estou desesperado com tanto sofrimento. O que é que eu faço? Deus me diz para não desmaiar. Mas o que uma pessoa pode fazer quando está desmaiando?"

O que fazemos quando estamos para sofrer um desmaio? Não podemos *fazer* nada. Temos que parar com tudo. Quando perdemos as forças, buscamos apoio no braço de uma pessoa amiga e forte, e ali ficamos. E descansamos. Quietos e confiantes.

O mesmo acontece, quando somos tentados a desmaiar na aflição. A mensagem de Deus para nós nessa hora não é: "Sê forte e corajoso", pois ele sabe que a nossa coragem se foi; mas sua mensagem está naquela palavra suave: "Aquietai-vos, e sabei que eu sou Deus".

Hudson Taylor estava tão fraco em seus últimos meses de vida que disse em carta a um grande amigo: "Estou tão fraco que nem posso escrever; não posso ler a Bíblia; não posso nem mesmo orar. Só posso ficar quieto nos braços de Deus, como uma criança, e confiar."

Esse extraordinário homem de Deus, com todo o seu poder espiritual, chegou a tal ponto de fraqueza e sofrimento físico, que só podia ficar quieto e confiar.

E é tudo o que Deus pede de nós, seus filhos, quando as forças nos abandonam, no fogo ardente da aflição. Não procuremos *ser fortes*. Apenas fiquemos *quietos e saibamos que ele é Deus*, que nos sustentará e nos levará a salvo.

"Deus reserva os mais fortes estimulantes para os mais profundos abatimentos."

11 de Maio

"... passamos pelo fogo e pela água; porém, afinal, nos trouxeste para um lugar espaçoso." (Sl 66.12.)

Embora seja paradoxal, só conhece o descanso a pessoa que o obtém através do conflito. Esta paz, nascida do conflito, não é como o silêncio de morte que precede o temporal, mas, sim, como a quietude serena que vem depois dele.

Geralmente não são as pessoas prósperas e que nunca sofreram, que são fortes e têm paz. Sua estrutura nunca foi testada, e essas pessoas não sabem como irão se portar ante o mais leve choque. O marinheiro mais seguro não é o que jamais viu uma tempestade; este servirá apenas para serviços de bom tempo; mas quando um temporal se forma, vai para o posto importante o homem que já lutou contra a procela, que provou o barco, que lhe conhece a inteireza do casco, a estrutura dos cabos, as patas da âncora capazes de agarrar-se aos fundos oceanos.

Quando a aflição nos atinge pela primeira vez, tudo cede terreno! As nossas esperanças, que à semelhança de gavinhas nos mantinham seguros, são arrancadas, e o coração se abate, como a parreira que a tempestade arrancou da latada. Mas, passado o primeiro choque, quando somos capazes de olhar para cima e dizer: "É o Senhor", a fé levanta mais uma vez suas esperanças partidas e liga-as fortemente aos pés de Deus. Assim, o fim é confiança, segurança e paz. – *Selecionado*

12 de Maio

"... Tudo é possível ao que crê." (Mc 9.23.)

Esse "tudo" nem sempre vem simplesmente com o pedir. Pois que Deus está sempre buscando ensinar-nos o caminho de fé; e em nossa preparação na vida de fé precisa haver espaço para a *prova* da fé, a *disciplina* da fé, a *paciência* da fé, a *coragem* da fé; e muitas vezes passam-se muitos estágios antes de realmente percebermos qual o fim da fé, a saber, a *vitória* da fé.

A verdadeira fibra moral é desenvolvida através da *disciplina* da fé. Se apresentamos um pedido a Deus, mas a resposta não vem, o que devemos fazer?

Devemos continuar crendo na Palavra de Deus; não nos desviemos dela pelo que vemos ou sentimos, pois enquanto permanecermos firmes nosso poder e experiência vão se alargando e desenvolvendo. O fato de vermos a aparente contradição da Palavra de Deus e mesmo assim continuarmos inabaláveis na posição da fé, nos torna cada vez mais fortes.

Muitas vezes Deus demora propositadamente, e tanto é resposta a demora, como a bênção pedida, quando chega.

Na vida de todos os grandes personagens da Bíblia, Deus operou assim. Abraão, Moisés e Elias não eram grandes no começo, mas foram feitos grandes através da disciplina de sua fé, e só assim foram feitos idôneos para a posição a que Deus os chamara.

Quanto a José, por exemplo, que o Senhor estava preparando para o trono do Egito, lemos nos Salmos que a palavra do Senhor o provou. Não foi a vida na prisão, com suas camas duras e o parco alimento, que o provou, mas a palavra que Deus lhe tinha falado ao coração na meninice: que sua elevação e honra seriam maiores que as de seus irmãos; era isto que estava sempre diante dele, quando cada passo em sua carreira fazia parecer mais e mais impossível o seu cumprimento: ele, inocente, estava ali preso, enquanto outros, cujo aprisionamento seria talvez justo, eram postos em liberdade, deixando-o ali a definhar sozinho.

Essas foram horas que provaram a sua fé, horas, porém, de crescimento e desenvolvimento espiritual; e quando a palavra de libertação chegou, encontrou-o pronto para a difícil tarefa de receber os irmãos transgressores, com um amor e paciência só suplantados pelos de Deus.

Nem mesmo as perseguições nos provam tanto, como experiências assim. Quando Deus nos fala de um propósito seu, e os dias se passam sem que ele o cumpra, esse tempo de espera é verdadeiramente difícil, mas essa disciplina da fé nos trará a um conhecimento de Deus a que não chegaríamos de nenhuma outra forma.

13 de Maio

"*... não sabemos orar como convém...*" (Rm 8.26.)

A maioria dos problemas que nos deixam perplexos em nossa experiência cristã não passa de resposta a orações nossas. Pedimos paciência, e o Pai nos manda aqueles que nos provam ao extremo; pois "a tribulação produz a paciência".

Pedimos submissão, e Deus nos manda sofrimentos; pois *aprendemos a obediência por aquilo que padecemos.*

Pedimos para tirar de nós o egoísmo, e Deus nos dá oportunidades para nos sacrificarmos, pensando nos outros e dando a vida pelos irmãos.

Oramos pedindo força e humildade, e um mensageiro de Satanás vem afligir-nos até que ficamos prostrados no pó clamando para que ele seja afastado.

Oramos: "Senhor, aumenta a nossa fé", e o dinheiro cria asas; ou as crianças ficam doentes; ou nos chega um tipo de prova até agora desconhecido e que requer o exercício da fé numa situação que é nova para nós.

Oramos para ter a natureza do Cordeiro, e recebemos um quinhão de serviço humilde e insignificante, ou somos prejudicados sem que devamos pedir reparação; pois ele como cordeiro foi levado ao matadouro; e... não abriu a sua boca.

Buscamos mansidão, eis que surge uma verdadeira tempestade de tentações para levar-nos à aspereza e irritabilidade. Desejamos um espírito quieto, e cada nervo do nosso corpo é esticado até à máxima tensão, a fim de que, olhando para ele, possamos aprender que quando ele nos aquieta, ninguém nos pode perturbar.

Pedimos amor, e Deus nos envia sofrimentos maiores e nos coloca junto a pessoas aparentemente desagradáveis, e deixa-as dizer coisas que nos irritam os nervos e magoam o coração; pois o amor é paciente, é benigno, o amor não se conduz inconvenientemente, não se exaspera. ***O amor tudo sofre***, tudo crê, tudo espera, tudo suporta. O amor nunca falha. Nós pedimos para ser semelhantes a Jesus, e a resposta é: "Provei-te na fornalha da aflição." "Estará firme o teu coração? Estarão fortes as tuas mãos?" "Podeis vós...?"

O caminho para a paz e a vitória é aceitar cada circunstância, cada provação, como sendo diretamente proveniente da mão de um Pai de amor; é viver nos lugares celestiais, acima das nuvens, na presença do Trono, e contemplar, da Glória, o nosso lugar, como escolhido pelo amor divino. – *Selecionado*

14 de Maio

"... naquele mesmo dia, como Deus lhe ordenara." (Gn 17.23.)

A obediência imediata é o único tipo de obediência que existe: obediência *adiada* é desobediência. Todas as vezes que Deus nos chama a um dever, está-nos oferecendo uma aliança com ele; desempenhar o dever é nossa parte, e ele fará a sua parte abençoando-nos ricamente.

A única maneira de obedecermos é obedecer "naquele mesmo dia" como fez Abraão. De fato, nós muitas vezes adiamos o cumprimento de um dever, e então, mais tarde, o desempenhamos tão bem quanto podemos. Bem, é melhor fazer assim do que não fazer. Mas, por melhor que saia, não deixa de ser uma maneira pobre e deficiente de cumprir o dever. *Um cumprimento adiado nunca pode trazer a bênção total que Deus pretendia dar-nos e que teríamos recebido, se cumpríssemos o dever o mais cedo possível.*

É uma pena o dano que causamos pela procrastinação, tanto a nós como a Deus e aos outros. *"Naquele mesmo dia"* é a maneira de a Bíblia nos dizer: "Faça-o agora." – *Messages for The Morning Watch*

Lutero dizia que "o verdadeiro crente crucificará a pergunta: 'Por quê?' Ele obedecerá sem perguntar." Eu não quero ser daqueles que, se não virem sinais e prodígios, não crerão. Eu quero obedecer sem questionar.

"A obediência é fruto da fé; a paciência é o viço desse fruto." – *Christina Rossetti*

15 de Maio

"... agora não se pode ver o sol, que resplandece nos céus..." (Jó 37.21 – ARC .)

O mundo deve muito de sua beleza às nuvens. Sem elas a terra seria um deserto. Na nossa vida também há nuvens, ensombreando-a, refrescando-a e às vezes envolvendo-a em escuridão. Mas não há uma só nuvem que não apresente também um lado favorável. "Porei nas nuvens o meu arco." Se pudéssemos ver as nuvens do outro lado, onde elas resplandecem banhadas pela luz que interceptam, esplêndidas como uma cordilheira imensa, ficaríamos maravilhados ante a sua magnificência.

Nós olhamos a sua face inferior, mas quem descreverá a luz brilhante que banha os seus pontos elevados, esquadrinha as suas reentrâncias e se reflete em cada um dos seus pináculos? E não está cada uma de suas gotas absorvendo as propriedades salutares que derramará sobre a terra?

Se pudéssemos olhar de um outro ponto de vista todos os nossos sofrimentos e tribulações! Se em vez de contemplá-los da terra, olhando para cima, nós os encarássemos de cima, dos lugares celestiais onde estamos assentados com Cristo, se soubéssemos como eles refletem com grande beleza, ante os céus, a brilhante luz da face de Cristo, então nos alegraríamos de que estivessem lançando a sua sombra sobre a nossa existência. Lembremo-nos apenas de que as nuvens estão sempre se movendo e passando sob o vento purificador de Deus. – *Selecionado*

16 de Maio

"... Não temas, Daniel, porque, desde o primeiro dia em que aplicaste o coração a compreender e a humilhar-te perante o teu Deus, foram ouvidas as tuas palavras; e, por causa das tuas palavras, é que eu vim. Mas o príncipe do reino da Pérsia me resistiu por vinte e um dias..." (Dn 10.12,13.)

Aprendemos aqui uma grande lição a respeito da oração, quando observamos um impedimento direto de Satanás. Daniel havia orado e jejuado durante vinte e um dias, e passou por uma dura prova de fé. À medida que lemos a narrativa, vemos que isto aconteceu, não porque Daniel não fosse um homem bom ou porque seu pedido não fosse justo, mas por causa de um ataque de Satanás.

No momento em que Daniel começou a orar, o Senhor enviou um mensageiro para dizer-lhe que a sua oração fora respondida, mas um anjo maligno se opôs ao anjo de Deus e lutou contra ele impedindo-o. Houve um conflito nos ares; e Daniel pareceu atravessar na terra uma agonia semelhante à que estava ocorrendo no céu.

"Porque a nossa luta não é contra o sangue e a carne, e sim contra os principados e potestades, contra os dominadores deste mundo tenebroso, contra as forças espirituais do mal, nas regiões celestes." (Ef 6.12.)

Satanás atrasou a resposta por três semanas. Daniel quase sucumbiu, e Satanás ter-se-ia alegrado em matá-lo; mas Deus não nos deixa vir nada além do que possamos suportar (1 Co 10.13).

Muitas orações dos crentes são impedidas por Satanás; mas não precisamos temer quando isso acontecer; pois depois de algum tempo elas serão como uma inundação, e não só impelirão a resposta, como trarão alguma bênção nova, em acompanhamento. – *Sermon*

O inferno ataca os santos de Deus o quanto pode. Os melhores crentes têm sido provados com as mais altas pressões e temperaturas, mas o Senhor não os desamparará. – *W. L. Watkinson*

17 de Maio

"Decorridos quarenta anos, apareceu-lhe... um anjo... Disse-lhe... Vem agora, e eu te enviarei ao Egito." (At 7.30-34.)

Muitas vezes o Senhor nos chama de parte por um tempo, tirando-nos do nosso trabalho, e nos manda ficar quietos e aprender, antes de sairmos outra vez para ministrar. Não há tempo perdido nessas horas de espera.

Em dias antigos, um cavaleiro em fuga notou que a ferradura de seu cavalo estava precisando de conserto. A prudência parecia impulsioná-lo a prosseguir na carreira, mas a sabedoria recomendava-lhe que parasse por uns momentos numa forja e reparasse a ferradura. Assim, embora ouvisse o galopar dos inimigos no seu encalço, ele parou por uns minutos, até que o casco do animal estivesse em ordem. A seguir, saltando para a sela quando os inimigos já se viam a cem metros, lançou-se dali com a rapidez do vento – e viu que sua parada havia apressado a sua fuga.

Muitas vezes Deus nos manda parar e refazer as forças, antes de prosseguirmos para o próximo passo da jornada e do trabalho. – *Days of Heaven Upon Earth*

18 de Maio

"... foi acima das nossas forças, a ponto de desesperarmos até da própria vida. Contudo, já em nós mesmos, tivemos a sentença de morte, para que não confiemos em nós, e sim no Deus que ressuscita os mortos." (2 Co 1.8,9.)

A pressão dos lugares difíceis faz-nos dar valor à vida. Toda vez que nos volta a alegria da vida depois de uma grande aflição, é como um novo começo; conhecemos melhor quanto ela vale e aprendemos a aplicá-la melhor para Deus e o homem. A pressão ajuda-nos a entender as provações dos outros e prepara-nos para ajudá-los e compreendê-los melhor.

Há pessoas superficiais que lançam mão levianamente de uma doutrina ou de uma promessa e falam com leviandade da falta de confiança dos que recuam ante as aflições; mas aquele que já sofreu muito, não faz isto; ele possui brandura e suavidade, e sabe o que significa sofrer.

As duras provas e as situações difíceis são necessárias para nos impelir para a frente, assim como a fornalha no porão do grande navio, a qual produz a energia que move o pistão, que impulsiona o motor e que impele a poderosa embarcação através dos mares, arrostando os ventos e as ondas. – *A. B. Simpson*

Faz-me tenro o coração,
Como o teu, Senhor.
Para sentir com o meu irmão;
Compreender-lhe a dor.

19 de Maio

"Considerava ele ainda... E disse: Bendito seja o SENHOR... que não retirou a sua benignidade e a sua verdade de meu senhor..." (Gn 24.15,27.)

Toda oração correta é respondida antes já de ser terminada – *antes que acabemos de falar.* Isto porque Deus já nos deu a sua Palavra de que, tudo o que pedíssemos em nome de Cristo (isto é, em unidade com Cristo e sua vontade) e com fé, seria feito.

Como a Palavra de Deus não pode falhar, toda vez que são preenchidas aquelas simples condições, a resposta à nossa oração já foi concedida e consumada no céu *enquanto oramos*, embora a manifestação na terra possa ocorrer tempos depois.

Por isso, devemos terminar cada oração com louvor a Deus pela resposta que ele já deu; ele nunca se esquece de sua benignidade e verdade. (Ver Daniel 9.20-27 e 10.12.) – *Messages for the Morning Watch*

Quando cremos que uma bênção nos foi concedida no céu, devemos ter uma atitude de fé, e começar a agir e orar como já tendo a bênção. Devemos tratar com Deus como tendo ele já nos atendido descansando nele todo o nosso fardo, sabendo que a bênção já é nossa e virá. Esta é a atitude de confiança.

Quando uma moça se casa, ela passa imediatamente para um novo estado e age de acordo com a sua nova situação; e assim, quando tomamos a Cristo como nosso Salvador, como nosso Santificador, como Aquele que nos sara, ou como nosso Libertador, ele espera que entremos na atitude de reconhecê-lo como tal, especificamente, e que esperemos dele aquilo que cremos que ele é para nós. – *Selecionado*

20 de Maio

"... não beberei, porventura, o cálice que o Pai me deu?" (Jo 18.11.)

Deus gasta muito mais tempo conosco, e tem muito mais interesse por nós, do que o artista para com sua obra, pois ele quer trazer-nos, através de vários sofrimentos e muitas circunstâncias adversas, à forma que aos seus olhos é a mais elevada e nobre – e isto se apenas recebermos de suas mãos a mirra, com um espírito reto.

Mas se rejeitamos o cálice e escondemos os sentimentos errados não os trazemos à cura, e o dano que fazemos a nós mesmos é irreparável. Pois ninguém é capaz de sondar com que desvelo de amor Deus nos dá a mirra a beber; no entanto, isto que deveríamos receber para o nosso próprio bem, muitas vezes deixamos passar de nós, num cochilo indiferente; e nada obtemos dali.

Então chegamos e nos queixamos: "Ah, Senhor, estou tão seco, e tudo é escuro dentro de mim." Eu lhe digo, amado filho de Deus: abra o seu coração à dor, e ela lhe fará mais bem do que se você estivesse cheio de emoções e devoção. – *Tauler*

21 de Maio

"De noite chamei à lembrança o meu cântico..." (Sl 77.6 – ARC.)

Li em algum lugar, de um passarinho que não canta o que o dono deseja, se a sua gaiola estiver em plena claridade. Aprende um trechinho disto, outro daquilo, mas nunca uma melodia inteira, até que a gaiola seja coberta e impedidos ali os raios da manhã.

Muitas pessoas nunca aprendem a cantar, até que as sombras caiam sobre a sua vida. O lendário rouxinol canta comprimindo o peito contra um espinho. O cântico dos anjos foi ouvido à noite. Foi à meia-noite que veio o grito: "Aí vem o esposo, saí-lhe ao encontro."

É realmente difícil acreditar que alguém possa conhecer como o amor de Deus é rico e completo para satisfazer e consolar, se o céu da sua vida nunca se escureceu.

A luz surge nas trevas, a manhã surge do seio da noite.

Numa de suas cartas, James Creelman descreve sua viagem através dos estados dos Balcãs à procura de Natalie, a rainha exilada da Sérbia.

"Nessa memorável viagem", diz ele, "fiquei sabendo que o suprimento de essência de rosas para o mundo vem das montanhas dos Balcãs. E o que mais me interessou", continua ele, "é que as rosas precisam ser colhidas nas horas mais escuras. Os colhedores começam a apanhá-las à uma da madrugada e param às duas.

"A princípio pareceu-me uma refinada superstição; mas investiguei o pitoresco mistério e aprendi que testes científicos haviam provado que na realidade quarenta por cento da fragrância das rosas desaparecia com a luz do dia."

E na vida e cultura do homem isto não é um conceito imaginoso ou fantasioso; é um fato. – *Malcolm J. McLeod*

22 de Maio

"Ele trabalha." (Sl 37.5 – tradução de Young.)

A tradução de Young, do versículo: "Entrega o teu caminho ao SENHOR, confia nele, e o mais ele fará", diz: "*Deixa rolar* sobre *Jeová* o teu caminho, confia nele, e *ele trabalha*."

A tradução chama a nossa atenção para a imediata ação de Deus quando verdadeiramente entregamos, ou fazemos rolar das nossas mãos para as dele, o fardo, seja ele qual for: o sofrimento, a dificuldade, as necessidades materiais, ou a ansiedade pela conversão de algum ente querido.

"Ele trabalha." Quando? *Agora.* É tão fácil adiarmos o momento de crer que ele *toma nas mãos imediatamente o que lhe confiamos*, e que ele *toma para si* executar aquilo que lhe entregamos – em vez de afirmarmos no ato da entrega: "Ele trabalha", "Ele trabalha" *agora mesmo*; e o louvarmos por ser assim.

A nossa atitude de expectativa e confiança libera a operação do

Espírito Santo no problema que lhe entregamos. A questão fica fora do *nosso* alcance. Deixamos de tentar resolvê-la. "Ele trabalha!"

Este fato deve confortar-nos; não precisamos mais nos preocupar, quando a questão já foi entregue em suas mãos. Oh, que alívio isso nos traz! *Ele está* realmente operando naquela dificuldade.

Mas, talvez alguém diga: "Eu não vejo os resultados." Não faz mal. Se entregamos o assunto a ele e olhamos para Jesus esperando que ele opere, "Ele trabalha". A fé pode ser provada, mas *"Ele trabalha"*; a *Palavra é segura*. – *V. H. F.*

"Clamarei ao Deus Altíssimo, ao Deus que por mim tudo executa." (Sl 57.2.)

Uma tradução antiga diz: "Ele executará o que eu tenho pela frente." Essa expressão torna o verso bem significativo para nós. Exatamente aquilo que "eu tenho pela frente" – as dificuldades que encontro no meu dia de trabalho: aquele assunto que não sou capaz de resolver, ou a responsabilidade que assumi sem avaliar bem as minhas limitações – *isso* é o que posso pedir que ele faça "para mim", e então descansar, seguro de que ele o fará. "Os sábios, e os seus feitos estão nas mãos de Deus." – *Havergal*

O Senhor cumprirá até o fim os compromissos assumidos nas promessas que nos faz. O que quer que ele tome nas mãos, ele executará; assim, as misericórdias passadas são garantias para o futuro, e são razões verdadeiras para continuarmos a clamar a ele. – *C. H. Spurgeon*

23 de Maio

"... perderam todo tino. Então, na sua angústia, clamaram ao SENHOR, *e ele os livrou das suas tribulações."* (Sl 107.27,28.)

Ó vem depor o teu cuidado
Sobre o Salvador.
Por que seguir assim cansado?
Crê no seu amor.

Jesus é quem repara as brechas
Que o pecado faz.
Apara do inimigo as flechas;
Dá vitória e paz.

Jesus não quebra a frágil vara
Que ferida está:
O que manqueja, o Mestre sara,
E o confirmará.

Se Deus permite em tua vida
Provas e aflição,
A sua própria mão ferida
Traz consolação!

A leve chama que estremece,
Não irá apagar:
Com o fogo seu, o que enfraquece
Quer Jesus tocar.

Assim, entrega o teu caminho
A teu Salvador!
Jamais te deixará sozinho,
Crê no seu amor!

– *H. E. A.*

Não desanime; pode ser que a última chave do molho é que vá abrir a porta. – *Stansifer*

24 de Maio

"Sara concebeu e deu à luz um filho a Abraão na sua velhice, no tempo determinado, de que Deus lhe falara." (Gn 21.2.)

"O conselho do Senhor dura para sempre; os desígnios do seu coração, por todas as gerações." (Sl 33.11.) Mas nós precisamos estar preparados para esperar o tempo de Deus. Deus tem seus *tempos determinados*. Não cabe a nós conhecê-los; na verdade, não podemos conhecê-los; precisamos esperar por eles.

Se Deus tivesse dito a Abraão em Harã que ele precisaria esperar trinta anos até poder abraçar a criança prometida, seu ânimo teria desfalecido. Assim, com o desvelo do amor, Deus ocultou-lhe a longura dos anos exaustivos, e só quando já estavam prestes a acabar-se e havia apenas alguns meses a esperar, é que Deus lhe falou: "... Daqui a um ano, neste mesmo tempo, voltarei a ti, e Sara terá um filho." (Gn 18.14.)

Finalmente chegou o tempo determinado; e então o riso que encheu o lar do patriarca fez o idoso casal esquecer-se da longa vigília.

Aquele que espera no Senhor, anime-se, pois espera por Alguém que não o pode desapontar; e que não se atrasará cinco minutos do momento determinado; mais um pouco, e *a sua tristeza será transformada em regozijo.*

Como seremos felizes quando Deus nos fizer sorrir! Então a tristeza e o pranto fugirão para sempre, como as trevas diante da aurora. – *Selecionado*

Não compete a nós, passageiros, nos preocuparmos com o mapa e a bússola. Deixemos o hábil Piloto cuidar do seu próprio trabalho. – *Haal*

"Há coisas que não podem ser feitas num dia. Deus não faz a glória de um pôr do sol num momento, mas pode levar vários dias ajuntando as névoas com que formará os belos palácios do ocaso."

25 de Maio

"Por esta razão, tudo suporto por causa dos eleitos, para que também eles obtenham a salvação... com eterna glória." (2 Tm 2.10.)

Se Jó, sentado na cinza, remoendo em seu coração aquele problema da providência de Deus, tivesse entendido que, na aflição por que passava, ele estava dando a contribuição que um homem pode dar para esclarecer para o mundo o problema do sofrimento, sua atitude teria sido bem outra. Nenhum homem vive para si. A vida de Jó é a sua vida e a minha, num contexto mais ampliado. Embora não saibamos que nos esperam aflições, podemos crer que, assim como os dias em que Jó lutou contra o sofrimento foram os únicos que o tornaram digno de lembrança, e, não fora por eles, seu nome nunca teria sido registrado no Livro, assim os dias nos quais lutamos, sem encontrar uma saída, mas sempre firmes na luz, serão os mais significativos que iremos viver. – *Robert Collyer*

Quem ignora que os nossos dias mais tristes contam-se entre os melhores? Quando o rosto se abre em sorrisos e vivemos dias alegres em prados floridos, o coração, muitas vezes, está correndo para a dissipação.

A pessoa que está sempre alegre e descuidada não vive a vida de maneira profunda. Ela tem a sua parte e sente-se satisfeita com o seu quinhão, embora esse quinhão seja muito pequeno. O coração, porém, não cresce; e aquele ser que poderia se desenvolver grandemente, permanece fechado. Na realidade, aquela vida chega ao seu fim sem ter conhecido a ressonância das cordas mais profundas da verdadeira alegria.

"Bem-aventurados os que choram." As estrelas brilham mais, nas noites longas e escuras do inverno. A genciana ostenta a sua mais exuberante floração, entre as alturas quase inacessíveis de neve e gelo.

As promessas de Deus parecem esperar pela pressão da dor, para serem como que espremidas num lagar, e assim deixar sair o suco mais rico. Só os que passam pela dor conhecem como é cheio de compaixão o "Homem de Dores". – *Selecionado*

Talvez você tenha conhecido poucos dias de sol, mas saiba que as longas horas de sombra lhe foram repartidas com sabedoria; talvez um tempo de verão mais prolongado tivesse feito de você uma terra crestada e um deserto infrutífero. O seu Senhor sabe melhor, e ele tem as nuvens e o sol à sua disposição. – *Selecionado*

"O dia está cinzento." "Sim, mas você não vê no céu uma nesga azul?" – *Scotch Shoemaker*

26 de Maio

"... Brota, ó poço! Entoai-lhe cânticos!" (Nm 21.17.)

Eis um estranho cântico e um estranho poço. O povo tinha estado caminhando sobre o chão árido do deserto, sem nenhuma água à vista, e estava sedento. Então Deus falou a Moisés, dizendo:

"Ajunta o povo e lhe darei água." E foi assim que a água brotou.

Eles se reuniram em círculos, na areia, tomando os seus bordões e cavaram fundo na terra ardente. E enquanto cavavam, cantavam.

"... Brota, ó poço! Entoai-lhe cânticos!" E lá veio um som borbulhante, um brotar de água e uma corrente que encheu o poço e escorreu pelo chão.

Quando eles cavaram esse poço no deserto, tocaram o curso d'água que corria lá no fundo e alcançaram as torrentes que há muito estavam ocultas.

Como é bonita esta figura, que nos fala do rio de bênçãos que corre pela nossa vida e que temos apenas que alcançar pela *fé* e *louvor*, para que nossas necessidades sejam supridas no mais árido deserto.

Como alcançaram eles as águas deste poço? *Louvando.* Cantaram sobre a areia o cântico de fé, enquanto, com o bordão da promessa, cavavam.

O *louvor* ainda hoje pode abrir fontes no deserto, sendo que a murmuração só nos trará juízo, e às vezes a própria oração pode falhar em alcançar as fontes de bênção.

Nada agrada tanto ao Senhor como o *louvor*. Não há prova de fé tão verdadeira como a graça da gratidão. *Será que estamos realmente louvando a Deus?* Estamos dando graças por suas bênçãos presentes, que são mais do que se pode contar, e será que o louvamos até mesmo por aquelas provações, que não passam de bênçãos disfarçadas? Acaso já aprendemos a louvá-lo de antemão pelas coisas que ainda não vieram? – *Selecionado*

27 de Maio

"... *Trazei-mos.*" (Mt 14.18.)

Talvez você esteja, neste momento, passando por necessidades, rodeado de dificuldades, e provações de toda espécie. Tudo isso são como vasilhas providenciadas por Deus para o Espírito Santo encher com bênçãos para nossa vida. Se soubermos entendê-las, as circunstâncias adversas se tornarão em oportunidades para recebermos novas bênçãos e livramentos que não obteríamos de outra forma.

Tragamos essas vasilhas a Deus. Estendamo-las com firmeza diante dele em oração e fé. Permaneçamos quietos e não tentemos nos adiantar, até que ele comece a operar. Não façamos nada sem que ele mesmo nos mande fazer. Precisamos dar-lhe uma oportunidade de operar, e ele certamente o fará. E as próprias aflições que ameaçavam vencer-nos através do desânimo e da infelicidade, tornar-se-ão a oportunidade de Deus revelar sua graça e glória em nossa vida, como nunca antes. "Trazei-mos (todas as vossas necessidades)." – *A. B. Simpson*

"E o meu Deus, segundo a sua riqueza em glória, há de suprir, em Cristo Jesus, cada uma de vossas necessidades." (Fp 4.19.)

A fonte – "Deus"! O suprimento – "Sua riqueza em glória"! O canal – "Cristo Jesus"! Temos o privilégio de *apresentar cada uma das nossas necessidades* diante das *riquezas da sua graça* e perdê-las de vista, em presença do suprimento. O inesgotável tesouro de Deus está à nossa disposição, com todo o amor do coração de Deus; podemos chegar ali e sacar, na simplicidade da fé, e nunca precisaremos buscar os recursos humanos ou depender do apoio de homens. – *C. H. M.*

28 de Maio

"... *Não te deixarei ir se me não abençoares... E o abençoou ali.*"
(Gn 32.26,29.)

Jacó obteve a vitória e a bênção, não pela luta, mas porque se agarrou. Sua coxa estava deslocada e ele não podia mais lutar. Contudo não largou o que lutava com ele. Impossibilitado de lutar, enlaçou com os braços o misterioso antagonista, prendendo a ele seu corpo pesado e incapacitado; até que, finalmente, venceu.

Não obteremos vitória na oração, enquanto não cessarmos, também, de lutar – rendendo a nossa própria vontade, lançando os braços e nos agarrando ao Pai, na fé que descansa.

O que podemos nós, com a nossa debilidade humana, tomar à força, da mão do Onipotente? Podemos acaso arrancar bênçãos de Deus pela força? Nunca é a violência ou a voluntariosidade que prevalece com Deus. Mas é o poderoso descansar da fé que obtém a bênção e a vitória. Não é quando pressionamos e impulsionamos nossa própria vontade, mas quando a humildade e a confiança se unem, dizendo: "Não se faça a minha vontade, mas a tua." Somos fortes com Deus, somente quando o nosso eu está conquistado e morto. Não é lutando, mas descansando, que obtemos a bênção. – *J. R. Miller*

Eis uma ilustração tirada da vida de um servo de Deus, Charles H. Usher: "Meu filhinho estava muito doente. Os médicos tinham pouca esperança no seu caso. Eu havia empregado em seu favor todos os meus conhecimentos de oração, mas ele estava cada vez pior. Isto durou várias semanas.

"Um dia, ao contemplá-lo no berço, vi que não iria viver, a menos que tivesse uma crise para melhor. Eu disse a Deus: 'Ó Deus, tenho orado muito pelo meu filhinho mas ele não melhora; agora vou deixá-lo contigo, e vou orar por outras pessoas. Se é teu querer, toma-o, eu escolho a tua vontade – entrego-o inteiramente a ti.'

"Chamei minha esposa e contei-lhe o que havia feito. Ela chorou um pouco, mas entregou-o a Deus. Dali a dois dias um servo de Deus veio à nossa casa. Tinha estado muito interessado em nosso pequeno e orado muito por ele.

"Disse-nos: 'Deus me deu fé para crer que o menino vai sarar – vocês podem crer?'

"Respondi: 'Eu já o entreguei a Deus, mas ainda posso ir falar com Deus sobre ele.' E fui. E em oração descobri que havia fé no meu coração com respeito ao seu restabelecimento. A partir daquele momento ele começou a melhorar. O fato de eu manter a minha própria vontade era o que estava impedindo a Deus de responder; e se eu a retivesse, e não me dispusesse a rendê-la a ele, penso que meu filho não estaria comigo hoje.

"Se queremos que Deus responda as nossas orações, precisamos estar preparados para seguir as pisadas de 'nosso pai Abraão', ainda que seja ao monte do sacrifício." (Ver Romanos 4.12.)

29 de Maio

"... tenho-vos chamado amigos..." (Jo 15.15.)

Houve, tempos atrás, um velho professor alemão cuja vida sempre impressionara sobremaneira os seus alunos. Um dia, alguns deles resolveram descobrir o segredo daquela vida. Então, um do grupo escondeu-se no escritório onde o professor costumava ficar à noite, antes de se recolher.

Já era tarde, quando o professor chegou. Estava muito cansado, mas sentou-se e passou uma hora lendo a Bíblia. Depois abaixou a cabeça numa oração silenciosa. Finalmente, fechando o Livro dos livros, ele disse:

"Bem, Senhor Jesus, nossa velha amizade continua como sempre."

Conhecê-lo é o que de melhor se pode obter na vida; e todo crente deveria porfiar por manter sempre "a velha amizade" com ele.

A realidade da presença de Jesus na vida nos vem como resultado da oração a sós com ele e do estudo pessoal da Bíblia, devocional e entranhável. Cristo se torna mais real àquele que persiste em cultivar a sua presença.

30 de Maio

"... E ninguém pôde aprender o cântico, senão os cento e quarenta e quatro mil que foram comprados da terra." (Ap 14.3.)

Há cânticos que só podem ser aprendidos no vale da dor. Nenhuma arte pode ensiná-los; nenhum exercício vocal pode nos fazer cantá-los perfeitamente. Sua música está no coração. São cânticos que a lembrança nos traz; são da experiência pessoal. Trazem seu conteúdo da sombra do passado; sobem até as alturas nas asas do que passamos e aprendemos ontem.

João diz que, mesmo no céu, haverá um cântico que só pode ser plenamente cantado pelos filhos da terra – o cântico da redenção. Sem dúvida é um cântico de triunfo, um cântico de vitória a Cristo, que nos libertou. Mas a consciência do triunfo virá pela lembrança das cadeias.

Nenhum anjo ou arcanjo pode cantá-lo tão docemente como nós podemos. Para entoá-lo como nós, eles teriam de passar pelo nosso exílio, e isto não podem fazer. Ninguém pode aprendê-lo senão os filhos da Cruz.

Por isso estamos recebendo do Pai uma aula de música. Estamos ensaiando para cantar no coro invisível. Há partes na sinfonia que ninguém pode executar, senão nós mesmos.

Há acordes menores, que os anjos não sabem interpretar. Pode haver agudos na sinfonia, que estejam além da escala normal – agudos que só os anjos podem alcançar; mas há baixos que pertencem a *nós*, tons graves que só nós podemos alcançar.

O Pai está nos treinando, para a parte que os anjos não podem cantar; e a escola é o sofrimento. Muitos dizem que ele envia os sofrimentos para provar-nos; não, ele envia as dores para ensinar-nos e preparar-nos para o coro invisível.

Sim, na noite da aflição está preparando o nosso cântico. No vale ele está afinando a nossa voz. Na nuvem ele está dando maior sonoridade aos acordes que devemos tocar. Na chuva ele está suavizando a melodia. No frio ele está moldando a expressão. Na transição brusca da esperança para o temor, ele está aperfeiçoando a sonoridade.

Não desprezemos a escola do sofrimento; ela nos dará uma parte única no cântico universal. – *George Matheson*

31 de Maio

"... como se recolhe o feixe de trigo a seu tempo." (Jó 5.26.)

Escrevendo sobre o aproveitamento de velhas embarcações, um entendido no assunto afirmou que não é só a idade que faz melhorar as fibras da madeira de um velho navio, mas ainda as pressões e embates que o barco sofre no mar, bem como a ação química da água e de muitas espécies de carga que se acumulam no seu fundo.

Algumas pranchas e compensados feitos de uma viga de carvalho que havia sido parte de um navio de oitenta anos foram exibidas numa boa casa de móveis na Broadway, em Nova Iorque, e atraíram a atenção geral por seu raro colorido e textura perfeita.

Igualmente notáveis foram algumas vigas de mogno tiradas de uma embarcação que cruzou os mares há sessenta anos. O tempo e o tráfego lhes haviam contraído os poros e aprofundado a cor de tal modo, que esta se apresentava tão magnífica em sua intensidade cromática como um vaso chinês da antiguidade.

Com elas fez-se um armário que figura hoje em lugar de destaque na sala de visitas de uma rica família, em Nova Iorque.

Fazendo um paralelo, há uma grande diferença entre as pessoas de idade que tiveram uma vida indolente, foram inúteis e indulgentes consigo mesmas, e aquelas que navegaram por todos os mares da vida e levaram todo tipo de carga como servos de Deus e ajudadores de seus semelhantes.

Não somente os embates e pressões da vida, mas também algo da doçura das cargas transportadas, penetra na vida dessas pessoas e nas fibras de seu caráter. – *Louis Albert Banks*

Depois que o sol desaparece no horizonte, o céu ainda brilha por uma hora inteira. Quando um homem bom desaparece, o céu deste mundo ainda continua iluminado por muito tempo, depois de sua partida. A figura de um homem assim não se apaga deste mundo. Quando vai, deixa na terra muito de si. Estando morto, ainda fala. – *Beecher*

1.º de Junho

"... Este é o descanso, dai descanso ao cansado; e este é o refrigério..." (Is 28.12.)

Por que nos inquietarmos? De que serve a ansiedade? Estamos a bordo de uma embarcação que não seríamos capazes de pilotar, ainda que o grande Capitão nos colocasse ao leme; cujas velas nem sequer saberíamos manejar; e contudo nos inquietamos, como se fôssemos o capitão ou o timoneiro. Aquietemo-nos! Deus está no leme!

Talvez pensemos que todo esse rumor e confusão que nos rodeiam são sinais de que Deus deixou o seu trono. Mas não é verdade. Os corcéis de Deus avançam impetuosamente e a tempestade é o seu carro; mas há um freio em suas queixadas, e ele tem as rédeas em suas mãos e guia-os como quer! Jeová ainda reina; creiamos nisso. Paz seja conosco! Não temamos. – *C. H. Spurgeon*

Minha alma, esta noite,
Repousa tranquila:
Tormentos estalam, nos mundos de Deus.
Nos mundos de Deus, e não teus.
Fica em paz.

Minha alma, esta noite,
Repousa confiante:
Do seio de Deus vem consolo ao que chora.
Do seio de Deus, não de ti.
Fica em paz.

Minha alma, esta noite,
Repousa sem medo:
O braço de Deus conterá o tentador.
O braço de Deus, não o teu.
Fica em paz.

Minha alma, esta noite,
Descansa tranquila:
O amor do teu Deus é constante e não muda.
O amor do teu Deus, não o teu.
Fica em paz.

– *Traduzido*

Não devemos dar lugar ao desânimo. É uma tentação perigosa – uma cilada sutil do inimigo. A melancolia faz contrair-se e murchar o coração, tornando-o incapaz de receber as impressões da graça. Ela exagera as dificuldades e lhes dá um colorido falso, e o nosso fardo torna-se, assim, pesado demais. Os propósitos de Deus a nosso respeito, e os seus métodos de realizar esses propósitos são infinitamente sábios. – *Madame Guyon*

2 de Junho

"Abraão, esperando contra a esperança, creu... sem enfraquecer na fé..." (Rm 4.18,19.)

Nunca nos esquecemos de uma observação feita certa vez por George Müller a alguém que lhe perguntou qual a maneira de se possuir uma fé vigorosa.

"A *única* maneira de se conhecer uma fé vigorosa", respondeu o grande patriarca da fé, "é suportar grandes aflições. Eu aprendi a ter fé, ao permanecer firme no meio de duras provas." E isto é verdade. *Quando tudo falha, é tempo de confiar.*

Não fazemos ideia do imenso valor da oportunidade que se apresenta; se estamos passando por grandes aflições, estamos no caminho para uma fé vigorosa; se apenas abandonarmos os nossos próprios recursos, ele nos ensinará, nessas horas, a maneira mais eficaz de alcançar o seu trono, e tudo o que ele tem para nós.

"Não temas, crê somente." E se o temor nos assalta, olhemos para cima dizendo: "No dia em que eu temer, hei de confiar em ti." Ainda agradeceremos a Deus pela escola do sofrimento, que é para nós a escola da fé. – *A. B. Simpson*

"Uma grande fé precisa conhecer grandes provas."

"As maiores dádivas de Deus vêm através de lutas difíceis, de um verdadeiro trabalho de parto. Se quisermos investigar, descobriremos que, quer seja no campo espiritual, quer seja no material, todas as grandes reformas e invenções que beneficiaram a humanidade, bem como os maiores despertamentos sempre vieram através de lutas e lágrimas, sangue e vigília de homens cujos sofrimentos foram as dores que trouxeram à luz aqueles acontecimentos. Para o templo de Deus ser erigido, Davi precisou passar por amargas aflições; para o evangelho de Deus desembaraçar-se das tradições judaicas, a vida de Paulo precisou passar por agonias extremas."

3 de Junho

"... Passemos para a outra margem." (Mc 4.35.)

Quando avançamos em obediência a Cristo, não devemos pensar que não seremos alcançados por tempestades; os discípulos estavam seguindo adiante a mandado de Cristo, e mesmo assim tiveram que enfrentar um furioso temporal. Viram-se em perigo de submergir, de tal forma que, em seu desespero, clamaram pelo socorro de Cristo.

Embora Cristo talvez demore a vir nos socorrer na dificuldade, isto será apenas para que a nossa fé seja provada e fortalecida; para que as nossas orações venham a ser mais intensas e aumente o nosso desejo de libertação, e assim, quando o livramento vier, o apreciaremos mais plenamente.

Cristo os repreendeu com brandura, dizendo: "Como é que não tendes fé?" Por que vocês não deram o grito de vitória, mesmo em face da tempestade, e não disseram aos ventos e às vagas: "Nada nos podeis fazer, pois Cristo, o poderoso Salvador, está no barco"?

É muito mais fácil confiar quando o sol está brilhando, do que quando estamos no meio do temporal.

Nunca sabemos quanto possuímos de fé verdadeira, enquanto ela não é posta à prova na tempestade; mas o Salvador está a bordo.

Para estarmos fortes no Senhor e na força do seu poder, a nossa força precisa nascer no meio da intempéries. – *Selecionado*

Com Cristo no barco
Tudo vai muito bem.

Cristo lhes disse: "Passemos para a outra margem"; não disse casualmente: "Vamos para o meio do lago" – para então se afogarem, apanhados de surpresa pelo temporal. Ele sabia o que estava fazendo. – *Dan Crawford*

4 de Junho

"... o SENHOR... toda aquela noite, fez retirar-se o mar..." (Êx 14.21.)

Neste verso há uma mensagem confortadora que nos mostra que Deus age durante a noite. A grande obra de Deus para com Israel ali não foi feita quando eles acordaram, vendo então que podiam atravessar o mar a seco; mas foi o que ele fez *toda aquela noite.*

Do mesmo modo, pode estar havendo uma grande operação em nossa vida, quando tudo parece escuro e nós não conseguimos ver nem perceber coisa alguma; Deus está operando. E como ele agiu no dia seguinte, assim havia agido "toda aquela noite". O dia seguinte simplesmente manifestou o que Deus havia operado durante a noite. Muitas vezes nos encontramos em situações em que tudo parece noite. Confiamos, mas não vemos os resultados; no decorrer da vida não há vitória constante; não há aquela comunhão diária, constante; e tudo parece escuro.

"O SENHOR... toda aquela noite, fez retirar-se o mar." Não nos esqueçamos de que foi "toda aquela noite". Deus opera a noite toda até vir a luz. Às vezes não vemos, mas, durante toda a noite, enquanto esperamos em Deus, ele trabalha. – *C. H. P.*

5 de Junho

"Elias era homem semelhante a nós, sujeito aos mesmos sentimentos, e orou, com instância, para que não chovesse sobre a terra, e, por três anos e seis meses, não choveu." (Tg 5.17.)

Devemos continuar orando e esperando no Senhor até ouvirmos o ruído de abundante chuva. Não há razão para não fazermos grandes pedidos. E sem dúvida obteremos grandes bênçãos, se tivermos a coragem de esperar nele com paciente perseverança – fazendo, no intervalo, o que está em nossas mãos fazer.

Não podemos criar o vento ou colocá-lo em movimento, mas podemos ajustar as velas do nosso barco de modo a apanhá-lo. Não podemos produzir a eletricidade, mas podemos ajustar os nossos fios nas tomadas por onde ela passa. Não sabemos o que vai fazer o Espírito de Deus, mas podemos colocar-nos à disposição do Senhor fazendo o que ele pede de nós, de tal maneira que fiquemos sob a influência e poder do seu poderoso sopro.

"Não podem as mesmas maravilhas ser feitas agora, como nos dias antigos? Onde está o Deus de Elias? Ele está esperando que os Elias o invoquem."

Os maiores santos que já viveram, quer na Antiga ou na Nova Dispensação, estavam num nível bem dentro do nosso alcance. As mesmas forças do mundo espiritual que estavam à sua disposição e cujo emprego fez deles tais heróis espirituais, estão abertas para nós também. Tendo a mesma fé, a mesma esperança, o mesmo amor que eles demonstravam, alcançaremos maravilhas tão grandes como as que eles alcançaram. Uma palavra de oração em nossos lábios será tão poderosa para trazer as chuvas graciosas e o fogo do Espírito de Deus, como foi a oração nos lábios de Elias, para trazer a chuva e o fogo naqueles dias – se apenas orarmos com aquela inteira certeza de fé com que ele orou. – *Dr. Gourlburn*

6 de Junho

"... sede, portanto, criteriosos e sóbrios a bem das vossas orações."
(1 Pe 4.7.)

Amigo, não enfrentemos este mundo perigoso, sem oração. Muitas vezes quando vamos orar à noite, o sono pesa em nossas pálpebras; um árduo dia de trabalho é uma espécie de desculpa, e costumamos abreviar a oração para nos deitarmos mais depressa. Chega a manhã do dia seguinte e acontece que nos levantamos atrasados. Então não fazemos a hora devocional, ou a fazemos apressadamente.

E assim não vigiamos em oração! A vigilância é mais uma vez deixada de lado! E seria isso reparável? Acreditamos firmemente que não.

Nesse caso, o que está feito, não pode ser desfeito. Quando negligenciamos a oração, sofremos as consequências.

A tentação vem e não estamos preparados para enfrentá-la. Surge um sentimento de culpa no coração, e nós como que guardamos certa distância de Deus. Se algum dia permitimos que a sonolência nos impeça de orar, não é de admirar que depois falhemos nos compromissos pessoais.

Os momentos de oração, roubados pela preguiça, não podem ser recuperados. Podemos aprender a lição, mas não podemos obter de volta o rico frescor e a renovação que estavam envolvidos naqueles momentos. – *Frederick W. Robertson*

Se Jesus, o poderoso Filho de Deus, sentia necessidade de se levantar antes do amanhecer e derramar seu coração ao Pai, em oração, quanto mais devemos nós orar a ele, que é o Doador de toda boa dádiva e que nos prometeu tudo o que é necessário para o nosso bem?

Não podemos fazer ideia do que o Senhor Jesus trazia à sua vida através da oração; mas isto sabemos, que a vida sem oração é uma vida sem poder. Uma vida sem oração pode ser ruidosa e bastante movimentada, mas está muito distante daquele que, dia e noite, orava a Deus. – *Selecionado*

Senhor, eu tenho falhado; concede-me o teu perdão:
Senhor, restaura-me os anos que me comeu a locusta,
No meu viver de oração. Amém.

7 de Junho

"... Onde está Deus, que me fez, que inspira canções de louvor durante a noite?" (Jó 35.10.)

Você tem noites de insônia, revirando-se sobre o travesseiro e ansioso pelos primeiros raios da manhã? Peça ao Espírito Santo que lhe dê, então, a capacidade de fixar os pensamentos em Deus, seu Criador, e creia que ele poderá preencher as horas vazias, com cânticos em sua alma.

A sua noite é uma noite de luto? É, muitas vezes, em tais ocasiões que Deus se achega ao que chora e assegura-lhe que ele chamou o ente querido que partiu, para participar da gloriosa multidão. E esse pensamento já traz o começo de um cântico.

É a sua noite uma noite de desânimo e fracasso, real ou imaginário? Ninguém o entende; seus amigos o desprezam; mas o seu Criador se aproxima e lhe dá um cântico – um cântico de esperança, o cântico que você está precisando ouvir. Assim, pois, esteja pronto para cantar, quando ele lhe der o cântico.

Somente na tempestade podemos provar se a embarcação é forte; e o poder do evangelho numa vida só pode ser plenamente demonstrado, quando o crente é submetido a uma grande aflição. Para Deus demonstrar o fato de que ele "inspira canções de louvor durante a noite", ele precisa primeiro fazer a noite. – *William Taylor*

8 de Junho

"... todo o que é nascido de Deus vence o mundo; e esta é a vitória que vence o mundo: a nossa fé." (1 Jo 5.4.)

Em cada curva do caminho podemos encontrar uma dificuldade que nos tire a vitória e a paz de espírito, se assim permitirmos. Satanás ainda não desistiu da sua intenção de enganar e arruinar os filhos de Deus, sempre que pode. A cada quilômetro da jornada é bom olharmos o termômetro da nossa experiência para verificarmos se a temperatura mantém-se alta.

Qualquer pessoa poderá, se quiser, arrebatar a vitória aos próprios dentes da derrota. Basta apenas erguer resolutamente a bandeira da fé no momento exato.

Pela *fé* qualquer situação pode ser mudada. Não importa quão negra ela possa parecer; basta erguer o coração a Deus pela fé, e num momento tudo se alterará.

Deus ainda está em seu trono, e num segundo pode transformar a derrota em vitória, se confiarmos nele.

– Por que você diz que a fé
Pode mudar situações?
– É que a fé olha para Deus,
E crendo nele, descansa.
E se eu descanso, ele opera
E tem todo o campo livre
Para trazer as soluções.
Eis minhas simples razões.

Quando uma pessoa tem fé, não recua; faz parar o inimigo onde o encontra. – *Marshal Foch*

9 de Junho

"... o Senhor é fiel..." (2 Ts 3.3.)

Conheci certa vez uma mulher que era muito pobre e ganhava a vida com trabalho árduo; no entanto, era uma crente sempre alegre. "Ah, Nancy", disse-lhe certa vez uma outra senhora crente que parecia triste, "você pode estar alegre agora, mas acho que se você pensasse no futuro iria moderar um pouco esse seu entusiasmo.

"E *se* de repente você tiver uma doença e não puder mais trabalhar; ou *se* os seus patrões mudarem de cidade e você não achar outro emprego; ou *se*..."

"Pare, pare!" exclamou Nancy. "Eu não tenho nenhum *se*. O Senhor é o meu pastor, e eu sei que nada me faltará. E olhe, querida", disse ela àquela senhora, "são todos esses *se, se, se*, que a estão deixando tão infeliz. O melhor é deixar de lado todos eles e confiar somente no Senhor."

Se pudermos crer e aceitar com simplicidade de fé o que a Bíblia nos afirma todos os *se* desaparecerão. Em Hebreus 13.5 está escrito: "Seja a vossa vida sem avareza. Contentai-vos com as coisas que tendes; porque *ele* tem dito: De maneira alguma te deixarei, nunca jamais te abandonarei." – *H. W. S.*

No bom Pastor eu vou bem confiado;
Nada, pois, jamais me faltará.
É meu Deus e Pai, sempre está a meu lado,
E do mal o meu pé guardará.

Deitar-me faz em pasto verdejante;
Águas mansas leva-me a beber;
Cerca o meu andar com amor constante;
Refrigera e restaura o meu ser.

Andando vou, por ele protegido,
Nas veredas da justiça e paz,
Pela sua mão sempre dirigido;
Por amor do seu nome, ele o faz.

E mesmo andando pelo vale escuro,
Tu comigo estás, não temerei,
Sob a tua vara estarei seguro;
Teu cajado me ampara, eu bem sei.

Defesa tenho contra o inimigo,
E de bens me fazes transbordar;
Tu me dás fartura e me dás abrigo,
Com teu óleo me vens renovar.

Bondade e amor me seguem cada dia,
Pois o bom Pastor comigo vai.
Morarei, por fim, cheio de alegria,
Para sempre, na casa do Pai!

– *H. E. A.*

A águia que rasga as alturas não se inquieta a respeito de como atravessará o rio. – *Selecionado*

10 de Junho

"... Sabemos que todas as coisas cooperam para o bem daqueles que amam a Deus..." (Rm 8.28.)

Como é ampla esta afirmação do apóstolo Paulo! Ele não diz: Sabemos que *algumas* coisas, ou a *maioria* das coisas, ou as coisas *alegres*, mas ***todas*** as coisas. Da mais insignificante até à mais marcante; do acontecimento mais corriqueiro da vida diária, até às maiores experiências da graça.

E todas as coisas ***cooperam*** – elas estão operando. Não diz que operaram ou operarão; é uma operação no presente.

Neste momento mesmo, alguma voz pode estar-lhe sugerindo: "Os teus juízos são um grande abismo." No entanto, os anjos no céu, que têm uma visão mais ampla do grande plano de Deus, podem exclamar: "Justo é o SENHOR em *todos* os seus caminhos, benigno em *todas* as suas obras." (Sl 145.17 – grifo da autora.)

E também, todas as coisas ***co***operam. Há uma interligação em tudo. Muitas cores diferentes, em si mesmas talvez feias e inexpressivas, são necessárias para se tecer um padrão harmonioso.

Muitos tons e notas musicais, até mesmo dissonantes, são indispensáveis para se compor um hino harmonioso.

Para montarmos uma máquina, precisamos de muitas rodas e junturas separadas. Se tomarmos um fio de linha, ou uma nota, ou uma roda dentada, isoladamente, não discerniremos ali nenhuma beleza.

Mas, se *completarmos* o tecido, *combinarmos* as notas, ou *juntarmos* as peças de ferro e aço, veremos como é perfeito e simétrico o resultado. Aqui está a lição para a fé: "O que eu faço, tu não o sabes agora; mas depois o entenderás." – *Macduff*

Em mil aflições, não são quinhentas delas que cooperam para o bem do crente, mas novecentas e noventa e nove e mais uma – as mil. – *George Müller*

11 de Junho

"... o servo do Senhor... deve ser brando para com todos..." (2 Tm 2.24.)

Quando nos submetemos a Deus, ele retira de nós toda a dureza, e adquirimos, então, uma profunda visão do Espírito de Jesus, e passamos a compreender a preciosidade que é, neste mundo infeliz e de trevas, a *brandura de espírito.*

As *graças* do Espírito Santo não recaem sobre nós acidentalmente; se não discernirmos certos estados de graça, e os escolhermos e os nutrirmos em nosso pensamento, eles nunca farão parte de nossa natureza ou comportamento.

Cada passo avante para crescermos na graça, requer antes que verifiquemos o que existe ali para nós, e depois, em oração, resolvamos obtê-lo.

São poucos os que estão dispostos a passar pelo sofrimento através do qual adquirimos a completa mansidão. Nós temos que morrer, para que possamos nos tornar mansos, e a nossa crucificação envolve sofrimento; é um verdadeiro esmagamento do eu, que domina o coração e a mente.

Hoje em dia existe muita santificação meramente lógica e mental, que é apenas uma ficção religiosa. Consiste em a pessoa colocar-se mentalmente no altar, e, mentalmente, dizer que o altar santifica a oferta, e daí concluir que está santificada; e essa pessoa sai a falar com uma loquacidade superficial sobre as profundezas de Deus.

Mas as cordas naturais do coração não foram quebradas nem a rocha adâmica reduzida a pó, e suas entranhas não experimentaram a agonia do Getsêmani. Sem as marcas reais da morte no Calvário, não pode haver aquele transbordar suave e triunfante da vida de vitória que brota de um túmulo vazio. – *G. D. W.*

"... e em todos eles havia abundante graça." (At 4.33.)

12 de Junho

"... em tudo, fostes enriquecidos nele..." (1 Co 1.5.)

Você por certo já conheceu alguém que sofreu um grande revés e foi levado a voltar-se para a oração; depois, pouco a pouco, os problemas foram esquecidos; a doçura da vida espiritual, porém, permaneceu, e aqueceu-lhe a alma.

Certa vez presenciei uma tempestade no fim da primavera. Estava tudo escuro, exceto onde o relâmpago cortava o céu. O vento sibilava e as águas caíam, diluviais. Que devastação!

Mas não demorou muito, os relâmpagos cessaram, os raios silenciaram, a chuva parou, as nuvens se foram com o vento manso e apareceu o arco-íris.

Então, durante várias semanas os campos ficaram cobertos de flores, e por todo o verão a grama esteve mais verde, os ribeiros mais cheios e as árvores mais frondosas – tudo *porque a tempestade havia passado por ali*, muito embora o resto da terra já houvesse esquecido o temporal, suas águas e seu arco-íris. – *Theodore Parker*

Deus poderá não nos dar uma jornada fácil para a Terra Prometida, mas nos dará uma jornada segura. – *Bonar*

Foi uma tempestade que ocasionou a descoberta das minas de ouro na Índia. E tempestades têm levado alguns à descoberta das mais ricas minas do amor de Deus em Cristo.

Coração dorido,
Você está cansado?
Muitas são as lutas,
Muitos os problemas,
Muito grande a dor?

Há Um que se importa:
Lance nele o seu fardo!
Conte-lhe em detalhe
Tudo o que se passa.

E verá, surpreso,
Coração cansado,
Como ele conforta,
Como é **Salvador***!*

13 de Junho

"... a minha paz vos dou..." (Jo 14.27.)

Dois artistas pintaram, cada um, um quadro, para ilustrar sua ideia de paz. O primeiro escolheu como cena um lago sereno entre montanhas distantes. O outro passou para a tela uma cascata soberba, com um frágil galho pendendo por sobre as suas espumas; e numa forquilha do ramo, quase umedecido pela névoa, um ninho com uma avezinha.

No primeiro quadro estampava-se *estagnação*; no segundo, *descanso*.

A vida de Cristo, exteriormente, foi uma das vidas mais açoitadas: tempestade e tumulto, tumulto e tempestade, as ondas lançando-se sobre aquela vida todo o tempo, até que o corpo vergastado foi deixado no túmulo. Mas na sua vida interior reinava grande calma.

A qualquer momento podia-se ir a ele e achar paz. E ainda quando os perseguidores o seguiam pelas ruas de Jerusalém, ele voltou-se aos discípulos e ofereceu-lhes, como último legado, a sua paz.

Descanso não é uma emoção que nos vem num culto na igreja; é o repouso de um coração profundamente assentado em Deus. – *Drummond*

Vinde a mim, cansados,
E achareis descanso.
Aprendei de mim,
Que sou humilde e manso.

Eu recebo os fracos,
Maus e pecadores.
Vim para os enfermos,
Eu conheço dores.

Não esmago a cana
Que já está partida.
Não apago a chama
Tênue, arrefecida.

Vinde a ***mim****, cansados*
Pela luta amarga!
Achareis descanso:
Eu vos levo a carga!

14 de Junho

"Eu, porém, roguei por ti, para que a tua fé não desfaleça..." (Lc 22.32.)

Nós, os crentes, precisamos cuidar da fé; devemos lembrar-nos de que ela é o único meio de que dispomos para alcançar as bênçãos do alto. A oração só obtém a resposta do trono de Deus, quando é feita por uma pessoa que crê.

A fé é o fio telegráfico que liga a terra ao céu, pelo qual a mensagem de amor da parte de Deus voa tão rápido que, antes de clamarmos, ele responde, e estando nós ainda falando, ele nos ouve. Mas se o fio telegráfico se romper, como receberemos a promessa?

Estamos aflitos? Pela fé podemos obter ajuda na aflição. Fomos vencidos pelo inimigo? Pela fé podemos nos firmar no Refúgio que é Cristo.

Mas, sem a fé, em vão clamaríamos a Deus. Não há outra estrada entre o crente e o céu. Se a estrada for bloqueada, como nos comunicaremos com o grande Rei?

A fé nos liga com a Divindade. A fé nos reveste do poder de Jeová. A fé coloca à nossa disposição todos os atributos de Deus. Ela nos ajuda a resistir às hostes do maligno. Ela nos dá vitória sobre os inimigos que nos assaltam. Mas sem fé, como receberemos do Senhor as bênçãos celestiais?

Por isso, guardemos bem a nossa fé. "Se tu podes crer, tudo é possível ao que crê." – *C. H. Spurgeon*

Nós nos gabamos de ser tão práticos, que geralmente desejamos um apoio mais concreto do que a fé, mas Paulo diz que "é pela fé... a fim de que seja firme" – *Dan Crawford*

A fé honra a Deus; Deus honra a fé.

Disse alguém: "Fé é concordar que, o que Deus disse, *é* a verdade."

15 de Junho

"... Deus me fez próspero na terra da minha aflição." (Gn 41.52.)

Caem as chuvas de verão. Da janela o poeta contempla a chuva. E as gotas caem, fustigando a terra. Mas o poeta vê, em suas imaginações, mais do que a chuva que cai ante os seus olhos. Ele vê as milhares de flores que em breve irão desabrochar, colorindo a terra e enchendo-a de perfume. E canta, em seus versos, que para ele não são gotas de chuva, que caem, mas miríades de flores e frutos!

Quem sabe se algum filho de Deus que está sendo açoitado agora, está dizendo em seu coração:

"Ó Deus, está chovendo forte sobre mim esta noite.

"Estão chovendo sobre mim provas que parecem ir além da minha capacidade de suportar. A chuva do desapontamento é forte, destruindo todos os meus planos. O luto está caindo sobre a minha vida, fazendo meu coração temer e estremecer de tanto sofrimento. Sim, uma chuva de aflição está caindo sobre mim nestes dias..."

Entretanto, amigo, não é bem assim. O que há em sua vida não são chuvas de aflições e, sim, *de bênçãos*. Basta crermos na Palavra do Pai, e da chuva que nos açoita, irão brotar flores espirituais de grande fragrância e beleza, que nunca havíamos conhecido, antes de passar pela tempestade ou pela disciplina de Deus.

Sempre vemos a chuva. Mas será que vemos também as flores? Nós sentimos a dor das provações, mas Deus vê a flor da fé que desabrocha na vida.

Nós nos retraímos ante o sofrimento. Deus, entretanto, vê a terna compaixão por outros sofredores, que está nascendo em nossa alma.

Sentimos o coração estremecer sob a dolorosa separação. Mas Deus considera o enriquecimento que a dor nos trouxe.

Não é aflição o que recai sobre o crente, mas brandura, compaixão, amor, paciência e mil outras flores e frutos, provenientes do Espírito de Deus, os quais estão trazendo à sua vida um enriquecimento que jamais a prosperidade e o conforto seriam capazes de proporcionar-lhe. – *J. M. McC.*

16 de Junho

"*... dele vem a minha esperança.*" (Sl 62.5.)

A negligência que geralmente demonstramos para com a resposta às bênçãos que pedimos, mostra como há pouca realidade em nossas orações. O agricultor não se satisfaz sem a colheita; o atirador observa se a bala atinge o alvo; o médico aguarda o efeito do remédio que aplicou; por que não se importará o crente com o efeito da sua oração?

Toda oração, feita com fé, segundo a vontade de Deus, segundo as suas promessas, oferecida no nome de Jesus e sob a influência do Espírito Santo, quer seja por bênçãos temporais ou espirituais, é ou será plenamente respondida.

Deus sempre atende às orações de seu povo, fazendo aquilo que mais contribuirá para a sua glória e para o bem-estar espiritual e eterno dos seus. Assim como sabemos que Jesus Cristo nunca rejeitou ao pecador que se achegou a ele, buscando misericórdia, também cremos que nenhuma oração feita em seu nome será vã.

A resposta à oração é certa, embora talvez não estejamos discernindo a sua chegada. A semente que jaz sob o solo no inverno está lançando raiz, com vistas a florescer e frutificar, embora ainda não apareça na superfície do solo e pareça morta e perdida. – *Bickersteth*

As respostas demoradas não apenas provam a fé, como nos dão

oportunidade de honrar a Deus por nossa firme confiança nele, mesmo diante das aparentes recusas. – *C. H. Spurgeon*

17 de Junho

"Veio uma voz de cima do firmamento que estava sobre a sua cabeça. Parando eles, abaixavam as asas." (Ez 1.25.)

O que é este abaixar de asas? Muitas vezes as pessoas dizem: "Como é que se ouve a voz do Senhor?" Aqui está o segredo. Eles paravam e abaixavam as asas.

Todos nós já vimos um passarinho adejando as asas; embora parado, suas asas continuam bulindo. Mas aqui lemos que aqueles seres pararam e abaixaram as asas.

Algumas vezes, quando nos ajoelhamos diante de Deus, temos a sensação de um adejar em nosso espírito. Não ficamos realmente quietos na sua presença.

Uma pessoa amiga falou-me, há alguns dias, de um assunto sobre o qual tinha orado. "Mas", disse ela, "não esperei até a resposta chegar."

Ela não soube conservar-se quieta para ouvi-lo falar, mas desistiu de esperar e tomou suas próprias providências. O resultado foi desastroso e ela depois teve de voltar atrás.

Ah, quanta energia desperdiçada! Quanto tempo perdido por não deixarmos de agitar o nosso espírito e não permanecermos bem quietos diante dele! Oh, a calma, o descanso, a paz que nos vêm quando esperamos na sua presença até ouvirmos a sua resposta!

Então, ah, então podemos sair imediatamente, sem nenhuma hesitação, e seguir avante na direção que o Espírito nos indicar (Ez 1.1,20.)

18 de Junho

"Por isso, restabelecei as mãos descaídas e os joelhos trôpegos; e fazei caminhos retos para os pés, para que não se extravie o que é manco; antes, seja curado." (Hb 12.12,13.)

Esta é uma palavra de encorajamento que Deus nos dirige, a fim de levantarmos as mãos da fé e firmarmos os nossos joelhos na oração. Muitas vezes a nossa fé se cansa, esmorece, afrouxa, e a oração perde a força e a eficácia.

A figura aqui usada é muito interessante. A ideia parece sugerir que ficamos desanimados e tão temerosos que um pequeno obstáculo nos deprime e assusta, de modo que somos tentados a contorná-lo, deixando de enfrentá-lo e escolhendo o caminho mais fácil.

Às vezes trata-se de uma perturbação física, que Deus está pronto a curar, mas a oração da fé exigiria desgaste de energias e talvez seja bem mais fácil buscar o auxílio humano, ou contornar o assunto de alguma outra forma.

Há várias maneiras de contornar as situações difíceis em vez de atravessá-las de frente. Quantas vezes deparamos com um obstáculo que nos amedronta, e procuramos fugir da questão com a desculpa:

"Não estou preparado para isto agora."

É uma renúncia que devemos fazer ou a submissão que é exigida de nós; talvez seja alguma Jericó que precisa ser tomada, ou uma alma por cuja salvação não temos coragem de lutar em oração até alcançar a vitória, ou pode ser também uma oração que não obtém resposta imediata.

Deus diz: "Levantai as mãos cansadas." Marchemos sobre as águas, e elas se dividirão – o mar Vermelho se abrirá, o Jordão se partirá em dois, e o Senhor nos fará atravessar em vitória. – *A. B. Simpson*

Procuremos prestar ao desânimo a mínima atenção possível. É preciso que singremos as águas como faz o navio: na tormenta ou na calma, sob chuva ou sol. O alvo é transportar a carga e alcançar o porto. – *Maltbie D. Babcock*

19 de Junho

"*... é esmiuçado o cereal...*" (Is 28.28.)

Muitos de nós não podem servir de alimento para saciar a fome do mundo, porque precisam ser ainda partidos nas mãos de Cristo. "O cereal é esmiuçado." A bênção de Cristo muitas vezes significa sofrimento, mas mesmo o sofrimento não é preço alto demais a se pagar pelo privilégio de trazer bênção a outras vidas. O que há de mais precioso no mundo hoje veio-nos através de lágrimas e dor. – *J. R. Miller*

Deus me tornou em pão para os seus eleitos, e se for necessário que o pão seja moído nos dentes do leão para alimentar os seus filhos, bendito seja o nome do Senhor. – *Inácio*

"Para que possamos nos dar inteiramente, é preciso que sejamos consumidos. Nós cessamos de ser bênção, quando cessamos de sangrar."

"A pobreza, a necessidade e a desventura têm levado muitas vidas a atos de heroísmo moral e de grandeza espiritual. A dificuldade lança um desafio à energia e perseverança. Ela apela para as mais fortes qualidades da alma. Nos relógios antigos, eram os pesos que os conservavam funcionando. Muitos pés-de-vento têm sido utilizados para levar embarcações ao porto. Deus envia as dificuldades, como um incentivo à fé e à ação.

"Os mais ilustres homens da Bíblia foram esmiuçados, trilhados, moídos e transformados em pão para o faminto. Abraão é conhecido pelo título de 'pai dos crentes'. Isto porque ele obteve o primeiro lugar na escola da aflição e da obediência.

"Jacó sofreu severas moeduras. José foi trilhado e padejado, e teve que suportar a cozinha de Potifar e a prisão do Egito antes de ir para o trono.

"Davi, caçado pelos montes como uma perdiz, cansado e alquebrado, com os pés feridos, foi triturado e transformado em pão para um reino. Paulo nunca poderia ter sido pão para a casa de César se não tivesse passado pela moedura, açoites e apedrejamento. Ele foi moído até tornar-se em farinha da mais refinada qualidade para a família real."

"Tal combate, tal vitória. Se Deus tem determinado para nós grandes aflições, estejamos certos de que no seu coração ele nos tem reservado um lugar muito especial. O crente grandemente atribulado é uma pessoa eleita."

20 de Junho

"Quando te desviares para a direita e quando te desviares para a esquerda, os teus ouvidos ouvirão atrás de ti uma palavra, dizendo: Este é o caminho, andai por ele." (Is 30.21.)

Quando estivermos em dúvida ou dificuldade, quando muitas vozes nos recomendarem com insistência esta ou aquela direção, quando a prudência segredar uma advertência, e a fé, outra, então, fiquemos quietos, silenciando cada voz intrusa, aquietando-nos no sagrado silêncio da presença de Deus. Estudemos a sua Palavra com inteireza de coração, examinando-nos à pura luz da sua face, desejosos de conhecer somente o que o Senhor Deus determinar – e não passará muito tempo até que se forme em nós uma impressão muito nítida, a inconfundível comunicação da sua vontade.

Não é sábio, nos primeiros estágios da fé cristã, depender disto somente, mas devemos esperar também pela corroboração de circunstâncias. Mas aqueles que têm tido experiências com Deus conhecem bem o valor da comunhão secreta com ele, e podem perceber a sua vontade.

Se estamos em dúvida a respeito do caminho a tomar, levemos o problema a Deus; a orientação virá através da luz do seu sorriso ou da nuvem da sua recusa.

Se ficarmos a sós, onde a luz e as sombras da terra não possam interferir, onde as opiniões humanas não nos possam alcançar – e se nos mantivermos ali, em silêncio e expectação, embora todos ao nosso redor insistam em que tomemos uma decisão imediata – a vontade de Deus se fará clara; passaremos a ter um novo conceito de Deus e uma visão mais profunda da sua natureza e seu coração de amor, uma visão que será apenas nossa – uma experiência preciosa, que ficará para sempre como aquisição, a rica recompensa daquelas longas horas de espera. – *David*

21 de Junho

"... e logo correu que ele estava em casa." (Mc 2.1.)

Os pólipos que constroem os recifes de coral trabalham no fundo d'água, sem imaginar que estão edificando os alicerces de uma nova ilha, sobre a qual, mais tarde, viverão plantas e animais, e onde nascerão filhos de Deus, que serão preparados para a eterna glória como coerdeiros de Cristo.

Amado leitor, se o seu lugar nas fileiras de Deus é um lugar escondido e isolado, não murmure, nem se queixe. Se ele o colocou ali, não procure sair da sua vontade; pois, sem os pólipos, os recifes de coral não seriam construídos. Deus precisa de homens que estejam dispostos a ser pólipos na sua obra e trabalhem na obscuridade, longe da vista dos homens; sustentados, porém, pelo Espírito Santo e plenamente visíveis aos olhos do céu.

O dia virá em que Jesus dará a recompensa, e ele não comete enganos; embora alguns talvez se admirem de como você terá chegado a merecer tal recompensa, se nunca haviam ouvido nada a seu respeito. – *Selecionado*

Quero estar à mão,
Onde estou.
Onde a sua mão
Designou.

Quieto, executando
O que for mandando.
Sempre a seu dispor
Onde estou.

Não precisamos depender das reuniões concorridas, nem de experiências gloriosas de euforia espiritual, nem da comunhão edificante dos irmãos. Podemos ir para a obscura Emaús; ou para a temível Colossos; ou ainda para a distante Macedônia, no campo missionário. Podemos ir confiantes, sabendo que, onde quer que ele nos coloque, no curso da vida, as fronteiras podem ser conquistadas e a vitória ganha, porque ele já o ordenou. – *Northcote Deck*

22 de Junho

"... o amor cobre..." (Pv 10.12.)
"Segui o amor..." (1 Co 14.1.)

Coloquemos todas as nossas aflições diante de Deus somente. Li certa vez a respeito de uma experiência vivida por uma preciosa serva de Deus, e a leitura me impressionou de tal maneira, que resolvi registrá-la aqui.

"Certa ocasião, já era meia-noite e eu não conseguia conciliar o sono, por causa de uma cruel injustiça que havia sofrido, e cuja lembrança me atormentava. O amor que cobre todas as transgressões parecia ter fugido do meu coração. Então, em agonia, clamei a Deus, pelo poder para obedecer à sua determinação: 'O amor cobre'.

"Imediatamente o Espírito Santo começou a operar em mim o poder que produziu o esquecimento.

"Mentalmente cavei um túmulo. Tirei a terra até fazer uma cova profunda.

"Depositei ali dentro a mágoa que me feria. Depressa joguei a terra por cima.

"Sobre a terra coloquei grama, e sobre esta, rosas e miosótis. Depois fui-me embora.

"Suave me veio o sono depois disso. A ferida quase mortal foi sarada sem uma cicatriz, e hoje não sei o que me causou a dor."

Autor do amor.
Que por amor
Cobriste os meus pecados
E os apagaste,
E os perdoaste,
E me purificaste:

Que o mesmo amor,
Autor do amor,
Que em mim foi derramado,
Cubra também
Faltas de alguém
Que a mim haja magoado.

23 de Junho

"... Pedro, descendo do barco, andou por sobre as águas e foi ter com Jesus. Reparando, porém, na força do vento, teve medo; e, começando a submergir, gritou: Salva-me, Senhor!" (Mt 14.29,30.)

Pedro tinha um pouco de fé, no meio de sua dúvida, diz Bunyan; assim, a fé fez com que ele viesse, a dúvida fez com que ele clamasse por socorro, mas foi *clamando* e *vindo*, que ele foi trazido a Cristo.

Na experiência de Pedro a vista foi um obstáculo. Uma vez andando sobre as águas, as ondas não eram da sua conta. Sua atenção devia estar voltada apenas para a vereda de luz que vinha de Cristo a ele, no meio das trevas.

Quando o Senhor nos disser por cima das águas: "Vem!", avancemos confiantemente. E nem por um momento afastemos dele os olhos.

Não é medindo as ondas que iremos prevalecer; nem é ferindo os ventos, que cresceremos em força. Examinar o perigo pode fazer-nos vacilar diante dele; parar diante da dificuldade é vê-la explodir sobre a nossa cabeça. Ergamos os olhos para os montes, e prossigamos – não há outro caminho.

Com ele e nele só
Eu posso triunfar:
Importa é a sua face ver,
E só com ele andar.

E ruja o vento atroz,
E brame o rijo mar,
Importa é a sua face ver,
Com a mão na sua, andar.
Amém.

24 de Junho

"... Quereis dar ordens... acerca das obras de minhas mãos?" (Is 45.11.)

Foi nesse tom que o Senhor Jesus falou, quando disse: "Pai... quero"; Josué falou dessa maneira quando, no supremo momento do triunfo, levantou a espada em direção ao sol que se punha e exclamou: "Sol, detém-te"!

Elias demonstrou a mesma ousadia, quando fechou os céus por três anos e seis meses e os abriu novamente.

Também Lutero falou com autoridade quando, ajoelhando-se ao pé do leito em que jazia Melâncton prestes a morrer, ele proibiu que a morte arrebatasse a presa.

Deus nos convida a entrar num extraordinário relacionamento com ele. Estamos bem familiarizados com palavras dessa natureza: "As minhas mãos fizeram os céus, e a todos os seus exércitos dei as minhas ordens"; mas, nas palavras do texto acima, em que Deus nos convida a demandar dele alguma coisa, há uma surpreendente mudança de relacionamento!

Que diferença entre esta atitude e as orações hesitantes, duvidosas, sem fé, a que estamos acostumados e que, pela contínua repetição, perdem a sua eficácia e não alcançam o objetivo.

Quantas vezes, durante a sua vida terrena, Jesus pôs homens numa posição de requererem dele alguma coisa! Ao entrar em Jericó, ele parou e disse aos cegos que mendigavam:

"Que quereis que eu vos faça?" Era como se dissesse: "Eu estou às suas ordens."

Não poderíamos nos esquecer de que ele pôs na mão da mulher siro-fenícia a chave dos seus recursos e lhe disse para servir-se deles.

Que mente mortal pode perscrutar o pleno significado da posição a que o nosso Deus amorosamente eleva os seus pequeninos? Ele parece dizer: "Todos os meus recursos estão às suas ordens." *"Tudo quanto pedirdes em meu nome, eu o farei."* – *F. B. Meyer*

25 de Junho

"... Dize aos filhos de Israel que marchem." (Êx 14.15.)

Procuremos imaginar aquela marcha triunfal! As crianças, maravilhadas, contidas pelos pais em suas manifestações; as mulheres, emocionadas por se acharem a salvo de uma sina pior que a própria morte; os homens, acompanhando-as, envergonhados e confundidos por terem deixado de confiar em Deus e murmurado contra Moisés. E, enquanto imaginamos aquelas muralhas de água, erguidas pelo braço do Eterno estendido em resposta à fé de um só homem, consideremos o que Deus faz pelos seus.

Quando obedecemos a uma ordem de Deus, não precisamos temer os resultados. Não temamos as águas encapeladas que impedem a nossa marcha. Acima da voz das muitas águas, das poderosas ondas do mar, "o Senhor se assenta como Rei, perpetuamente".

A tempestade é apenas a orla do seu manto, o sinal da sua chegada, o ambiente da sua presença.

Confiemos nele; sigamo-lo! e então descobriremos que os próprios obstáculos que nos impediam de avançar serão instrumentos de Deus que nos levarão à liberdade. – *F. B. Meyer*

26 de Junho

"... Se alguns não creram, a incredulidade deles virá desfazer a fidelidade de Deus?" (Rm 3.3.)

Creio que todas as tristezas por que passo são fruto de incredulidade. Se eu sempre cresse que todo o passado está perdoado, que há suficiência de poder para o presente, e que o futuro está cheio de esperança, como poderia deixar de ser feliz? Pois estes fatos são imutáveis, e não se alteram com as minhas oscilações, nem falham porque eu, por incredulidade, tropeço ante a promessa; eles permanecem firmes e claros – seus picos tocam a eternidade, suas bases estão alicerçadas na Rocha de Deus. O monte Branco não se torna em névoa ou miragem porque o alpinista está com vertigens. – *James Smetham*

Será de admirar que a resposta não venha, se, por incredulidade, nós vacilamos diante da promessa de Deus? Não que a fé mereça uma resposta, ou conquiste a resposta, ou opere a resposta; mas é que Deus exigiu o crer como condição do receber, e o Doador tem direito soberano de escolher seus próprios termos, ao dar. – *Samuel Hart*

O incrédulo argumenta: "Como pode ser isto ou aquilo?" Ele está cheio de "comos"; mas a fé tem uma grande resposta a todos esses "comos", e a resposta é *Deus*! – *C. H. M.*

Ninguém realiza *tanto* e em *tão pouco* tempo, como quando está orando.

Alguém disse: "Se surgisse na terra um homem que cresse inteiramente, *a história do mundo poderia mudar*." E essas palavras estão de acordo com o pensamento do Senhor Jesus, expresso em seus ensinamentos sobre a oração.

Você não quer, pela providência e direção de Deus, ser essa pessoa? – *A. E. McAdam*

A oração sem fé degenera em rotina sem objetivo ou em oca hipocrisia. A oração da fé é sustentada pelo poder de Deus. Se todo o seu ser não está acompanhando a extensão da sua súplica, é melhor não orar, ou então não orar até que haja essa correspondência. Quando a verdadeira oração é proferida, a terra e o céu, o passado e o futuro dizem "amém". Era assim que Cristo orava. – *P. C. M.*

Nada está fora do alcance da oração, exceto o que está fora da vontade de Deus.

27 de Junho

"Reúne, ó Deus, a tua força, força divina que usaste a nosso favor." (Sl 68.28.)

O Senhor é quem nos transmite a energia de caráter que faz com que tudo em nossa vida se realize com propósito e firmeza. Somos "fortalecidos com poder mediante o seu Espírito no homem interior". E a força é contínua; ele nos manda reservas de poder que nunca poderemos esgotar.

"A tua força será como os teus dias" – força de vontade, força de afeto, força de julgamento, força de ideais e realizações.

"O Senhor é a minha força" *para prosseguir*. Ele nos dá poder para enfrentarmos a rotina do dia a dia; para seguirmos pelo trilho longo que parece não oferecer mudança; para atravessar os longos períodos da vida que não oferecem nenhuma surpresa agradável e que deprimem o espírito pela enfadonha monotonia.

"O Senhor é a minha força" *para subir.* Ele é para mim o poder que me capacita a escalar sem temor o monte da dificuldade.

"O Senhor é a minha força" *para descer.* É quando deixamos os lugares altos onde o vento e o sol nos circundavam, e começamos a descer ao vale até às regiões mais abafadas, que o coração tende a desfalecer. Certa vez, um homem que aos poucos estava perdendo a sua energia física, lamentou-se dizendo: "É esta descida que me consome!"

"O Senhor é a minha força" *para estar quieto.* E como é difícil estar quieto! Inclusive, quando enfrentamos situações em que somos obrigados a permanecer quietos, costumamos nos queixar dizendo: "Ah, se ao menos eu pudesse fazer alguma coisa!"

Uma dura prova para a mãe que vê um filho doente, é ficar a seu lado sem poder fazer nada. Mas não fazer nada, simplesmente ficar quieto e esperar, requer muitíssima energia. "O Senhor é a minha força." "A nossa capacidade vem de Deus." – *The Silver Lining*

28 de Junho

"... uma porta aberta no céu..." (Ap 4.1.)

Devemos lembrar-nos de que João, por causa da Palavra de Deus e do testemunho de Jesus Cristo, estava na ilha de Patmos – lugar solitário, pedregoso, inóspito. Contudo, no meio de tais circunstâncias – separado de todos os queridos de Éfeso, privado do culto com a Igreja, condenado à companhia de prisioneiros desagradáveis – foram-lhe concedidas estas visões. A ele, também, foi aberta uma porta.

Estamos lembrados de que Jacó, exilado da casa paterna, deitou-se num lugar deserto para dormir, e em seu sonho viu uma escada que ligava o céu à terra; escada em cujo topo estava Deus.

Não somente a estes homens, mas a muitos outros, as portas do céu têm sido abertas em circunstâncias que, aos olhos do mundo, pareciam as mais desfavoráveis para aquelas revelações.

Prisioneiros e cativos; pessoas confinadas a um leito de enfermidade; peregrinos solitários e errantes; mulheres impedidas de ir à casa do Senhor por causa das exigências do lar; e muitos outros nessas condições viram as portas do céu abrirem-se diante deles.

... Quando Deus é tudo em tudo para nós, quando vivemos, nos movemos e existimos no seu favor, a porta se abre para nós também. – *Daily Devotional Commentary*

29 de Junho

"... vimos ali gigantes..." (Nm 13.33.)

Sim, eles viram gigantes, mas Josué e Calebe viram a Deus! Os que duvidam dizem: "Não poderemos subir." Os que creem dizem: "Subamos e possuamos a terra, porque certamente prevaleceremos contra ela."

Os gigantes representam, para nós, as grandes dificuldades; e os gigantes estão à espreita em toda parte. Estão na família, na igreja, na vida social, e até em nosso próprio coração; ou nós os vencemos, ou eles nos devorarão, como disseram aqueles homens a respeito dos gigantes de Canaã.

Disseram os homens de fé: "Como pão os podemos devorar." Em outras palavras: vencendo-os, ficaremos mais fortes do que se não houvesse gigantes para vencer.

Portanto, se não possuirmos a fé vitoriosa, seremos devorados, consumidos pelos gigantes que há em nosso caminho. Tenhamos o mesmo espírito de fé que havia em Josué e Calebe; vejamos *Deus*; ele tomará conta das dificuldades. – *Selecionado*

É quando nos encontramos no caminho do *dever* que surgem os *gigantes*. Quando Israel *avançou*, apareceram os gigantes. Quando eles voltaram para o deserto, não encontraram nenhum.

Há uma ideia muito comum de que o poder de Deus na vida humana deve erguê-la acima das dificuldades e dos conflitos. O fato, porém, é que o poder de Deus sempre traz um conflito e combate. É de se pensar que, em sua viagem missionária a Roma, Paulo estivesse por alguma poderosa manifestação de Deus, livre das tempestades e dos inimigos. Mas, ao contrário, sua viagem foi uma dura e longa luta contra as perseguições dos judeus, contra violentos temporais, contra víboras e todos os poderes da terra e do inferno, e quando foi salvo, foi salvo nadando até à ilha de Malta, segurando-se nos destroços do navio; por pouco não teve o mar por sepultura.

Era isto próprio de um Deus todo-poderoso? Sim, exatamente. E Paulo nos diz que, quando colocou o Senhor Jesus Cristo como a vida de seu corpo, veio-lhe imediatamente um grave conflito; aliás, um conflito que nunca terminou, uma pressão que foi persistente, mas da qual ele sempre saiu vitorioso pela força de Jesus Cristo.

A linguagem em que ele descreve isto é a mais eloquente. "Em tudo somos atribulados, porém não angustiados; perplexos, porém não desanimados; perseguidos, porém não desamparados; abatidos, porém não destruídos; levando sempre no corpo o morrer de Jesus, para que também a sua vida se manifeste em nosso corpo."

Que luta incessante! É impossível expressarmos em nossa língua a força das expressões do texto no original. Há ali cinco figuras seguidas. Na primeira a ideia é a de inimigos cercando-o de todos os lados; entretanto não o podiam esmagar porque os exércitos celestiais os mantinham a uma distância razoável para que ele se livrasse. A tradução literal poderia ser: "Somos apertados de todos os lados, mas não esmagados."

A segunda figura é a de alguém cujo caminho parece totalmente fechado e que, no entanto, avança; há luz suficiente para mostrar-lhe o próximo passo.

A terceira figura é a de um inimigo a persegui-lo ferozmente, mas ele não está só: o divino Defensor está a seu lado.

A quarta figura é ainda mais vívida e dramática. O inimigo o alcançou, feriu e derrubou. Mas não foi um golpe fatal: ele é capaz de levantar-se novamente. A tradução poderia ser: "derrubado, mas não derrotado".

A quinta figura vai mais além, e agora parece ser a própria morte: "Levando sempre no corpo o morrer de Jesus." Mas a vida de Jesus vem em seu auxílio e ele vive na vida de Cristo, até completar o seu trabalho na terra.

Sim, lugares difíceis são a própria escola da fé e do caráter. – *Selecionado*

30 de Junho

"*... houve silêncio, e ouvi uma voz.*" (Jó 4.16.)

Há tempos um amigo deu-me um livro para ler, intitulado *Paz Verdadeira*. Era uma mensagem antiga, dos tempos medievais, e continha apenas um pensamento: que Deus estava aguardando no íntimo do meu ser, para poder falar-me. Bastava que eu ficasse bastante quieto para ouvir a sua voz.

Achei que isto seria muito fácil, e então comecei a ficar quieto. Porém, mal eu havia começado, e uma multidão de vozes atingiu meus ouvidos, mil e um sons de fora e de dentro, exigindo a minha atenção até que eu nada podia ouvir, senão a sua bulha e ruído.

Alguns eram a minha própria voz, minhas perguntas, minhas próprias orações. Outros eram sugestões do tentador e vozes vindas do tumulto do mundo.

De todos e para todos os lados eu era empurrado e puxado e saudado com ruidosas aclamações e um indescritível desassossego. Parecia-me que era necessário atender a algumas delas e responder a outras; mas Deus me disse: "Aquietai-vos, e sabei que eu sou Deus."

Então surgiu o conflito de pensamentos pelo dia de amanhã com seus deveres e cuidados; mas Deus disse: "Aquietai-vos."

E enquanto eu ouvia, e ia aprendendo devagar a obedecer e fechar os ouvidos a todos os sons estranhos, percebi, depois de algum tempo, que quando as outras vozes cessaram – ou eu deixei de ouvi-las – uma voz mansa e suave começou a falar bem dentro do meu ser, com ternura e poder, trazendo-me grande conforto.

Ao ouvi-la, ela se tornou para mim uma voz de oração, de sabedoria e dever. Não precisei mais esforçar-me tanto para pensar, ou para orar, ou para confiar; aquela voz mansa em meu coração era a intercessão do Espírito, a resposta de Deus para todas as minhas perguntas; era a vida e a força de Deus para minha alma e corpo. Ela tornou-se a verdadeira essência do conhecimento, a minha oração e a minha bênção: o próprio Deus vivo como minha vida e meu tudo.

É assim que o nosso espírito bebe a vida de nosso Senhor ressurreto, e seguimos para os conflitos e deveres da vida como uma flor que bebeu, na sombra da noite, as gotas frescas e transparentes de orvalho. Mas assim como o orvalho não cai em noites de tempestade, assim esses orvalhos da sua graça não caem sobre a alma que não para quieta. – *A. B. Simpson*

Deus fala comigo
No fundo do ser.
Deus fala comigo
Porque sou seu filho,
Sou dele nascido,
Pois creio em Jesus.

Porque sou seu filho,
O Espírito Santo,
Por meio da Bíblia,
Me fala, me exorta,
Me anima e conforta,
No fundo do ser.

1.º de Julho

"*... porque serão cumpridas as palavras... do Senhor.*" (Lc 1.45.)
"*... minhas palavras, as quais, a seu tempo, se cumprirão.*" (Lc 1.20.)

Elias subiu ao monte
E disse ao servo: – Vá ver
Da banda do mar, que certo
Virão nuvens. Vai chover.

Volta o servo: – Não há nada.
– Sete vezes torne lá.
Pois ele orava ao Deus vivo,
Que, quando promete, dá.

Lá ia o moço, e voltava.
Nenhum sinal pelos céus.
Mas Elias, rosto em terra,
Olhava só para Deus.

Sétima vez. Vem o moço:
–Vejo uma nuvem assim:
Tamanho da mão de um homem.
– Isso basta para mim.

Caiu a chuva, copiosa!
Veio rápida, veloz...
... E Elias era sujeito
Às mesmas paixões que nós! (1 Rs 18.1.)

Um servo de Deus, Matthew Henry, disse: "Precisamos contar com o cumprimento da promessa, mesmo que todos os caminhos que conduzem a ela nos pareçam fechados. Pois 'quantas são as promessas de Deus, tantas têm nele o sim; porquanto também por ele é o amém para glória de Deus, por nosso intermédio' (2 Co 1.20)."

2 de Julho

"*Em andando por elas, não se embaraçarão os teus passos...*" (Pv 4.12.)

O Senhor coloca a ponte da fé bem *debaixo dos pés* do caminhante. Se ele a colocasse um metro adiante, não seria uma ponte de fé. O que está à nossa vista não é alcançado pela fé.

Existem, em algumas estradas do interior dos Estados Unidos, porteiras que se abrem por si. Ali está a porteira, firme e fechada diante do viandante que se aproxima. Se ele parar a certa distância, ela não se abrirá; mas se chegar com o carro até junto dela, as rodas do veículo pressionarão as molas que se acham sob a terra, e a porteira se abrirá totalmente para lhe dar passagem. Ele só precisa aproximar-se bem da porteira, e ela se abrirá; do contrário continuará fechada.

Isso ilustra a maneira de transpormos as barreiras que se nos deparam no caminho do serviço. Quer seja um rio, uma porteira ou uma montanha, tudo o que o filho de Deus tem a fazer é avançar em sua direção. Se for um rio, secará, quando pusermos o pé nas suas águas. Se for uma porteira, ela se abrirá, quando chegarmos à distância própria e continuarmos em frente. Se for montanha, ela se transportará e se lançará ao mar, quando sem hesitação pisarmos no lugar onde pensávamos que ela se erguia.

Será que, neste momento, existe alguma barreira na sua estrada de serviço? Simplesmente caminhe em direção a ela em nome do Senhor, e ela não estará mais ali. – *H. C. Trumbull*

Ficar lamentando a situação é perda de tempo. O Senhor nos diz para avançarmos. Avancemos, então, ousadamente – mesmo que seja pela noite, quando mal vemos o caminho. Ele se abrirá, enquanto avançamos, como uma trilha da floresta ou um desfiladeiro dos Alpes, de que não vemos mais que alguns metros à nossa frente. Prossigamos! Se se fizer necessário, encontraremos a coluna de nuvem e de fogo para nos indicar o caminho através do deserto. Há guias e estalagens ao longo da estrada. Encontraremos roupa, alimento e amigos em cada fase da viagem. E como disse alguém de maneira tão original e própria: "Não me importo se as coisas não vão muito bem, pois estou indo para o lar celestial. O que pode acontecer é eu chegar lá cansado, mas a alegria da acolhida valerá por tudo."

3 de Julho

"Porventura, lavra todo dia o lavrador, para semear?..." (Is 28.24.)

Certo dia, no começo do verão, eu ia passando por uma linda campina. A relva aveludada parecia um imenso tapete oriental. Em um canto, erguia-se uma bela árvore, já velha, abrigo de inúmeros pássaros que enchiam de gorgeios o ar leve e revigorante. À sombra da ramagem, duas vacas repousavam, imagem de sossego e contentamento.

Ao longo da estrada misturavam-se o roxo e o dourado das violetas silvestres e dentes-de-leão.

Parei, e fiquei ali por longo tempo, encostado à cerca, deixando que meus olhos famintos se banqueteassem. Pensei comigo mesmo que Deus jamais havia feito um lugar tão aprazível. No dia seguinte passei por lá outra vez. Ah! a mão demolidora já havia estado ali. Lá estava um arado, cravado ainda no sulco. Em um dia um homem fizera no local uma terrível devastação. Em vez da relva verde, estava à mostra a terra escura, feia e nua; em vez de pássaros cantando, algumas galinhas ciscavam. E nem violetas, nem dentes-de-leão. E com pesar, pensei: "Como poderia alguém estragar uma coisa tão linda?!"

Então meus olhos foram abertos como por mão invisível e tive uma visão: vi um milharal, com as espigas maduras, prontas para a colheita. Via os longos pés de milho, todos carregados, iluminados pelo sol do outono. Quase me parecia ouvir a música do vento ao passar, agitando os cabelos das espigas. E de repente, a terra escura revestiu-se, para mim, de um esplendor que não possuía na véspera.

Possamos nós sempre ter a visão da abundante colheita que se segue, quando o Grande Agricultor vem – como faz tantas vezes – e sulca as nossas almas, deixando diante de nosso olhar torturado só o vazio sem beleza. – *Selecionado*

Por que me retrair ante o arado do meu Senhor, que faz sulcos profundos em minha alma? Eu sei que ele não é um agricultor inconsequente. Ele tem em vista uma boa colheita. – *Samuel Rutherford*

4 de Julho

"... a visão ainda está para cumprir-se no tempo determinado... se tardar, espera-o, porque, certamente, virá, não tardará." (Hc 2.3.)

Num livrinho muito interessante, um personagem é levado à casa do tesouro de Deus. Ali, entre as muitas maravilhas que lhe foram reveladas, estava o *Departamento das Bênçãos em Reserva* onde Deus guardava certas coisas, que lhe haviam sido pedidas em oração e que aguardavam seu tempo próprio.

Algumas pessoas levam algum tempo para aprender que *demora não significa negação*. Há muitos segredos de amor e sabedoria encerrados no *Departamento das Bênçãos em Reserva*! Os homens prefeririam colher os frutos da misericórdia quando ainda estão verdes, ao passo que Deus quer que esperem até que amadureçam. "*Por isso, o* S*ENHOR* ***espera***, para ter misericórdia de vós..." (Is 30.18 – grifo da autora.) Ele está vigiando nossos momentos difíceis, e não permitirá uma só provação a mais do que a que podemos suportar. Primeiro, ele deixará que se queimem as escórias, depois virá gloriosamente em nosso auxílio.

Não o entristeça, duvidando do seu amor. Não, erga a cabeça e comece a louvá-lo *agora mesmo*, pelo livramento que está a caminho. Você será largamente recompensado pela demora que testou sua fé.

5 de Julho

"*... eu a atrairei, e a levarei para o deserto... E lhe darei, dali, as suas vinhas...*" (Os 2.14,15.)

Que lugar estranho para se acharem vinhas – o deserto! E será que as riquezas de que uma alma precisa podem ser encontradas no deserto, que é um lugar de solidão, e onde, se perdidos, dificilmente achamos a saída? Parece que sim! E não é só isto, mas o "vale de Acor" (que significa amargura) é chamado, no texto, de "Porta de Esperança". *E ali ela cantará como nos dias da sua mocidade!*

Sim, Deus conhece a nossa necessidade desta experiência no deserto. Ele sabe como e quando trazer para fora aquilo que está dentro de nós. A alma era idólatra, rebelde; esqueceu-se de Deus e disse, voluntariosamente: "Irei atrás de meus amantes." Contudo ela não os alcançou. E quando já estava desesperada, e sozinha, Deus disse: "... eu a atrairei, e a levarei para o deserto, e lhe falarei ao coração." Que Deus cheio de amor é o nosso! – *Crumbs*

Nós nunca sabemos onde Deus esconde as suas águas. Vemos uma rocha, e não podemos imaginar que ela abrigue uma fonte. Vemos um lugar pedregoso, e não sabemos que esconde um manancial. Deus me guia a lugares difíceis, e depois eu descubro que entrei na habitação das fontes eternas.

6 de Julho

"*... não sabemos nós o que fazer; porém os nossos olhos estão postos em ti.*" (2 Cr 20.12.)

Perdeu-se uma vida em Israel porque mãos humanas tocaram a arca de Deus sem permissão. Elas a tocaram com a melhor intenção: para a suster, pois balançara, quando os animais puxavam o carro pelo caminho áspero; mas tocaram a obra de Deus presunçosamente, e caíram paralisadas e sem vida. *Muito do nosso êxito na vida de fé está em tirarmos as mãos das coisas.*

Se entregamos um assunto inteiramente a Deus, devemos conservar as nossas mãos fora dele. Deus o guardará para nós muito melhor sozinho do que se nós tentássemos ajudá-lo. "Descansa no Senhor e espera nele, não te irrites por causa do homem que prospera em seu caminho, por causa do que leva a cabo os seus maus desígnios."

Pode parecer que as coisas vão indo mal, mas ele sabe disso tão bem quanto nós. No momento certo, ele se levantará, se realmente estivermos confiados nele, e deixarmos que ele opere no seu tempo e da sua maneira. Em certas ocasiões não há nada mais apropriado que a inatividade, e nada mais prejudicial que um trabalho incessante, pois Deus já tomou sobre si a responsabilidade de operar ali a sua soberana vontade. – *A. B. Simpson*

É um descanso colocar os emaranhados da vida nas mãos de Deus e deixá-los ali.

7 de Julho

"... fez-me como uma flecha polida..." (Is 49.2.)

Em Pescadero, na costa da Califórnia, há uma famosa praia de seixos. A linha de espuma branca, com seu rugido constante, vem e dá sobre as pedrinhas, chocalhando e ressoando! Elas são arrastadas impiedosamente pelas ondas e jogadas para um lado e outro, roladas, atiradas umas contra as outras, e de encontro aos recifes ásperos. E esse atrito dura dia e noite, sem cessar – nunca há uma pausa. E o resultado?

Turistas de todo o mundo afluem para lá, a fim de catar estas pedras lindas e arredondadas. E elas são postas como enfeite sobre escrivaninhas e em beirais de lareiras, em salas de visitas. Mas vá um pouco mais adiante. Contorne aquele recife que é um anteparo contra a força do mar. Ali, naquela enseada quieta, abrigada das tempestades e sempre banhada pelo sol, você encontrará abundância de seixos que nunca foram procurados pelos visitantes.

Por que são deixados ali sem que ninguém os procure? Pela simples razão de que escaparam à fúria e ao atrito das ondas, e a quietude e a calma os deixaram como eram: ásperos, angulosos e despidos de beleza. *O polimento vem pela tribulação.*

Visto que Deus sabe qual a brecha que vamos ocupar, confiemos nele para nos preparar para ela. Já que ele sabe que trabalho iremos fazer, confiemos nele para nos adestrar convenientemente.

Quase todas as joias de Deus são cristais de lágrimas.

8 de Julho

"... sobem com asas como águias..." (Is 40.31.)

Há uma lenda que conta como foi que os pássaros criaram asas. Diz que eles haviam sido criados sem asas. Depois, Deus fez as asas e as colocou diante deles, dizendo: "Venham, peguem esses pesos e os carreguem."

Os pássaros possuíam linda plumagem e doce canto; gorjeavam belamente, e suas penas cintilavam ao sol; mas não sabiam o que era cortar os ares. A princípio, hesitaram ante a ordem de apanharem aqueles pesos e os carregarem, mas logo obedeceram; pegaram as asas com o bico, e puseram-nas nos ombros, para melhor carregá-las.

Durante algum tempo, o fardo pareceu-lhes muito pesado e difícil, mas, de repente, quando iam carregando os pesos, suas pontas dobradas sobre o coração, as asas grudaram-se-lhes nas costas, e logo descobriram que podiam utilizá-las, e foram levantados por elas nos ares – *os pesos se tornaram em asas.*

Isso é uma parábola. Nós somos os pássaros sem asas, e nossos deveres e tarefas são os pequenos cotos de asa que Deus fez para nos erguer e levar em direção às alturas. Nós olhamos para os nossos fardos e cargas pesadas e nos retraímos; mas quando as tomamos e colocamos sobre o coração, elas se nos tornam em asas, e com elas nos elevamos e cortamos as alturas em direção a Deus.

Todo e qualquer fardo que nos é dado por Deus, se o tomarmos de bom ânimo e o levarmos sobre o coração com amor, virá a tornar-se uma bênção para nós. A intenção de Deus é que nossas tarefas nos sejam como auxiliares; se nos recusarmos a abaixar os ombros para recebê-las, estaremos deixando passar uma oportunidade de nos desenvolvermos. – *J. R. Miller*

Bendito seja qualquer peso – por mais esmagador que pareça – que Deus tenha bondosamente atado com suas mãos aos nossos ombros. – E. W. Faber

9 de Julho

"*... escolhi-te quando estavas no cadinho da aflição.*"
(Is 48.10 – *Bíblia de Jerusalém.*)

Não é a Palavra como uma chuva suave, amenizando a fúria das chamas? Não é ela uma armadura de asbesto, contra a qual o fogo não tem poder? Que venha a aflição – Deus me *escolheu*. Pobreza, você pode bater à minha porta, pois Deus já está nesta casa, ele me *escolheu*. Doença, você pode intrometer-se, pois eu tenho um bálsamo pronto – Deus me *escolheu*. Venha o que me vier neste vale de lágrimas, eu sei que ele me *escolheu*.

Não tema, ó crente; o Senhor Jesus está com você. Em todas as suas ardentes provações, a presença dele é o seu conforto e segurança. Ele nunca abandonará a quem escolheu para si mesmo. "Não temas, porque eu sou contigo" é a promessa segura que ele dá aos seus escolhidos que estão "na fornalha da aflição". – *C. H. Spurgeon*

O fardo do sofrimento parece uma lápide pendurada ao nosso pescoço, quando na verdade é o peso necessário para conservar no fundo um mergulhador, que está em busca de pérolas. – *Richter*

10 de Julho

"*... chamei-o, e não me respondeu.*" (Ct 5.6.)

Sabemos que quando Deus dá a alguém uma grande fé, ele a prova por meio de longas esperas. Muitas vezes, ele tem deixado servos seus a ouvirem o eco da própria voz, como se ela estivesse batendo num céu de bronze. Eles batem na porta de ouro, mas ela permanece imóvel, como se estivesse emperrada. Como Jeremias, eles oram: *De nuvens te encobriste para que não passe a nossa oração.* Assim, os verdadeiros santos têm continuado em longa e paciente espera, sem receber a resposta; não porque suas orações não sejam veementes ou não sejam aceitas, mas porque assim aprouve àquele que é soberano e que concede sua graça conforme lhe parece bem. Se ele acha que convém exercitar a nossa paciência, ele fará como quer.

Nenhuma oração é perdida. O fôlego despendido em oração nunca foi despendido em vão. Não existe oração não respondida ou não ouvida por Deus, e algumas coisas que consideramos como recusas ou negações são simplesmente demoras. – *H. Bonar*

Às vezes, Cristo demora a vir em nosso auxílio, a fim de provar a nossa fé e avivar as nossas orações. O barco pode estar coberto pelas ondas, e o Mestre, dormindo; mas ele despertará antes que se afunde. Ele está dormindo no barco, mas nunca passa da hora; e com ele não há "tarde demais". – *Alexander MacLaren*

11 de Julho

"Mas, passados dias, a torrente secou, porque não chovia sobre a terra."
(1 Rs 17.7.)

As semanas iam se passando, e Elias com espírito alevantado e firme, ia observando aquela torrente diminuir. Muitas vezes, por certo, foi tentado a vacilar por incredulidade, mas recusou-se a deixar que as circunstâncias se interpusessem entre ele e Deus. De fato, a incredulidade vê Deus através das circunstâncias, como nós às vezes vemos o sol despido de seus raios, através do ar esfumaçado. A fé, porém, põe Deus no meio, entre si e as circunstâncias, e olha para estas através dele. Então, a torrente diminuiu até se tornar em um fio prateado; e o fio, em pequenas poças de água acumulada junto às pedras maiores. Depois, as poças também diminuíram. Os pássaros sumiram; os animais selvagens do campo e da floresta não vinham mais beber ali: a torrente estava seca. Só então foi que, ao seu espírito paciente e firme, "veio a palavra do SENHOR, dizendo: Dispõe-te, e vai a Sarepta".

Muitos de nós teríamos ficado preocupados e nos cansaríamos de fazer planos, já bem antes de o fato consumar-se. Teríamos parado de cantar, assim que diminuísse a música da torrente no seu leito; e dependurando a harpa no salgueiro, passaríamos a andar pensativos, de um lado para outro, sobre a relva seca. E provavelmente, muito antes de a torrente estar seca, já teríamos elaborado um plano de salvamento, pedido a bênção de Deus sobre ele, e partido para outro lugar.

Às vezes, Deus tem que nos desembaraçar de certas situações; e ele o faz, porque a sua misericórdia dura para sempre; mas se tivéssemos esperado para ver o desenrolar dos seus planos, não nos teríamos encontrado no meio de tão emaranhado labirinto; e não precisaríamos ter que voltar atrás com lágrimas de vergonha. *Espere, espere pacientemente!* – *F. B. Meyer*

12 de Julho

"... ele sabe o meu caminho; se ele me provasse, sairia eu como o ouro."
(Jó 23.10.)

"A fé cresce no meio das tempestades" – apenas sete palavras, mas como são significativas para quem já enfrentou a tempestade!

Fé é aquela faculdade dada por Deus que, quando exercitada, faz-nos ver o invisível com a maior clareza, e pela qual, as coisas impossíveis se tornam possíveis. Ela lida com o sobrenatural.

Mas ela *cresce no meio das tempestades*, isto é, onde há perturbações na atmosfera espiritual. As tempestades são causadas pelo conflito dos elementos; e as tormentas do mundo espiritual são conflitos com elementos hostis.

É nesse ambiente que a fé encontra o seu solo mais fértil; em tal meio ela chega mais depressa ao seu pleno amadurecimento.

As árvores mais fortes não são as encontradas ao abrigo das florestas, mas as de campo aberto, onde ventos de todos os lados as açoitam, e curvam, e torcem, até que por fim atingem toda sua estatura. Essa madeira é a mais procurada para o fabrico de carrocerias e de instrumentos pesados.

Portanto, quando virmos um gigante espiritual, lembremo-nos de que a estrada que devemos palmilhar para ficar ombro a ombro com ele, não é aquela alameda florida e ensolarada; mas, sim, um trilho íngreme, estreito e rochoso, onde as rajadas do inferno quase nos derrubarão, onde pedras ponteagudas nos rasgam a carne, onde espinhos nos ferem a fronte, e onde répteis venenosos nos atacam de todos os lados.

É uma vereda de dor e alegria, de sofrimento e bálsamo, de lágrimas e sorrisos, de provas e vitórias, de conflitos e triunfos, de dificuldades, perigos, afrontas, de perseguições e mal entendidos, de tribulações e angústia – ao longo dos quais somos feitos mais do que vencedores por Aquele que nos amou.

No meio das tempestades. Exatamente no meio, onde a fúria é maior. Podemos ser tentados a retrair-nos ante a provação de uma tempestade de sofrimento... mas avancemos! Deus está ali para encontrar-se conosco no centro de todas as tribulações e para revelar-nos seus segredos, que farão com que saiamos do meio delas com um rosto brilhante e uma fé invencível, que não será abalada nem por todos os demônios do inferno. – *E. A. Kilbourne*

13 de Julho

"... Deus... chama à existência as coisas que não existem." (Rm 4.17.)

Qual o significado disso? Abraão ousou crer em Deus. Parecia impossível, em sua idade, que ele se tornasse pai – parecia inacreditável. Contudo Deus o chamou de "pai de muitas nações", antes que houvesse sequer um sinal de um filho. Então, Abraão chamou-se de "pai" porque Deus o chamara assim. Isto é fé. Fé é crer em Deus, e reafirmar o que ele disse. "A fé pisa num vazio aparente e encontra uma rocha embaixo."

Somente podemos afirmar que é nossa, uma coisa que Deus já declarou ser nossa, e ele tornará realidade tudo em que cremos. Falamos de fé real: tudo o que há em nós deve ser colocado nesta confiança em Deus. – *Crumbs*

Esteja disposto a viver crendo, e não pense nem deseje viver de outra forma. Esteja disposto a ver cessar qualquer orientação externa; a ver o eclipse de todas as estrelas do céu, deixando apenas escuridão e perigo – contentando-se com a chama interior que Deus deixa em sua alma, a lâmpada clara e brilhante que a fé acendeu! – *Thomas C. Upham*

Chegou o momento de descermos do nosso poleiro de desconfiança, e sairmos do nosso ninho de segurança aparente e abrirmos as asas da fé; um momento como o das aves, quando têm que começar a voar. Pode parecer que vamos cair ao solo – o mesmo parece à avezinha. Ela também pode sentir que vai caindo – mas não cai: suas pequeninas asas a sustêm; e, se falham, o pai ou a mãe a amparam com seu corpo. Da mesma forma Deus nos susterá. Apenas confiemos nele: seremos amparados e elevados nos ares. "Certo", diz alguém; "mas então devo lançar-me ao vazio?" Ao que parece é isto que o pássaro tem a fazer. Mas nós sabemos que o ar está ali, e ele não é tão insubstancial como parece. E nós sabemos que as promessas de Deus estão aí, e elas não são insubstanciais. "Mas parece tão improvável que a minha alma, tão fraca, possa vir a ser guarnecida de tal força." Deus não disse que será? "Parece improvável que minha natureza, sujeita a tentação e queda, possa ser vitoriosa na luta." Ele não disse que será? "Que o meu coração temeroso possa encontrar paz." Deus não disse que encontrará? Pois se ele disse, você não pode dizer que ele é mentiroso! Será que ele diz uma coisa e depois não cumpre? Se você receber uma promessa – uma promessa definida – aceite-a cegamente e confie nela inteiramente. E nós já recebemos uma promessa assim. E mais – temos Aquele que fala a palavra com segurança: "Em verdade vos digo." Confie nele. – *J. B. Figgis, M. A.*

14 de Julho

"... atai a vítima da festa com cordas, e levai-a até aos ângulos do altar." (Sl 118.27 – ARC.)

Este altar não parece convidativo? Não seria bom pedir para ser *atado* a ele, para que nunca se pudesse voltar atrás na atitude de consagração? Há ocasiões em que a vida é cheia de rosas, e então vamos à cruz; mas em outras ocasiões, quando o céu é cinzento, nós nos retraímos dela. Por isso, seria bom estarmos *atados* a ela.

Vem atar-nos, bendito Espírito, e faze-nos cativos da cruz, e que nunca a deixemos. Ata-nos com o cordão vermelho da redenção, e com a corda dourada do amor, e com a corda prateada da esperança da sua vinda, de modo que não nos afastemos dela nem desejemos outra sorte que a de humildes compartilhantes da dor e dos sofrimentos do Senhor!

Os ângulos do altar o convidam. Você quer vir? Quer habitar sempre ali, num espírito de conformada humildade, e entregar-se totalmente ao Senhor? – *Selecionado*

Conta-se que um certo homem queria entregar-se a Deus num acampamento. Todas as noites, na hora do apelo, ele se consagrava; mas pouco depois, antes mesmo de sair da reunião, o inimigo vinha a ele e o convencia de que ele não se *sentia* diferente, e que, portanto, não estava consagrado.

Várias vezes ele foi vencido pelo adversário. Finalmente, uma noite, foi à reunião trazendo um machado e uma estaca. Depois de se ter apresentado em consagração a Deus, tomou a estaca e a fincou no chão, bem onde tinha estado ajoelhado. Quando se retirava da reunião, o inimigo o assaltou como de costume e procurou fazê-lo crer que nada acontecera.

Imediatamente, voltando para o lugar onde tinha fincado a estaca, disse: "Olhe, Satanás, você está vendo essa estaca? Pois isto é o testemunho de que Deus me aceitou." No mesmo instante o inimigo o deixou e ele não teve mais dúvidas naquele assunto. – *The Still Small Voice*

Amado irmão, se você está sendo tentado e tem dúvidas sobre essa mesma questão, crave uma estaca em algum lugar e sirva ela de testemunho na presença de Deus e mesmo diante do inimigo, de que o assunto está resolvido de uma vez por todas.

15 de Julho

"... esta é a vitória que vence o mundo: a nossa fé." (1 Jo 5.4.)

Quando a tempestade
Com furor invade
Teus caminhos, teu viver,
No Senhor vai te esconder!
Ele está presente;
Nele crê, somente.
Diz-te fielmente:
"Eu contigo estou."
Andas carregado?
Lança o teu cuidado
Sobre os ombros do Senhor;
Quer levar teu peso e dor.
Se o teu ser murmura,
Sai da noite escura,
Pois Deus te assegura:
"Eu contigo estou."

Vês que a vida passa?
– Vai, recorre à graça.
Se te vêm temores vãos,
Deixa tudo em suas mãos!
Ele é a fortaleza
Onde a alma em fraqueza
Acha paz, certeza;
E conosco está.
Deus nos vivifica,
Deus nos purifica;
Temos dele, ao pé da cruz,
Toda a graça de Jesus!
Seu amor não cessa,
Por nós se interessa.
Temos a promessa:
"Eu contigo estou."

Confiar, embora parecendo estar abandonado; continuar clamando, embora a voz pareça perder-se na imensidão, sem nenhum eco; ver a máquina do mundo rodando sem pausa, como movida por si mesma e sem se importar com ninguém, nem mudar em nada sua marcha, ante rogos e clamores, e contudo crer que Deus está alerta e nos ama imensamente; não desejar nada, senão o que nos vem da sua mão; esperar pacientemente, pronto a morrer de fome vigiando para que não falhe a fé – tal é a vitória que vence o mundo, isso é realmente fé. – *George MacDonald*

16 de Julho

"... porquanto fizeste isso e não me negaste o teu único filho... multiplicarei a tua descendência como as estrelas dos céus... porquanto obedeceste à minha voz." (Gn 22.16-18.)

E desde aquele dia até hoje os homens têm aprendido que quando, em obediência à voz de Deus, eles lhe entregam aquilo que lhes é mais caro, essa mesma coisa lhes é devolvida por ele, multiplicada em mil vezes. Abraão, atendendo ao pedido de Deus, entrega-lhe seu único filho – e com isto, como que desaparecem todas as suas esperanças com respeito à vida e ao desenvolvimento do rapaz e à formação de uma descendência nobre, com seu nome. Mas o filho lhe é restituído; a família torna-se numerosa como as estrelas do céu e a areia do mar, e dela, na plenitude dos tempos, procede Jesus Cristo.

Essa é a maneira como Deus recebe cada sacrifício de seus filhos. Entregamos tudo e aceitamos pobreza; e ele manda riqueza. Renunciamos a um rico campo de serviço; ele nos manda um ainda mais rico, e com o qual jamais sonhamos. Deixamos todas as nossas mais caras esperanças e morremos para o eu; ele nos manda vida abundante e alegria. E a coroa disso tudo é o Senhor Jesus Cristo. Pois não podemos conhecer a plenitude da vida que está em Cristo enquanto não tivermos feito o supremo sacrifício de Abraão. Ele, o pai terreno da família de Cristo, precisou começar perdendo a si mesmo e a seu próprio filho, como fez o Pai celeste. Nós só podemos ser membros daquela família gozando de todos os privilégios e alegrias de membros dela, *nas mesmas bases*. – *C. G. Trumbull*

Às vezes parecemos esquecer que *o que Deus toma ele consome com fogo*; e que o único caminho que leva à vida de ressurreição e ao monte da ascensão passa pelo Getsêmani, pela cruz e pelo túmulo.

Não pensemos que Abraão foi um exemplo único e um caso isolado. Ele foi simplesmente uma ilustração, um modelo da maneira como Deus lida com o homem que se dispõe a obedecer-lhe a qualquer preço. Depois de ter suportado tudo pacientemente, ele receberá a promessa. O momento de supremo sacrifício será de suprema bênção, de bênção transbordante. O rio de Deus, que está sempre cheio, transbordará e virá sobre ele com abundância de riqueza e graça. Deus tudo fará para o homem que dá o passo da fé, ainda que pareça um passo no vazio; pois ali, debaixo dos seus pés, ele encontrará a rocha firme. – *F. B. Meyer*

17 de Julho

"... Olhando da minha morada, estarei calmo..." (Is 18.4.)

A Assíria estava marchando contra a Etiópia, cujo povo é descrito como alto e de pele brunida. E enquanto os exércitos avançam, Deus não se move para detê-los; parece que vai permitir que executem o seu plano. Ele os está contemplando de sua morada. O sol ainda brilha sobre eles. Mas antes de colher os frutos deste trabalho, o orgulhoso exército da Assíria é batido, e com tanta facilidade como o são os ramos do arbusto, quando cortados pela podadeira do agricultor.

Este quadro de Deus – quieto mas alerta – não é maravilhoso? Seu silêncio não quer dizer que ele esteja concordando ou dando seu consentimento ao que acontece. Não. Ele está apenas aguardando a sua hora; e se levantará no momento adequado quando os desígnios do maligno parecerem a ponto de obter sucesso, a fim de arruiná-los. Quando olharmos para o mal que há no mundo, e pensarmos no seu aparente sucesso; quando estremecermos debaixo da opressão dos que nos odeiam, lembremo-nos destas maravilhosas palavras que nos falam de um Deus quieto, mas vigilante.

Ainda há outra mensagem nisto. Jesus viu seus discípulos lutando com as ondas, numa noite tempestuosa. Ele contemplou, embora ausente, os sucessivos graus da angústia vivida em Betânia quando Lázaro adoeceu e passou pelos vários estágios da enfermidade, e morreu, e foi para o túmulo. Mas ele estava apenas esperando o momento em que poderia intervir da maneira mais eficaz. Será que ele está quieto para você? Ele não está ignorando a situação; está contemplando tudo; está com o dedo no seu pulso, atento a todas as suas flutuações. Chegado o momento preciso, ele virá salvá-lo. – *Daily Devotional Commentary*

Embora ele possa demorar e se alongar, podemos estar inteiramente certos de que o nosso Salvador não fica confuso, nem desanima.

18 de Julho

"... Quanto ao SENHOR, *seus olhos passam por toda a terra, para mostrar-se forte para com aqueles cujo coração é totalmente dele..."* (2 Cr 16.9.)

Deus está procurando um homem cujo coração esteja sempre voltado para ele e que confie nele, para fazer seja o que for que o Senhor deseje. Ele está ansioso para operar maravilhas ainda maiores, através de nós. O relógio do tempo está indicando que chegamos à 11.ª hora.

"O mundo ainda está esperando para ver o que Deus pode fazer através de uma alma consagrada." E não somente o mundo, mas Deus mesmo está esperando alguém que seja mais devotado a ele do que qualquer outra pessoa que já viveu; que esteja pronto a não ser nada, para que Cristo seja tudo; que compreenda os propósitos de Deus; e que, tendo a humildade de Cristo e a sua fé, seu amor e seu poder, permita que Deus continue a operar poderosamente. – *C. H. P.*

Não há limites ao que Deus pode fazer através de um homem, desde que este não toque a glória do Senhor.

Numa palavra dirigida a pastores e obreiros após seu 90.° aniversário, George Müller falou o seguinte sobre sua vida: "*Converti-me* em novembro de 1825, mas só cheguei a uma *plena entrega do coração*, quatro anos mais tarde, em julho de 1829. O amor ao dinheiro desapareceu; perdi o amor a lugares, a posições, aos prazeres e compromissos com o mundo. Deus, e somente Deus, tornou-se a minha porção. Nele encontrei tudo, não precisei de nada mais. E, pela graça de Deus, isto permaneceu e me tornou muito feliz, extremamente feliz, e me levou a me ocupar unicamente das coisas de Deus. Eu lhes pergunto com muito amor, meus queridos irmãos: vocês já entregaram plenamente seu coração a Deus, ou ainda há alguma coisa com que estão ocupados, sem consideração para com Deus? Antes eu lia um pouco das Escrituras, mas preferia outros livros. Depois daquela ocasião a revelação que ele me fez de si mesmo tornou-se inefavelmente maravilhosa para mim, e posso dizer de coração que Deus é um ser infinitamente desejável.

Não fiquem satisfeitos enquanto não puderem dizer, do íntimo de sua alma, que Deus é um Ser infinitamente desejável!" – *Selecionado*

Eu peço a Deus que faça de mim hoje um crente fora do comum. – *Whitefield*

19 de Julho

"... não beberei, porventura, o cálice que o Pai me deu?" (Jo 18.11.)

Isto era uma coisa mais difícil de se dizer ou fazer do que acalmar as ondas do mar ou ressuscitar mortos. Os profetas e apóstolos puderam operar milagres extraordinários, mas nem sempre podiam fazer a vontade de Deus e sujeitar-se a ela. Fazer a vontade de Deus e sujeitar-se a ela ainda é a mais elevada forma de fé, a mais sublime conquista cristã. Ver destruídas, para sempre, as brilhantes aspirações de uma vida jovem; suportar um fardo diário sempre contrário ao temperamento, sem probabilidade de alívio; ser oprimido pela pobreza, quando se deseja apenas o bastante para o bem-estar e conforto dos entes queridos; ser agrilhoado por uma incapacidade física incurável; sofrer a perda de todos os entes queridos, até ficar só para enfrentar os choques da vida; e, numa tal escola de disciplina, ser capaz de dizer: "Não beberei, porventura, o cálice que o Pai me deu?" – isto é fé e estatura espiritual, em seu mais elevado ponto. Uma grande fé se mostra não tanto pela capacidade de fazer, mas de sofrer. – *Dr. Charles Parkhurst*

Para que tivéssemos um Deus que se compadece, foi preciso um Salvador que sofresse. E só há verdadeiro sentimento de compaixão para com alguém que sofre, em um coração que também foi ferido.

Não podemos fazer bem aos outros sem que isto nos custe alguma coisa, e nossas aflições são o preço que pagamos pela capacidade de termos compaixão. Quem quiser ajudar precisa sofrer primeiro. Quem quiser salvar precisa primeiro ter experimentado a cruz de alguma forma. Só poderemos ter a alta felicidade de socorrer os outros, se provarmos o cálice que Jesus bebeu e nos submeter ao batismo com que ele foi batizado.

Os mais consoladores salmos de Davi foram escritos debaixo da pressão do sofrimento; e se Paulo não tivesse experimentado um espinho na carne, teríamos sido privados de muito daquela compaixão que perpassa muitas de suas cartas.

As circunstâncias atuais que nos oprimem (se estivermos entregues a Cristo) são o instrumento mais adequado na mão do Pai para cinzelar-nos, preparando-nos para a eternidade. Confiemos nele, pois. Não empurremos o instrumento, senão nos privaremos de sua obra.

Pela escola do sofrimento graduam-se poucos doutores.

20 de Julho

"Tendo, pois, a Jesus, o Filho de Deus, como grande sumo sacerdote... conservemos firmes a nossa confissão. Acheguemo-nos, portanto, confiadamente, junto ao trono da graça, a fim de recebermos misericórdia e acharmos graça para socorro em ocasião oportuna." (Hb 4.14,16.)

Nosso grande auxílio em oração é o Senhor Jesus Cristo. Ele é o nosso Advogado junto ao Pai, o nosso Grande Sumo Sacerdote, cujo principal ministério para conosco nestes séculos tem sido intercessão e oração. É ele que toma de nossas mãos as petições imperfeitas, acerta suas falhas, corrige seus defeitos, e depois pede ao Pai a resposta delas, por causa de sua justiça e seus méritos adquiridos na expiação.

Meu irmão, está desanimado em oração? Olhe para cima. O seu bendito Advogado já pediu a resposta, e ficaria entristecido e decepcionado se você desistisse do conflito exatamente no momento em que a vitória está a caminho. Ele já entrou nas recâmaras, em seu favor, e mostrou seu nome nas palmas de suas mãos; o mensageiro que vai trazer a sua bênção já está a caminho, e o Espírito só espera a sua fé, para segredar ao seu coração o eco da resposta vinda do trono: *"Está feito."* – *A. B. Simpson*

A oração aceitável tem muito a ver com o Espírito Santo. (E ele é muito negligenciado na oração!) Ele ilumina a mente para que veja as suas necessidades, abranda o coração para senti-las, desperta os desejos em direção aos suprimentos que convêm, dá-nos uma visão clara do poder, da sabedoria e da graça de Deus para nos socorrer, e reaviva a nossa confiança na verdade divina, uma confiança que afasta toda vacilação. A oração é, portanto, uma coisa maravilhosa. Toda a Trindade está envolvida em toda oração. – *J. Angell James*

21 de Julho

"... rogo-te que mais esta vez faça eu a prova com a lã..." (Jz 6.39.)

Nossa fé se desenvolve por estágios. Numa fase da experiência cristã, só conseguimos crer se tivermos algum sinal ou uma grande manifestação de sentimentos. Como Gideão, apalpamos o nosso velo de lã e, se ele estiver molhado, nós nos dispomos a crer em Deus. Esta fé pode ser verdadeira, mas é imperfeita. Ela sempre procura algum sentimento, algum sinal, além da Palavra de Deus. Quando confiamos em Deus sem nada sentir, denotamos um bom avanço na fé. É uma coisa bendita crer sem ter nenhuma emoção.

Há um terceiro estágio da fé, que transcende a esse de Gideão e seu velo. O primeiro crê quando há emoções favoráveis; o segundo, quando não há emoções; mas a terceira forma de fé crê em Deus e na sua Palavra, quando as circunstâncias, os sentimentos, as aparências as pessoas e a razão indicam o contrário. Paulo exercitou este tipo de fé em Atos 27.20, 25: "E, não aparecendo, havia já alguns dias, nem sol nem estrelas, caindo sobre nós grande tempestade, dissipou-se, afinal, toda a esperança de salvamento." Não obstante tudo isso, Paulo disse: "Senhores, tende bom ânimo! Pois eu confio em Deus que sucederá do modo por que me foi dito."

Que Deus nos dê fé para confiarmos plenamente na sua Palavra, embora tudo mais dê testemunho em contrário. – *C. H. P.*

22 de Julho

"Por isso, o Senhor espera, para ter misericórdia de vós... bem-aventurados todos os que nele esperam." (Is 30.18.)

Devemos considerar não só nossa espera em Deus, mas também, o que é mais maravilhoso, a espera de Deus por nós. A ideia de Deus esperando por nós dará novo impulso e inspiração à nossa espera nele. Ela nos dará aquela certeza de que nossa espera não pode ser em vão. Vamos procurar neste momento, com um espírito de espera em Deus, descobrir o que isto significa. Ele tem propósitos gloriosos e inimagináveis para cada um de seus filhos. Mas alguém pergunta: "Se ele espera para ter misericórdia, como é que mesmo depois que eu venho e espero nele, ele não me dá o que peço, mas espera ainda mais e mais?"

Deus é um sábio agricultor, que "espera o precioso fruto da terra, aguardando-o com paciência". Ele só pode colher o fruto quando estiver maduro. Ele sabe quando é que estamos espiritualmente prontos para receber a bênção, de maneira que redunde em nosso proveito e em sua glória. Essa espera, sob o sol do seu amor, é que faz a alma amadurecer para receber a bênção. É necessário esperar também sob a nuvem da provação, que depois se rasga em chuvas de bênçãos. Esteja certo de que, se Deus espera mais tempo do que você desejaria, é somente para tornar a bênção duplamente preciosa. Deus esperou quatro mil anos, até a plenitude dos tempos, para enviar seu Filho. Nossos dias estão nas suas mãos; ele depressa fará justiça aos seus eleitos; apressar-se-á em nosso auxílio e não se demorará nem uma hora a mais que o necessário. – *Andrew Murray*

23 de Julho

"Dando sempre graças por tudo a nosso Deus e Pai..." (Ef 5.20.)

Qualquer que seja o tipo de mal que nos sobrevenha, se estivermos em Deus e cercados por ele como por uma atmosfera, o mal tem que passar por ele antes de chegar a nós. Portanto podemos agradecer a Deus por tudo o que nos acontece, não pelo pecado que haja no fato, mas pelo que Deus trará através dele. Possa Deus fazer de nossa vida uma ação de graças contínua e um perpétuo louvor; então, ele fará de tudo uma bênção.

Certa vez vimos um homem desenhando uma porção de pontos pretos. Ficamos olhando para eles e não conseguíamos ver nada senão um agrupamento irregular de simples pontos pretos. Mas depois ele traçou umas linhas verticais sobre os pontos, desenhou pausas, e, por fim, fez uma clave no início. Então percebemos que aqueles pontos pretos eram notas musicais. Tocando-as, descobrimos que era o hino:

A Deus, supremo benfeitor
Anjos e homens deem louvor.

Há pontos pretos em nossa vida, e não somos capazes de entender por que Deus permitiu tais coisas. Mas se deixarmos que Deus entre em nós e ajuste os pontos da maneira certa, trace as linhas que ele quer, separe isto daquilo e coloque as pausas nos lugares próprios, ele fará dos pontos pretos de nossa vida uma gloriosa harmonia. Não o impeçamos nessa gloriosa obra! – *C. H. P.*

Muitas pessoas devem a grandeza de suas vidas às suas tremendas dificuldades. – *C. H. Spurgeon*

Quando o músico toca as teclas pretas do grande órgão, a música é tão doce como quando toca as brancas, mas para usar toda a capacidade do instrumento, ele precisa tocá-las todas. – *Selecionado*

24 de Julho

"Então, creram nas suas palavras e lhe cantaram louvor. Cedo, porém, se esqueceram das suas obras e não lhe aguardaram os desígnios; entregaram-se à cobiça, no deserto; e tentaram a Deus na solidão. Concedeu-lhes o que pediram, mas fez definhar-lhes a alma." (Sl 106.12-15.)

Lemos a respeito de Moisés que ele "permaneceu firme como quem vê aquele que é invisível". Exatamente o oposto aconteceu com os filhos de Israel no texto acima. Eles só ficaram firmes enquanto as circunstâncias eram favoráveis. Eram governados, em grande medida, pelas coisas que apelavam aos sentidos, em vez de descansar no Deus invisível e eterno.

Hoje em dia, há os que têm uma vida cristã intermitente, isto porque estão ocupados com o que é exterior e centralizam-se nas circunstâncias, em vez de em Deus. Deus quer que nós o vejamos em todas as coisas, e que não consideremos insignificante nada que nos traga uma mensagem sua.

Aqui lemos que os filhos de Israel "*então,* creram nas suas palavras". Eles não creram *enquanto* não viram alguma coisa – depois que o viram operar, então creram. Realmente duvidaram de Deus quando chegaram ao mar Vermelho; mas quando Deus abriu o caminho e os fez passar, e *viram* a Faraó e seu exército perecerem afogados, "então creram".

Eles levaram uma vida de altos e baixos por causa desse tipo de fé; era uma fé que dependia das circunstâncias. Este não é o tipo de fé que Deus quer que tenhamos.

O mundo diz: "Ver para crer", mas Deus quer que creiamos para ver. O salmista disse: "Oh! se eu não houvera crido que veria a bondade de Jeová na terra dos viventes!"

Você crê em Deus só quando as circunstâncias são favoráveis, ou crê a despeito das circunstâncias? – *C. H. P.*

Fé é crer no que não vemos, e a recompensa desta fé é vermos aquilo em que cremos. – *Sto. Agostinho*

25 de Julho

"... O que eu faço não o sabes agora; compreendê-lo-ás depois." (Jo 13.7.)

Nesta vida, temos apenas uma visão parcial das operações de Deus; vemos seu plano de modo incompleto e sua execução ainda incompleta; mas tudo aparecerá em sua forma plena e bela, no grande e completo Templo da eternidade! Andemos até as colinas do Líbano durante o reinado do maior rei de Israel. Vejamos os nobres cedros, orgulho da vegetação... fadados a sucumbir ao golpe do machado!

Ao vermos a "Árvore de Deus", como era chamada, cair com estrondo ao solo, soltamos uma exclamação de repulsa contra a brutal destruição e demolição daquele soberbo pilar da natureza.

Mas espere um momento. Sigamos o gigantesco tronco, que é rolado pelo flanco do monte, pelos trabalhadores de Hirão, e depois conduzido em jangadas pelas águas do Mediterrâneo. Por fim, contemplemo-lo a reluzir, polido e ornado no templo de Deus. Ao vê-lo em seu estágio final – colocado no Santo dos Santos, o diadema do Grande Rei – será que você lamentará que a "glória do Líbano" tenha sido despojada, para que este cedro pudesse figurar em tão nobre engaste?

Aquele cedro era qual majestoso ornamento no santuário da Natureza, mas a glória da última casa foi maior que a da primeira!

Quantas almas não são como esses cedros! Os machados de Deus – machados de provação – as têm despojado e desnudado. Não vemos razão para tratamento tão obscuro e misterioso, mas Deus tem em vista um objetivo nobre: colocá-las como colunas eternas na Sião celestial; fazer delas uma "coroa de glória na mão do Senhor e um diadema real" na mão do nosso Deus. – *Macduff*

26 de Julho

"... nós, pelo Espírito, aguardamos a esperança da justiça que provém da fé."
(Gl 5.5.)

Há momentos em que tudo nos parece muito escuro – tão escuro que temos de esperar até mesmo a esperança. Esperar já não é agradável, mesmo *tendo* esperança. A demora em se realizar uma esperança nos faz sofrer; mas esperar a própria esperança, não ver nenhum lampejo no horizonte, e contudo recusar o desespero; nada ver ante a janela senão noite, e contudo conservá-la aberta para um impossível aparecimento de estrelas; ter um lugar vazio no coração e contudo não consentir que o ocupe uma presença inferior – nisto consiste a maior paciência do universo. É Jó na tempestade. É Abraão no caminho de Moriá. É Moisés no deserto de Midiã. É o Filho do Homem no jardim do Getsêmani.

Não há paciência mais difícil que a do que fica firme, "como quem vê aquele que é invisível": é a espera pela esperança.

Tu, Senhor, fizeste bela a espera; tu fizeste divina a paciência. Tu nos ensinaste que a vontade do Pai pode ser recebida, simplesmente porque é a tua vontade. Tu nos revelaste que uma alma pode ver no cálice apenas tristezas, e contudo tomá-lo, sabendo que o olho do Pai vê melhor do que o seu.

Dá-me esse teu poder divino, o poder do Getsêmani. Dá-me o poder de esperar pela própria esperança, de ficar olhando pela janela, embora não haja estrelas. Mesmo que se afaste a própria alegria que me foi dada, concede-me o poder de ficar invicto no meio da noite e dizer: "Aos olhos de meu Pai ainda deve haver razão para alegria." Alcançarei o clímax da força, quando tiver aprendido a esperar a esperança. – *George Matheson*

Esforce-se para ser um daqueles – bem poucos! – que andam na terra com a consciência vívida de que o desconhecido que os homens chamam de Céu está "ali mesmo atrás da cena visível das coisas".

27 de Julho

"... provai-me nisto..." (Ml 3.10.)

Creio que Deus está dizendo aqui o seguinte: meu filho, ainda existem janelas no céu, e elas ainda estão em uso. Seus ferrolhos ainda correm bem como no passado. As dobradiças não se enferrujaram. Eu prefiro muito mais escancará-las e derramar minha graça, do que mantê-las fechadas e reter a bênção. Eu as abri para Moisés, e o mar se fendeu. Abri-as para Josué, e o Jordão foi contido. Abri-as para Gideão e os inimigos fugiram. Eu as abrirei para você – *se me permitir que o faça.* Do nosso lado, o céu continua sendo o mesmo depositório rico que era no passado. As fontes e nascentes ainda jorram transbordantes. As salas do tesouro ainda estão regorgitando de dádivas. A falha, portanto, não está do meu lado. Está do seu. Eu estou esperando. Prove-me nisto. Preencha as condições que lhe cabem. Traga os dízimos. *Dê-me uma oportunidade de abençoá-lo. – Selecionado.*

Nunca me esqueci de uma breve paráfrase que minha mãe fazia de Malaquias 3.10. O verso começa: Trazei todos os dízimos; e termina: Eu derramarei tanta bênção que haverá problema de espaço para conter. A paráfrase, então, era: "Dê a Deus tudo o que ele pede, e receba dele tudo o que ele promete." – *S. D. Gordon*

A capacidade dos depósitos de Deus é bem maior que o montante das nossas orações, até mesmo das nossas orações mais ousadas! Tenho pensado em algumas das petições que apresento em minhas súplicas. O que tenho pedido? Tenho pedido uma caneca apenas; e sobra o oceano inteiro! Tenho pedido apenas um raio de sol, e o sol lá está! A minha petição mais completa fica muitíssimo aquém da capacidade de dar de meu Pai: ela é bem mais ampla do que o que somos capazes de pedir. – *J. H. Jowett*

28 de Julho

"... o SENHOR tem o seu caminho na tormenta e na tempestade..." (Na 1.3.)

Quando rapazinho, eu estudava em um instituto nas vizinhanças do monte Pleasant. Certa vez, sentei-me numa elevação da montanha, observando uma tempestade que vinha subindo o vale. O céu estava carregado, e a terra estremecia com a força dos trovões. Parecia que a paisagem, antes tão linda, tinha-se mudado dali e a sua beleza havia desaparecido para sempre.

Mas a tempestade seguiu seu curso e deixou o vale. Se eu tivesse voltado àquele mesmo lugar no dia seguinte, e tivesse perguntado: "Onde está aquela horrível tempestade com todo o seu negrume?", a relva teria respondido: "Parte dela está em mim"; e a flor do campo: "Parte dela está em mim", e os frutos e tudo o que cresce do solo teriam dito: "Parte da tempestade está ardente em nós."

Você pediu para ser semelhante a seu Senhor? Você tem desejado o fruto do Espírito em sua vida, e tem orado pedindo brandura, bondade e amor? Então não tema o tormentoso temporal que está varrendo a sua vida neste momento. Há uma bênção nessa tempestade; e haverá rica frutificação no "após". – *Henry Ward Beecher*

29 de Julho

"Acaso... viste os tesouros da saraiva, que eu retenho até ao tempo da angústia...?" (Jó 38.22,23.)

Nossas tribulações são grandes oportunidades. Muitas vezes nós as vemos como sendo obstáculos. Mas se cada um de nós passasse a reconhecer as situações difíceis como maneiras escolhidas por Deus para nos provar o seu amor, e passássemos a procurar ao nosso redor os sinais das suas manifestações gloriosas, isto nos seria um porto de descanso e uma fonte de poderosa inspiração. Então, cada nuvem se transformaria num arco-íris, e cada montanha numa ascensão gloriosa, e num palco de transfiguração.

Olhando para o passado, muitos de nós descobriremos que as ocasiões em que fomos pressionados ao máximo, e cercados por todos os lados, foram ocasiões em que o Pai celestial nos deu as bênçãos mais graciosas e mais ricas. Muitas vezes as joias de Deus nos são enviadas em pacotes grosseiros, e entregues por servos de roupagem escura, mas dentro encontramos os próprios tesouros do palácio Real e do amor do Esposo. – *A. B. Simpson*

Confie nele, mesmo em meio à escuridão; honre-o com uma confiança sem vacilações, mesmo no meio de tratamentos misteriosos por parte dele, e a recompensa dessa fé será como a muda das águias, que, segundo dizem, lhes dá um novo período de juventude e vigor. – *J. R. Macduff*

Ó Senhor, que bom confiar em ti.
Ver a tua mão pelo meu caminho.
Ver que me transformas tudo em bem, aqui.
Tu comigo estás: Eu não vou sozinho!

30 de Julho

"... ainda que seja um copo de água fria..." (Mt 10.42.)

O que é para eu fazer? Passamos por este mundo uma só vez. Qualquer boa obra, portanto, qualquer ato de bondade ou qualquer serviço que eu possa prestar a uma alma humana ou a algum animal, tenho que fazê-lo agora. Que eu não o negligencie, nem adie, pois não passarei por aqui outra vez. – *Velho Provérbio dos Quakers*

Tinha apenas uns pães e alguns peixinhos,
Mas os deu a Jesus, que os abençoou e alimentou milhares!
Faça o mesmo, e então há de ver que o que é posto em sua mão
Muita bênção produz.
Pois de um copo que seja, de água fria, dado em nome de Deus,
Muitas bênçãos virão, muita alegria;
E a quem deu, galardão!

Dê aos outros o que tem; para eles poderá representar muito mais do que você pensa. – *Longefellow*

31 de Julho

"E ele... os dirigiu com mãos precavidas." (Sl 78.72.)

Quando você estiver em dúvida sobre que direção tomar, submeta o seu poder de julgar inteiramente ao Espírito de Deus e peça-lhe para fechar todas as portas, menos a certa... Enquanto isso, continue a agir como sempre, e considere a ausência de orientação, como sendo uma indicação de Deus de que você está no trilho certo... Quando estiver descendo o longo corredor da vida, você descobrirá que o Senhor já o precedeu, e fechou muitas portas, por onde você certamente teria entrado; mas esteja seguro de que mais além dessas existe uma que ele deixou aberta. Entre por ela, e se encontrará face a face com uma curva do rio da oportunidade, que é mais largo e profundo do que você teria imaginado em seus melhores sonhos. Lance-se nele: ele conduz para o oceano.

Deus nos guia muitas vezes pelas circunstâncias. Em certo momento, o caminho pode parecer totalmente bloqueado; e então, logo a seguir, acontece uma coisa simples, que pode não parecer nada aos outros, mas que para os olhos da fé significa um mundo. Às vezes, essas coisas se repetem de várias maneiras, em resposta à oração. Não são meros resultados do acaso, e sim a abertura de circunstâncias na direção do nosso alvo, exatamente como acontece com as luzes quando nos aproximamos de uma cidade populosa num expresso noturno. – *F. B. Meyer*

Se buscarmos a orientação do Senhor, ele nos guiará; mas não alimentará nossa desconfiança ou meia confiança nele, mostrando a nós o mapa de todos os propósitos que tem a nosso respeito. Mostrará apenas um caminho, o qual ele irá abrindo aos nossos olhos mais e mais, se seguirmos animados e confiantes.

1.º de Agosto

"... oferecei-vos a Deus, como ressurretos dentre os mortos..." (Rm 6.13.)

Certa noite, fui ouvir uma palestra sobre consagração. Ela não me trouxe nenhuma mensagem especial, mas quando o pregador ajoelhou-se para orar, disse o seguinte: "Ó Senhor, tu sabes que podemos confiar no Homem que morreu por nós." Aquela foi a minha mensagem. Levantei-me; e saí. Enquanto descia a rua para tomar o trem, considerei profundamente tudo o que a consagração poderia significar para a minha vida – e tive medo. Então, acima do ruído do tráfego, pareceu-me ouvir a mensagem: "Pode confiar no Homem que morreu por você."

Tomei o trem para casa. Enquanto viajava, pensei nas mudanças, nos sacrifícios, nas tristezas que a consagração poderia significar para mim – e tive medo.

Cheguei em casa e fui para o quarto. Lá, de joelhos, vi minha vida passada: eu era crente, fora oficial de igreja e superintendente de escola dominical, mas nunca havia, de maneira definida, submetido a minha vida a Deus.

Contudo, enquanto pensava nos meus planos mais caros, os quais poderiam ser desfeitos, nas esperanças de que teria de desistir e na profissão escolhida que eu poderia ser chamado a abandonar – *tive medo.*

Eu não conseguia enxergar as coisas melhores que Deus tinha para mim, e a minha alma estava se retraindo. Então, pela última vez, com um rápido impulso de poder e convicção, veio ao mais íntimo do meu coração aquela mensagem penetrante:

"Meu filho, você pode confiar no Homem que morreu por você. Se não puder confiar nele, em quem confiará?"

Isto decidiu a questão para mim, pois num momento eu vi que o Homem que me amou de tal forma, a ponto de morrer por mim, poderia receber e cuidar desta vida que ele salvou e tudo o que estivesse envolvido nela.

Meu amigo, você pode confiar no Homem que morreu por você. Pode estar certo de que ele não desfará nenhum plano que não deva ser desfeito, e de que levará avante todos os que redundarão em glória de Deus e em seu maior bem. Você pode confiar nele para guiá-lo no caminho que é realmente o melhor para você. – *J. H. McC.*

"A vida não é uma propriedade para ser 'salva' do mundo, mas um investimento para ser usado em benefício do mundo."

2 de Agosto

"Transformarei todos os meus montes em caminhos..." (Is 49.11.)

Deus usará todos os obstáculos para cumprimento de seus propósitos. Todos nós encontramos morros em nosso caminho. Sempre há pessoas e coisas que ameaçam estorvar o nosso progresso na vida cristã. Aquelas exigências pesadas, aquela ocupação que não combina com o nosso temperamento, aquele espinho na carne, aquela cruz de sofrimento diário... pensamos que se essas coisas fossem removidas, poderíamos ter uma vida mais pura, santa; e muitas vezes oramos para que nos sejam retiradas.

"Ó néscios e tardos de coração!" Essas são as próprias condições para o progresso; foram colocadas em nossa vida para serem os veículos de graça e virtude pelas quais temos orado há tanto tempo. Por muitos anos, você orou pedindo paciência, mas há algo que prova sua paciência, mais do que pode suportar. Você tem procurado fugir disso, evadir-se; já considerou insuperável um obstáculo a que alcance o alvo desejado. Você crê que, se o obstáculo for removido, experimentará imediata libertação e vitória.

Isto não é verdade! Você só ganharia uma coisa: deixaria de ser tentado à impaciência, mas isto não seria paciência. A paciência só pode ser obtida através dessas provas que no momento parecem insuportáveis.

Volte atrás; submeta-se. Tome a sua posição como participante da paciência de Jesus. Vá ao encontro da provação firmado nele. Tudo que em nossa vida nos atormenta e incomoda, pode tornar-se "um servo" nosso para nos ajudar a atingir os mais altos fins. São as montanhas de Deus. Ele as pôs ali. Nós sabemos que Deus não deixará de cumprir a sua promessa. "Deus conhece o seu caminho, e sabe o seu lugar. Porque ele vê tudo o que há debaixo dos céus"; e quando chegarmos ao pé das montanhas, encontraremos o caminho. – De *Christ in Isaiah* (O Cristo em Isaías) de *Meyer.*

"*A provação vem, não só para testar o nosso valor, mas para aumentá-lo; o carvalho não é apenas testado, mas enrijecido pelas tempestades.*"

Através das provas
Vejo-me vazio,
Sim, que nada sou...

E abrem-se os meus olhos
Para o Suprimento,
Onde encontro tudo:
Tu, meu grande ***Eu Sou****!*

3 de Agosto

"*... portai-vos varonilmente, fortalecei-vos.*" (1 Co 16.13.)

Não oremos pedindo uma vida fácil! Oremos pedindo força. Não peçamos tarefas equivalentes às nossas forças; mas, sim, forças equivalentes às nossas tarefas. Então a execução do trabalho não será um milagre, mas nós seremos um milagre. – *Phillips Brooks*

Precisamos lembrar que não é com uma vida de facilidades e autocomplacência que Cristo nos guiará a grandezas. Uma vida de facilidades não conduz para cima, mas para baixo. O Céu está sempre acima de nós, e precisamos estar sempre olhando para cima, em direção a ele. Há pessoas que evitam as dificuldades, as coisas que requeiram renúncia, autocontrole, sacrifício; mas o trabalho e as dificuldades mostram-nos o caminho para a grandeza. Não é quando andamos por um caminho macio, feito para nossos pés, que nos vem a grandeza de alma, mas quando temos que abrir a estrada com as próprias mãos. É seu desejo alcançar os esplendores da altura dos montes? – *Selecionado*

Senhor, eu quero andar
Nas obras preparadas
De antemão para mim,
Disseste: "A tua força
Será como os teus dias."
Eu creio. Seja assim.

Andando nessas obras,
A glória será tua
E irei no teu querer.
Contigo partilhando,
Terei tua alegria;
Irei no ***teu*** *poder.*

Concede pois ao servo
Que siga diligente
Nos passos do Senhor;
Mãos destras e abundantes
E um ministério ungido
Nas mãos do Salvador.

E em tudo, Amigo e Mestre,
Andando e trabalhando,
Eu quero ver-te*, aqui.*
Meus olhos sejam postos
E o coração, atento,
Jesus, somente em ***ti****.*

4 de Agosto

"... E Jesus, levantando os olhos para o céu, disse: Pai, graças te dou porque me ouviste." (Jo 11.41.)

Vemos aqui uma ordem de coisas muito estranha e incomum. Lázaro ainda está no túmulo, e já a ação de graças é feita *precedendo* o milagre da ressurreição. Eu pensava que a ação de graças deveria ter subido, depois que tivesse sido operado o grande ato e Lázaro estivesse restituído à vida. Mas Jesus dá graças pelo que está para receber. A gratidão irrompe *antes* da chegada da dádiva, na certeza de que ela está a caminho. O cântico da vitória é cantado *antes* de ser travado o combate. É o semeador entoando já o cântico da colheita. É ação de graças antes do milagre!

Quem pensa em anunciar um salmo de vitória quando os expedicionários estão acabando de sair para a peleja? Onde ouvimos o hino de ação de graças pela resposta que ainda não foi recebida? Apesar disso não há nada estranho, forçado ou ilógico na ordem de coisas seguida pelo Mestre. A atitude de louvá-lo de antemão é uma atitude de importância vital para a operação dos milagres, pois só temos essa atitude quando realmente cremos. Os milagres são operados por poder espiritual. O poder espiritual é sempre proporcional à nossa fé. – *Dr. Jowett*

O louvor muda tudo.

Nada agrada tanto a Deus como o louvor, e nada é de tanta bênção ao homem que ora como o louvor que ele oferece. Certa vez, na China, fui muito abençoado neste particular. Eu tinha recebido notícias tristes de casa, e sombras espessas haviam coberto a minha alma. Orei, mas elas não se foram. Arregimentei minhas forças para tentar suportar a tristeza, mas as trevas só ficaram mais densas. Justamente nessa ocasião fui a um posto missionário no interior e vi na parede da casa da missão estas palavras: "Experimente louvar." Eu experimentei, e num instante todas as trevas se foram, para não mais voltar. Sim, o salmista estava certo: "Bom é render graças ao Senhor." – *Rev. Henry W. Frost*

5 de Agosto

"... é..." (2 Co 12.9 – NVI.)

Tinha parecido bem a Deus levar o meu filho mais novo em circunstâncias muito dolorosas. Acabara de deixar o corpo do meu pequeno no cemitério ao lado do templo, e, ao voltar para casa, senti que era meu dever pregar sobre o significado das provações.

Descobrindo que o texto acima estava na lição do próximo domingo, aceitei-o como sendo a mensagem do meu Mestre para o povo e para mim. Mas enquanto procurava preparar as notas, vi que não podia dizer com honestidade que aquelas palavras eram verdadeiras; por isso, ajoelhei-me e pedi a Deus que tornasse a sua graça suficiente para mim. Enquanto estava orando, abri os olhos, e eles caíram num quadrinho fosforescente que minha mãe havia me dado poucos dias antes, e que eu havia pedido à empregada que dependurasse na parede, enquanto estivéssemos fora passando alguns dias num balneário – onde o nosso caçula nos foi levado.

Eu não tinha notado o quadro ao voltar para casa, mas agora, ao levantar os olhos, enxugando as lágrimas, as palavras como que vieram ao encontro do meu olhar: "A minha graça *é* suficiente para ti."

A palavra *é* se salientava num verde brilhante, enquanto as outras eram de outra cor.

Num momento a mensagem entrou na minha alma como uma

repreensão por ter pedido ao Senhor: "Faz com que a tua graça seja suficiente para mim"; pois a resposta era quase audível: "Como você pede para tornar suficiente uma coisa que já é suficiente? Deus não pode torná-la mais suficiente do que já é. Levante-se e creia. Você verá que é verdade, pois que o Senhor o diz da maneira mais simples: 'A minha graça *é* (ele não diz que pode ser ou será um dia) suficiente para ti."

Estas palavras "Minha", "é" e "para ti", daquele momento em diante, ficaram gravadas, de maneira indelével, no meu coração; e eu (graças a Deus) tenho procurado viver na realidade dessa mensagem desde aquele dia até agora.

A lição que me veio e que procuro transmitir a outros é: *nunca transforme os fatos de Deus em esperanças ou em orações, mas simplesmente use-os como realidades, e ao crer neles você descobrirá como são poderosos. – H. W. Webb Peploe*

Se o fardo é pesado, Deus dá maior graça;
Maior suprimento, se é grande o labor;
Se a prova é mais dura, maior o consolo:
Mais quentes as chamas, mais perto o Senhor.

E quando os recursos em nós se esgotarem
E a força faltar-nos para mais suportar,
As fontes eternas da graça divina
Terão começado, somente, a jorrar...

Amor sem limites, poder sem fronteiras
E graça infinita, inefável, tem Deus.
E desses tesouros, guardados em Cristo,
Dá sempre, dá sempre, dá a todos os seus!

– Traduzido

6 de Agosto

"Levanta-te, vento norte, e vem tu, vento sul; assopra no meu jardim, para que se derramem os seus aromas..." (Ct 4.16.)

Observe por um momento o significado deste pedido. Sua raiz se encontra no fato seguinte: como numa árvore aromática pode achar-se *latente* um delicado perfume, assim no coração de um crente podem achar-se, armazenadas e sem desenvolvimento, certas *graças*. Há muitas "plantas" só de nome, pois delas não se desprendem aromas de sentimentos santos ou de atos piedosos. O mesmo vento sopra tanto no cardo como na planta aromática, mas só uma delas espalha doces perfumes.

Às vezes, Deus envia severas rajadas de provação sobre seus filhos, para desenvolver as graças que estão neles. Assim como as tochas brilham mais quando agitadas de um lado para outro, assim como o zimbro desprende mais doce perfume quando é atirado nas chamas, também muitas vezes as qualidades mais ricas de um crente só aparecem sob o vento norte do sofrimento e da adversidade. Muitas vezes são os corações moídos que desprendem o aroma que Deus gosta de sentir.

"Desperta, vento norte", sim, desperta, "e vem tu, vento sul", ó vem e sopra,
"Sopra no meu jardim" (Pai, que assim seja.), "para que se derramem seus aromas."
Orei. E o coração, em dias jovens, fremia emocionado, enquanto orava.
Fora real, porém, esta oração e movida de Deus, eu vejo agora.

Algum tempo passou – um tempo curto – e o vento sul soprou! Rajadas frias!
E o vento norte! Tempestuoso e forte! E deram no jardim. Deram com força.
E as árvores, bem novas, e os arbustos, tremeram, sacudidos até às raízes.

Mas eram plantas dele, do Senhor, plantação genuína; e o seu amor
Emanou dos arbustos, e das flores, e de todo o arvoredo, num perfume
Que tudo foi enchendo, e se espalhando, e da graça de Deus testificando...

Olhando para trás, hoje, eu bendigo o santo Lavrador e meu Senhor,
Por ter me dado cedo a conhecer seu conforto na dor, e seu poder
De fazer de um jardim (jardim que é seu) açoitado por vento tempestuoso,
Manancial de fragrância, paz e gozo!

7 de Agosto

"Tendo eles orado, tremeu o lugar onde estavam reunidos; todos ficaram cheios do Espírito Santo e, com intrepidez, anunciavam a palavra de Deus. Com grande poder, os apóstolos davam testemunho da ressurreição do Senhor Jesus... (At 4.31,33.)

Christmas Evans conta em seu diário que, num domingo à tarde, enquanto viajava por uma estrada erma, a fim de ir falar numa reunião, Deus lhe mostrou que seu coração estava frio. Diz ele: "Amarrei o cavalo e fui para um lugar retirado da estrada, onde fiquei andando de um lado para outro, enquanto, em agonia de alma, passava em revista minha vida. Permaneci três horas diante de Deus, em profunda tristeza, até que, em dado momento, veio sobre mim uma doce consciência do seu perdão e amor. Recebi de Deus um novo batismo do Espírito Santo. Quando o sol já caminhava para o ocaso, voltei à estrada, tomei o cavalo, montei e dirigi-me para o local da reunião. No dia seguinte, preguei com grande poder, a um bom número de pessoas reunidas ao pé de um monte, e foi tal o poder que um despertamento brotou dali, e se espalhou por todo o País de Gales."

A maior pergunta que pode ser feita a quem já nasceu de novo é: "Recebestes o Espírito Santo, quando crestes?"

É sua experiência também, meu irmão,
Nesta caminhada,
Uma vida cheia do Espírito Santo,
Renovadamente?

Toda a "casa" é dele, seu ser inteirinho?
Ele tudo ocupa?
Pois a "casa" é dele; com o sangue de Cristo
Toda foi comprada.

Toda a plenitude e riquezas de Cristo
São da sua Igreja.
São suas e minhas, no viver diário!
E graça por graça!

E você conhece, também, meu irmão,
Como peregrino,
Uma vida cheia, renovadamente,
Do Espírito Santo?

Fomos mortos nele, nós todos os salvos;
Nele ressurretos!
Hoje, a vida dele, pelo seu Espírito,
É que em nós circula!

Vimos como somos. Jesus nos recebe
E nos purifica.
Tudo lhe trazemos. A carga nos leva.
E ele nos renova.

Como é bom vivermos a vida de Cristo,
Gozando o que é nosso!
Enche, pois, Espírito Santo, o meu ser,
Teu e meu direito!

Há razões para louvar-te, Senhor!
Mesmo em tempos de luta
E nas horas de dor:
És ***socorro presente****!*
E é constante e fiel Teu amor!

8 de Agosto

"Tu és o meu rei, ó Deus; ordena a vitória de Jacó." (Sl 44.4.)

Meu irmão, você encontra inimigos que se opõem ao seu crescimento na graça? Encontra adversários no seu serviço cristão? Pois saiba que todos eles foram vencidos pelo nosso Salvador.

Não precisamos temer os adversários. Quando os tocarmos fugirão de diante de nós. Deus prometeu entregá-los ante nossa face. Apenas devemos ser fortes e corajosos! Não temamos nada! O Senhor está conosco, e somos valorosos – valorosos porque somos um com o mais valoroso. Tomemos a vitória que é nossa!

Toda vez que nossos inimigs nos oprimem, *tomemos a vitória que é nossa*! Toda vez que nosso coração e carne fraquejarem, olhemos para cima e tomemos a *vitória* que é nossa!

Estejamos certos de que temos uma participação no triunfo que Jesus conquistou, não para si somente, mas para todos nós; lembremo-nos de que estávamos nele quando ele a conquistou, e *tomemos a vitória que é nossa!*

Já que ela é nossa, lancemos mão dela e recolhamos os despojos. Nem enaquins, nem cidades muradas devem intimidar-nos ou confundir-nos. Fazem parte da legião dos conquistadores. *Tomemos a parte que é nossa na vitória do Salvador. – Josué, Meyer*

Somos filhos do Rei. De que maneira estaremos honrando mais ao nosso divino Soberano: deixando de lançar mão dos nossos direitos e duvidando de que sejam realmente nossos, ou nos apropriando de nosso privilégio de filhos da Família Real e dos direitos que nos pertencem como herdeiros?

9 de Agosto

"Bem-aventurado o homem cuja força está em ti... o qual, passando pelo vale árido, faz dele um manancial..." (Sl 84.5,6.)

Os corações alegres não precisam de consolo. Se quisermos experimentar este precioso dom de Deus, será preciso que desçamos às profundezas do sofrimento. Assim, estaremos preparados para ser cooperadores com ele.

Quando a noite – a noite inevitável – descer sobre o nosso jardim, quando as folhas se fecharem e as flores já não receberem um só raio de sol, mesmo nas trevas mais espessas, nunca nos faltarão gotas de orvalho celeste – orvalho que cai só depois que o sol se vai.

Coração frágil, não tenha medo,
Seu Salvador
Disse: "Não temas, eu sou contigo
"Seja onde for."

E mais andamos com o nosso Mestre
Na vida aqui,
Mais conhecemos: "Filho, não temas,
Eu te remi."

Seu Deus é justo; seu Deus é santo;
Seu Deus é amor;
Seu Deus é sábio; é onipotente;
Ele é o **Senhor**.

Por isso, agora, deite e descanse
Nas mãos de Deus.
São mãos feridas! e tudo regem;
Você e os céus.

10 de Agosto

"Quando, pois, soube que Lázaro estava doente, ainda se demorou dois dias no lugar onde estava." (Jo 11.6.)

No começo deste maravilhoso capítulo está a afirmativa "Jesus amava a Marta, e a sua irmã, e a Lázaro". Isto é para nos ensinar que, no centro e na base de todas as operações de Deus em nós, por mais escuras e misteriosas que sejam, está o amor de Deus: infinito, imerecido e imutável. Precisamos crer nisto de todo o coração. O amor permite o sofrimento. As irmãs não tiveram dúvida de que ele viria, ignorando todos os riscos, para evitar a morte de seu irmão, mas, quando "soube que Lázaro estava doente, ainda se demorou dois dias no lugar onde estava".

Ele se absteve de ir, não porque não os amasse, mas sim porque os amava. Foi o seu amor que o impediu de se apressar em direção aos amigos angustiados. Se o amor fosse menos infinito, teria corrido no mesmo instante para aliviar aqueles corações amados e aflitos, para pôr fim ao seu sofrimento e ter o prazer de enxugar e estancar-lhes as lágrimas, afastando a dor e o gemido. Só o amor divino pôde conter a impetuosidade da compaixão do Salvador até que o Anjo da Dor houvesse completado seu trabalho.

Quem pode calcular quanto devemos à dor e ao sofrimento? Sem eles teríamos pouca aplicação para muitas das principais virtudes da vida cristã. Onde estaria a fé, sem as aflições para prová-la? Onde a paciência, se não tivéssemos dores a suportar? Ou a experiência, sem a tribulação para a desenvolver? – *Selecionado*

Somos filhos de Deus;
Bem-amados de Deus;
Ele sabe o que faz,
Estejamos em paz.

11 de Agosto

"Ainda que a figueira não floresça, nem haja fruto na vide; o produto da oliveira minta, e os campos não produzam mantimento; as ovelhas sejam arrebatadas do aprisco, e nos currais não haja gado, todavia, eu me alegro no SENHOR, exulto no Deus da minha salvação." (Hc 3.17,18.)

Observe, eu lhe peço, como é calamitosa a situação descrita aqui, e como é heroica a fé aqui expressa. É como se ele dissesse: "Embora eu seja reduzido a uma situação de tão grande extremidade que não saiba onde encontrar o sustento, embora veja à minha volta uma casa vazia e um campo desolado e veja as marcas do açoite de Deus onde antes havia os frutos da sua abundante dádiva, *ainda assim eu me regozijarei no Senhor*."

Creio que essas palavras são dignas de *serem gravadas com diamante numa rocha*, para sempre. Possam elas, pela graça divina, ser gravadas no coração de cada um de nós! Embora este texto seja conciso, ele apresenta claramente os seguintes pensamentos: no dia da sua adversidade ele correria para Deus, e que em meio à escuridão ele manteria uma santa firmeza de espírito – mais ainda, teria gozo santo no Senhor e esperaria nele alegremente. Isto é confiança heroica! Isto é fé excelente! Isto é amor invencível!

– Não floresceu a figueira!...
– A vara de Arão floresceu!
Meu Salvador está vivo.
Para ser meu socorro perfeito,
Deus mesmo o elegeu!

– Já não há fruto na vide!...
Mas há na videira de Deus!
Dela sou ramo seguro,
E a seiva de vida do tronco
Circula nos seus!

– Não mais produz a oliveira!...
– Mas o óleo de Deus não tem fim.
Da plenitude que há em Cristo
Derrama ainda agora, abundante,
Também sobre mim!

– Já não há mais mantimento!...
– Mas há o pão do céu, para mim!
Dele me vem o sustento;
E a rica fartura que há nele
Jamais terá fim!

– Gado... as ovelhas... se foram!...
Eu tenho o Cordeiro de Deus!
Seu sacrifício é perfeito.
Lavado no Sangue, possuo
O Reino dos Céus!

Falhem-me as **coisas**, *que importa?*
Eu tenho ***Jesus****, meu Senhor!*
Nada me falta, ele é tudo.
Minha alma se alegra e descansa
No meu Salvador!

12 de Agosto

"... ele nos tem dado grandíssimas e preciosas promessas..." (2 Pe 1.4 – ARC.)

O navio é construído para ficar sobre as armações? Absolutamente! Ele é feito para navegar, e preparado para as tempestades. Quem o construiu preparou-o tendo em mente os temporais e furacões, e se não, foi um construtor muito falho.

Quando Deus fez de nós crentes em Cristo, ele tinha em mente provar-nos; e quando nos deu promessas e mandou que confiássemos nelas, deu-nos promessas que podiam aguentar tempestades e embates. Você acha que Deus fabrica imitações, como aqueles fabricantes de salva-vidas, que construíram alguns, que faziam bela vista na vitrina, mas sem utilidade alguma na água?

Já ouvimos falar de espadas que não tinham utilidade na guerra, e até mesmo de sapatos que foram feitos para se comprar, mas nunca para se calçar. Os sapatos que Deus faz são de ferro e de bronze, e podemos percorrer com eles todo o caminho para o céu, sem que se gastem; e com os salva-vidas que ele faz, podemos atravessar mil atlânticos sem perigo de afundar. Suas promessas foram feitas para serem experimentadas e provadas.

Nada desagrada tanto a Cristo como seu povo fazer alarde dele, mas nunca se utilizar de seu poder. Ele se deleita em que nos sirvamos dele. As bênçãos da aliança que Deus fez conosco não estão ali só para serem admiradas, mas para serem utilizadas por nós. Mesmo o Senhor Jesus nos é dado para nosso uso. Não estamos nos apropriando de Cristo como devíamos.

Ó leitor, eu lhe rogo, não trate as promessas de Deus como se fossem curiosidades para um museu; use-as como fontes de conforto diário. Confie no Senhor toda vez que lhe sobrevier uma dificuldade. – *C. H. Spurgeon*

Como poderá Deus negar uma bênção que ele mesmo prometeu?

13 de Agosto

"Estando as nuvens cheias, derramam aguaceiro sobre a terra..." (Ec 11.3.)

Então, por que tememos as nuvens que agora escurecem o nosso céu? É verdade que por algum tempo elas encobrem o sol, mas este não é apagado por elas; breve aparecerá novamente. Enquanto isso, aquelas nuvens negras estão cheias de água; e quanto mais escuras estiverem, mais abundantes as chuvas que derramarão.

Como podemos ter chuva sem nuvens? Nossas tribulações sempre nos têm trazido bênçãos, e sempre trarão. Elas são carros escuros que transportam brilhante graça. Essas nuvens logo derramarão suas águas, e toda erva tenra se alegrará com elas. Nosso Deus poderá embeber-nos em dores, mas nos renovará com misericórdia. As cartas de amor de Deus muitas vezes nos vêm em envelopes tarjados de preto. Seus carros rangem, mas estão carregados de favores. A sua *vara* floresce com flores suaves e frutos nutritivos. Não fiquemos preocupados por causa das nuvens, mas cantemos, pois as flores de outubro nos são trazidas pelas nuvens e chuvas de setembro.

Ó Senhor, as nuvens são a poeira dos teus pés! Como tu estás perto de nós no dia nublado e escuro! O amor te contempla e se alegra. A fé vê as chuvas se derramarem, enchendo de alegria as colinas. – *C. H. Spurgeon*

Tua presença, ó Mestre,
Minha alma satisfaz.
Em meio à dor, às lutas,
Eu provo a tua paz!

Seja o momento extremo,
Cerca-me o teu amor,
E excede o entendimento
A tua paz, Senhor!

Sei que este meu repouso
Custou-te infâmia e dor;
Sofreste a minha angústia
Pra dar-me paz, Senhor.

Por este dom precioso
Que o coração refaz,
Nosso louvor recebe,
Tu que és a nossa paz.

"O céu azul é maior do que as nuvens."

14 de Agosto

"... Nenhuma autoridade terias sobre mim, se de cima não te fosse dada..."
(Jo 19.11.)

O filho de Deus que nele confia e lhe obedece, só é atingido pelo mal quando o Senhor permite. Este fato é suficiente para fazer da nossa vida um constante gozo e ação de graças, pois "a vontade de Deus é a única coisa auspiciosa, alegre e gloriosa deste mundo". E ela está operando em nosso favor, o tempo todo, com todo o poder; nada a poderá impedir, se estivermos submissos e crendo.

Alguém que estava passando por um período de profunda aflição escreveu a um amigo o seguinte: "É maravilhoso saber que, embora uma coisa nos pareça muito injusta, e nos pareça vinda de Satanás, no momento em que ela nos atinge, constitui-se na vontade de Deus para nós, e contribuirá para o nosso bem. Pois todas as coisas contribuem juntamente para o bem dos que amam a Deus, e nós o amamos. E mesmo no instante em que era traído, Cristo disse: '*Não beberei eu o cálice que o Pai me deu?*'" Se estivermos vivendo no centro da vontade de Deus somos plenamente protegidos por ele. Os ataques que Satanás possa lançar contra nós através do pecado de outros não apenas não têm poder para nos fazer mal, como também são transformados em bênçãos. – *H. W. S.*

Sabemos – ***que segurança*** *–*
Que todas as coisas, ***juntas****,*
Cooperam ***só*** *para o bem*
Daqueles que amam a Deus.
Se *sabemos,* ***descansemos****,*
Pois ele cuida dos seus.

15 de Agosto

"... através de muitas tribulações, nos importa entrar no reino de Deus."
(At 14.22.)

As coisas mais valiosas da vida nos vêm através de pressão. O trigo é moído antes de poder tornar-se em pão. O incenso precisa ser posto no calor do fogo a fim de desprender o odor. O solo precisa ser rasgado pelo arado agudo, antes de receber a semente. O coração quebrantado é o que agrada a Deus. As alegrias mais doces são fruto de sofrimento. A natureza humana parece necessitar de sofrimento para tornar-se adequada a ser uma bênção para o mundo.

O trigo é moído
Para dar-nos pão.
Das dores de Cristo
Nos vem salvação!

Perfume procede
Do incenso queimado.
Das chagas de Cristo,
Perdão do pecado.

Das dores maternas
Um filho é nascido.
Da angústia de Cristo,
Um homem remido.

Se você deseja ser um filho da consolação, se deseja participar do dom sacerdotal da compaixão; se é seu desejo derramar num coração aflito alguma coisa mais do que uma consolação banal; se deseja, nos contatos da vida diária, demonstrar tato e delicadeza, e nunca ferir ninguém, você precisa dispor-se a pagar o preço de uma preparação custosa: como ele, você precisa sofrer. – *F. W. Robertson*

16 de Agosto

"Esperei com paciência no Senhor..." (Sl 40.1 – ARC.)

Esperar é muito mais difícil do que andar. Esperar requer paciência, e a paciência é uma virtude rara. É bom saber que Deus constrói cercas em volta do seu povo, mas isto se considerarmos a cerca apenas do ponto de vista de proteção. Porém, quando uma cerca é conservada e, sendo uma cerca-viva, vai crescendo tanto que impede a visão do que está do outro lado, o coração começa a imaginar se algum dia ele sairá daquele pequeno círculo de influência e serviço em que está contido. E às vezes é difícil para a pessoa entender por que não pode viver numa esfera maior. É-lhe difícil "brilhar no seu cantinho". Mas Deus tem um propósito em todos os seus impedimentos. "O Senhor firma os passos do homem bom", diz o Salmo 37.23. "E as *paradas* também", era a anotação que George Müller tinha ao lado desse versículo, na margem de sua Bíblia. O homem que abrir caminho através das cercas de Deus cometerá um triste engano. Um princípio vital de orientação é que o crente nunca deve se afastar do lugar onde Deus o colocou, enquanto a Coluna de Nuvem não se mover. – *Sunday School Times*

Quando aprendermos a esperar sempre a orientação do Senhor em todas as coisas, seremos fortes, teremos a força que nos levará a ter um andar sempre equilibrado e constante. Muitos de nós estamos sem o poder que tanto desejamos. Mas Deus nos concede pleno poder para cada tarefa que ele nos dá. Esperar, manter-nos fiel à sua orientação, eis o segredo para obtê-lo. E qualquer coisa que sair fora desta linha de obediência é desperdício de tempo e energias. Esperemos vigilantes pela direção de Deus. – *S. D. Gordon*

Uma pessoa que é obrigada a estar quieta, em inatividade forçada, e vê passar diante de si as ondas palpitantes da vida, será que a existência precisa lhe ser um fracasso? Não; a vitória é para ser conseguida em ficar parado: em uma espera tranquila. E isto é muitas vezes mais difícil do que correr nos dias em que podemos estar ativos. Requer maior heroísmo ficar ali e esperar, sem perder o ânimo nem a esperança; submeter-se à vontade de Deus; deixar com os outros o trabalho e as honras dele; ficar calmo e confiante, regozijando-se sempre, enquanto a multidão feliz e atarefada avança e vai embora. É a vida mais elevada: "Tendo feito tudo, ficar firme." – *J. R. Miller*

17 de Agosto

"... confio em Deus que sucederá do modo por que me foi dito." (At 27.25.)

Alguns anos atrás, fiz uma viagem aos Estados Unidos, em um navio cujo capitão era um crente muito dedicado. Quando nos aproximávamos das costas da Terra Nova, ele me disse: "A última vez que atravessei este trecho, há um mês, aconteceu uma coisa que revolucionou toda a minha vida cristã. Encontrava-se a bordo George Müller. Eu estivera 24 horas na ponte de comando. George Müller procurou-me e disse: 'Capitão, vim dizer-lhe que preciso estar em Quebec no sábado à tarde.' 'É impossível', respondi. 'Muito bem, se o seu navio não pode levar-me, Deus achará outra maneira. Há 57 anos nunca quebro um compromisso. Desçamos até a cabine de mapas. Vamos orar.'

"Olhei para aquele homem de Deus e pensei de que asilo de lunáticos teria ele fugido. Eu jamais tinha ouvido coisa semelhante. 'Sr. Müller', disse eu, 'o senhor sabe a densidade desta neblina?' 'Não', respondeu ele, *'meus olhos não estão fixos na densidade da neblina, mas no Deus vivo, que controla cada circunstância da minha vida.'*

"Ele se ajoelhou e fez uma das orações mais simples que já ouvi, e, quando acabou, eu iria orar; mas ele pôs a mão no meu ombro e me disse que não o fizesse. 'Em primeiro lugar, você não crê que ele atenderá, e em segundo, *eu creio que ele já respondeu*, e não há mais necessidade de que você ore.'

"Olhei para ele, e ele me disse: 'Capitão, já faz 57 anos que eu conheço o meu Deus, e nunca houve um só dia que eu deixasse de ter audiência com ele. Levante-se, capitão, e abra a porta, e verá que a neblina se foi.' Levantei-me e vi que assim era. No sábado à tarde.' Jorge Müller estava em Quebec para o seu compromisso." – *Selecionado.*

18 de Agosto

"... só..." (Dt 32.12.)

Era íngreme a subida, porém pelo caminho
As vozes animadas, dos outros, me animavam.
Então pensei que assim seria até lá em cima.
E com isso me alentei. Porém, a certa altura,
Um trilho apareceu, estreito e perigoso;
E o Mestre me falou: "Meu filho, neste trecho
É muito mais seguro andar comigo só."
Estremeci... porém, confiante em seu amor,
Eu disse: "Sim, Senhor."
O Mestre me tomou a mão ainda tremente,
E com ela o coração, que todo se entregou:
Nele tudo lançando; dele tudo esperando.
E na vereda estreita, só nele me apoiando,

A ninguém mais eu vi, senão Jesus somente.
Porém, que horas sublimes, que doce companhia;
E conversou comigo, e trouxe-me confortos,
Exortações, ensinos, e abriu-me tais tesouros
De seu amor por mim.
Que todo o ser lhe abri, contando-lhe os meus ais
E dele fui bebendo; e mais, e mais e mais...
Então eu percebi meus passos tão mais leves
E que uma luz sem par cercava o meu caminho –
A luz que só nos vem de andarmos com o Senhor.
E fui andando assim...

Daqui a um pouco mais, ali nós estaremos,
A ver quantos queridos, há tanto separados...
Gozo sem fim será. Juntos, os peregrinos
Terão para recordar memórias as mais doces,
Da suficiência, aqui, da graça do Senhor.
E ali, nas ruas de ouro – eu gosto de pensar...
Entre as recordações da caminhada aqui,
Que bom será lembrar (toda vez com louvor!)
Aquele dia escuro, aquele trilho estreito

Que Jesus nos chamou a subir, passo a passo
Confiando nele só, e provando o seu braço!
– Adaptado

"Não há um monte alto sem que haja um vale fundo ao lado. Não há nascimento sem dores de parto." – *Dan Crawford*

19 de Agosto

"Entristecidos, mas sempre alegres..." (2 Co 6.10.)

A Tristeza era bela, mas sua beleza era como a beleza do luar quando passa através dos ramos das árvores na mata e forma pequenas poças de prata pelo chão.

Quando a Tristeza cantava, suas notas soavam como o doce e suave gorgeio do rouxinol, e em seus olhos havia aquele ar de quem cessou de esperar pela vinda da alegria. Ela sabia, compadecidamente, chorar com os que choram; mas alegrar-se com os que se alegram era-lhe desconhecido.

A Alegria era linda também, e a sua beleza era como a beleza radiante de uma manhã de verão. Seus olhos ainda traziam o riso alegre da meninice, e em seus cabelos pousava o brilho do sol. Quando a Alegria cantava, sua voz se lançava aos ares como a da cotovia, e seus passos eram como os passos do vencedor que jamais conheceu derrota. Ela podia alegrar-se com os que se alegram, mas chorar com os que choram era-lhe desconhecido.

"Nós nunca podemos estar unidas", disse a Tristeza, pensativa.

"Não, nunca." E os olhos da Alegria ficaram sérios, quando respondeu. "O *meu* caminho atravessa campos ensolarados; as roseiras mais lindas florescem quando eu passo, para que as colha, e os melros e tordos esperam minha passagem, para derramar seus mais alegres trinados."

"O *meu* caminho", disse a Tristeza afastando-se vagarosamente, "atravessa a mata sombria; minhas mãos só podem encher-se das flores noturnas. Contudo, toda a beleza e valor que a noite encerra me pertencem! Adeus, Alegria, adeus."

Quando ela acabou de falar, ambas tiveram consciência de uma presença próxima; indistinta, mas com um aspecto de realeza. E uma atmosfera de reverência e santidade as fez ajoelharem-se perante ele.

"Eu o vejo como o Rei da Alegria", murmurou a Tristeza, "pois sobre a sua cabeça estão muitas coroas, e as marcas das suas mãos e pés são sinais de uma grande vitória. Diante dele toda a minha tristeza está se transformando em amor e alegria imortais, e eu me dou a ele para sempre."

"Não, Tristeza", sussurrou a Alegria, "*eu* o vejo como o Rei da dor, sua coroa é de espinhos, e as marcas das suas mãos e pés são marcas de uma grande agonia. Eu também me dou a ele para sempre, pois a tristeza com ele deve ser muito mais doce do que qualquer alegria que eu conheço."

"Então, nele, nós somos *uma*", exclamaram com júbilo; "pois somente ele poderia unir Alegria e Tristeza."

De mãos dadas, saíram elas para o mundo, para segui-lo na tempestade e na bonança, na desolação do inverno e na alegria do verão, "entristecidos, mas sempre alegres".

O servo do Senhor,
Embora entristecido
Pelas coisas que oprimem
E a batalha cerrada
(Porque os dias são maus
E os tempos trabalhosos!)
Conhece uma alegria
E uma paz interior
Que o mundo não conhece,
E que ninguém lhe tira:
O gozo e a paz de Deus!

20 de Agosto

"Ficando ele só; e lutava com ele um homem, até ao romper do dia." (Gn 32.24.)

Isto era mais Deus lutando com Jacó, do que Jacó lutando com Deus. Era o Filho do Homem, o Anjo da Aliança – era Deus em forma humana, lutando para tentar expulsar de Jacó sua velha vida. E antes que a manhã rompesse, Deus havia prevalecido e Jacó caíra com a coxa deslocada. Mas ao cair, caiu nos braços de Deus, e neles se agarrou e lutou mais, até que a bênção veio, e a nova vida surgiu e ele foi elevado do natural para o sobrenatural, do terreno para o celeste, do humano para o divino. Ao prosseguir em seu caminho naquela manhã, ele era um homem fraco e quebrado, mas Deus estava com ele. E a voz do céu proclamou: "Já não te chamarás Jacó, e sim Israel, pois como príncipe lutaste com Deus e com os homens e prevaleceste."

Amado leitor, esta será sempre uma cena típica de cada vida transformada. Se Deus nos tem chamado para um plano mais alto e melhor, teremos que passar pela hora de crise. Hora em que todos os recursos humanos falham; hora em que enfrentamos, ou ruína, ou algo superior a tudo com que sonhamos, hora em que precisamos da infinita ajuda de Deus! Contudo sabemos que, antes de podermos ter essa ajuda, precisamos desistir de alguma coisa; precisamos render-nos completamente; precisamos abandonar nossa própria sabedoria, força e justiça, e tornar-nos pessoas crucificadas com Cristo e vivas nele! Pois bem, Deus sabe levar-nos a essa crise, e sabe fazer-nos atravessá-la.

Será que ele o está conduzindo assim, prezado leitor? É isto que significa sua profunda aflição, seu ambiente difícil, aquela situação penosa, aquele lugar de provação *aonde* você não pode ir sem ele, e contudo não tem bastante dele para lhe dar a vitória?

Volte-se para o Deus de Jacó! Lance-se totalmente a seus pés. Morra para a sua própria força e sabedoria, abandone-se em seus braços amorosos, e depois levante-se, como Jacó, pela força e suficiência dele. A única saída desse seu poço estreito é no topo. Você precisa obter livramento, elevando-se a um plano mais alto e entrando numa nova experiência com Deus. Que ela possa trazê-lo a tudo o que está contido na revelação do Poderoso de Jacó! – *But Cod*

Jacó ficou só no vau de Jaboque.
E ali viu a face de Deus.
E o dia nascido, trazendo os seus males,
Achou, no caminho, ***Israel.***

21 de Agosto

"Trouxe-me para um lugar espaçoso; livrou-me, porque ele se agradou de mim." (Sl 18.19.)

E o que é esse lugar espaçoso? O que pode ser, senão Deus mesmo? Aquele Ser infinito, em quem terminam todos os outros seres e todas as outras fontes de vida? Deus é de fato um lugar espaçoso. E foi através de humilhação, de rebaixamento, de aniquilamento, que Davi foi trazido a esse lugar. – *Madame Guyon*

"... como vos levei sobre asas de águia e vos cheguei a mim." (Êx 19.4.)

Temendo me entregar inteiro em sua mão,
Perguntei ao Senhor o que aconteceria...
Em que porto daria a minha embarcação...
"Em mim", *disse o Senhor.*

Trabalhando no campo, a cumprir seu chamado,
Tive gostos, porém desapontos achei.
Mas a voz escutei, quando triste e cansado:
*"***Para mim*** te chamei."*

Chorando por alguém, rasgado o coração,
Perguntei ao Senhor aonde me levaria
O trilho em que me via, de dor e solidão.
"A mim", *disse o Senhor.*

Quando olhei meus heróis, deles tanto esperando
Vi-os errar, cair, e a força me fugiu...
Mas disto se serviu e, o pranto me enxugando,
Para **si** *me atraiu.*

Para si! *Encontrei o descanso almejado*
Desde o dia feliz em que nele ancorei!
Nele estou, dele sou, pois meu ser, quebrantado,
Para si *conquistou!*

– *Adaptado*

22 de Agosto

"Quanto aos demais, que se salvassem, uns, em tábuas, e outros, em destroços do navio. E foi assim que todos se salvaram em terra."
(At 27.44.)

Esta extraordinária história da viagem de Paulo a Roma, com suas provas e triunfos, é um bom exemplo do conjunto de luzes e sombras sempre presente no caminho de fé, por toda a história da vida humana. O ponto notável nessa história é que os lugares difíceis e estreitos são entremeados das mais extraordinárias intervenções e providências de Deus.

É comum pensar-se que a vereda de fé é semeada de flores; é comum pensar-se que, quando Deus intervém na vida do seu povo, fá-lo numa escala tão extraordinária que somos colocados acima do plano das dificuldades. A realidade, entretanto, é que a experiência mostra bem o contrário. A história da Bíblia é pontilhada de provas e triunfos, alternadamente, na vida de cada um dos que formam a grande nuvem de testemunhas, desde Abel até ao último mártir que houver.

Paulo, mais do que outro qualquer, foi um exemplo de quanto um filho de Deus pode sofrer sem ser esmagado ou despedaçado no espírito. Por causa de seu testemunho em Damasco, foi perseguido pelos adversários e obrigado a fugir para salvar a vida. Mas não vemos uma carruagem celeste cercada de raios, trovões e chamas, arrebatando o apóstolo do inimigo; e sim, que o desceram pela muralha de Damasco dentro de um cesto, e assim escapou. Num cesto, como uma trouxa de roupas sujas, ou um pacote de compras do supermercado, o servo de Jesus Cristo foi descido por uma janela e fugiu dos inimigos ignominiosamente.

De outra vez o encontramos deixado por meses numa prisão isolada, e o ouvimos falando de suas vigílias, seus jejuns, da deserção de amigos, dos brutais e vergonhosos açoites. Em nosso texto, mesmo depois de Deus ter prometido livrá-lo, nós o vemos sofrer durante vários dias os embates de um mar encapelado, obrigado a apaziguar os pérfidos marinheiros. Por fim, quando vem o livramento, não vemos uma galera vindo do céu para apanhar do naufrágio o nobre prisioneiro, não vemos um anjo andando sobre as águas e aquietando os furiosos vagalhões, não vemos nenhum sinal sobrenatural de que esteja sendo operado um milagre transcendente: vemos um homem a segurar-se a um mastro; outro, a uma tábua flutuante; outro agarrar-se a um destroço qualquer; outro, ainda, a salvar-se a nado.

Aqui está o padrão de Deus para nossa vida. Aqui está uma ajuda do evangelho para pessoas que têm de viver neste mundo atual, no meio de circunstâncias comuns e situações comuns, as quais têm de ser encaradas de uma maneira totalmente prática.

As promessas de Deus, e as suas providências, não nos elevam acima do plano do senso comum e da lida corriqueira, mas é exatamente através dessas coisas que a fé é aperfeiçoada e que Deus se agrada de entretecer, na urdidura da nossa experiência de cada dia, os fios de ouro do seu amor. – De *Hard Places in the Way of Faith*

23 de Agosto

"... e partiu sem saber aonde ia." (Hb 11.8.)

Isto é *fé* sem *vista*. Quando podemos ver, não agimos por fé, mas por raciocínio. Atravessando o Atlântico, certa vez, pude observar exatamente este princípio de fé. Não víamos trilho sobre o ar, nem sinal de praia. E contudo a cada dia estávamos marcando o nosso caminho no mapa, com tal exatidão como se estivéssemos deixando um longo traço de giz sobre o mar. E quando nos encontrávamos a uns vinte quilômetros da costa, sabíamos onde estávamos com tanta certeza, como se a tivéssemos avistado desde o ponto de partida que ficava a três mil quilômetros dali.

Como havíamos calculado e marcado o nosso curso? Todos os dias, o capitão tomava seus instrumentos e, olhando para o céu orientava a rota pelo sol. Estava navegando de acordo com luzes celestes, e não terrestres.

Assim, a fé olha para cima e navega pelo grande sol de Deus, não por uma praia que *vê* no horizonte, nem por um farol, nem por um trilho que marque o caminho. Muitas vezes a rota parece nos levar a uma completa incerteza ou até mesmo a trevas e desastre; mas ele vai à frente, e muitas vezes faz dessas horas escuras as próprias portas do dia. Avancemos hoje, sem saber, mas confiando. – *Days of Heaven Upon Earth*

Muitos de nós queremos ver o fim do caminho antes de nos lançarmos na nova empresa. Se o pudéssemos ver, e víssemos, como iríamos desenvolver as nossas graças cristãs? A *fé*, a esperança e o amor *não são colhidos de árvores, como as maçãs.* Temos que dar o primeiro passo; e o primeiro passo é a chave que libera a corrente do poder de Deus. E não é verdade somente que Deus ajuda a quem se ajuda, *mas também que ele ajuda aqueles que não podem ajudar-se.* Podemos depender dele o tempo todo.

"*Esperar* em Deus leva-nos ao fim da nossa jornada muito mais depressa do que os nossos pés."

A oportunidade muitas vezes é perdida pelo muito calcular.

24 de Agosto

"Recebi tudo e tenho abundância..." (Fp 4.18.)

Num livro de jardinagem que possuo há um capítulo com título interessante: "Flores que crescem na sombra." Trata daqueles recantos do jardim, que não recebem sol. E o manual informa quais os tipos de flor que não temem esses lugares.

Há similares no mundo espiritual. Eles se manifestam quando as circunstâncias se tornam difíceis. Crescem nos lugares sombrios. De outra forma, como poderíamos explicar algumas das experiências do apóstolo Paulo?

Aqui está ele na prisão em Roma. A missão suprema de sua vida parece estar anulada. Mas é justamente nesta atmosfera, que as flores começam a mostrar seu esplendor e glória. Ele pode tê-las visto antes, crescendo na estrada aberta, mas nunca com o viço e beleza que apresentam agora. As palavras de promessa abriram seu tesouro de um modo que ele nunca vira antes.

Entre esses tesouros havia coisas maravilhosas, como a graça e o amor de Cristo, assim como seu gozo e sua paz; e parecia que elas precisavam ser cercadas de sombra para poderem exteriorizar seu segredo e sua glória interior. Por alguma razão, essa atmosfera de sombra tornou-se o ambiente de uma revelação, e Paulo começou a perceber, como nunca dantes, toda extensão e riqueza de sua herança espiritual.

Quem ainda não conheceu pessoas que, quando chegam a lugares de sombra e solidão, revestem-se de forças e de esperança como de um manto? Elas podem ser até aprisionadas, mas levam consigo o seu tesouro. Ninguém pode separá-las dele. Poderão viver em um deserto, mas "o deserto e a terra se alegrarão; o ermo exultará e florescerá como o narciso". – *Dr. Jowett*

"Toda flor, mesmo a mais bela, produz sombra, enquanto balança à luz do sol."

25 de Agosto

"... encerrados, para essa fé..." (Gl 3.23.)

No passado, Deus deixou que o homem ficasse sob a guarda da lei a fim de que aprendesse o caminho mais excelente da fé. Pois na lei ele veria os altos padrões de Deus, e também reconheceria sua própria incapacidade; então estaria predisposto para aprender o caminho divino da fé.

Deus ainda nos encerra para a fé. Nossa natureza, nossas circunstâncias, provas e desilusões, todas servem para nos encerrar guardados, até que vejamos que a única saída é o caminho divino da fé. Moisés tentou conseguir o livramento de seu povo pelo esforço próprio, pela influência pessoal, e até pela violência. Deus teve de deixá-lo quarenta anos no deserto, até ele estar preparado para o trabalho.

Paulo e Silas foram enviados por Deus a pregar na Europa. Desembarcaram e foram a Filipos. Foram açoitados e postos na prisão com os pés no tronco. Ficaram ali encerrados para a fé. Confiaram em Deus. Entoaram louvores a ele na hora mais escura e Deus operou livramento e salvação.

João foi exilado na ilha de Patmos: foi encerrado para a fé. Não tivesse ele sido encerrado, nunca teria visto tão gloriosas visões de Deus.

Amado leitor, você está em alguma grande dificuldade? Teve alguma desilusão? Sofreu alguma dor terrível, alguma perda muito grande? Está num lugar difícil? Ânimo! Você está encerrado para a fé. Aceite sua dificuldade da maneira certa. Entregue-a a Deus. Louve-o porque ele faz com que *todas as coisas cooperem para o bem* e porque Deus *trabalha para aquele que nele espera.* Você receberá bênçãos, auxílio e revelações de Deus que de outra forma não lhe teriam sobrevindo; e, além de você, muitos receberão grandes bênçãos e revelações porque a sua vida esteve encerrada para a fé. – *C. H. P.*

26 de Agosto

"... *não está em mim...*" (Jó 28.14.)

Lembro-me de que, certa ocasião, eu disse: "É do mar que eu preciso." E fui passar alguns dias à beira-mar. Mas este parecia dizer-me: "Não está em mim!" O mar não me deu o que eu esperava. Então pensei: "É nas montanhas que vou conseguir descansar." E fui para a montanha. Quando acordei de manhã, lá estava o grande monte que eu tanto queria ver; mas ele disse: "Não está em mim!" Ele não me satisfez. Ah! Eu precisava era do mar do seu amor e dos altos montes da sua verdade dentro de mim. Foi a sabedoria que as "profundezas" disseram não estar nelas, e que se não pode comparar a joias ou pedras preciosas. Cristo é a sabedoria, e é a nossa mais premente necessidade. O problema de nossa inquietação interior só pode ser resolvido pela revelação do seu eterno interesse e amor por nós. – *Margaret Bottome*

Ninguém pode prender uma águia na floresta. Pode-se cercá-la de um coro dos mais maviosos pássaros, pode-se dar-lhe um poleiro no melhor galho de um pinheiro, pode-se encarregar outras aves de lhe trazerem as mais deliciosas iguarias: ela desprezará tudo. Ela estenderá suas possantes asas e, fitando os píncaros dos montes, cortará os ares em direção às mansões ancestrais, situadas entre penhas e rodeadas da música selvagem dos temporais e das cascatas.

A alma do homem, em seus voos de águia, não achará pouso senão na Rocha Eterna. Suas mansões ancestrais são as mansões do céu. Seus rochedos são os atributos de Deus. O impulso do seu voo majestoso é a eternidade. "Senhor, tu tens sido a nossa morada de geração em geração." – *Macduff*

27 de Agosto

"Jesus, tirando-o da multidão, à parte..." (Mc 7.33.)

Paulo não só suportou as provas no meio do serviço ativo, como na solidão da prisão. É possível suportar-se a pressão de um trabalho intenso, acompanhado de severo sofrimento, e depois não resistir quando deixado à parte, fora de toda atividade religiosa; quando forçado a um estreito confinamento em uma prisão.

Aquela ave nobre, que corta as maiores alturas, alçando-se acima das nuvens, conseguindo voar extensões enormes, mergulha no desespero quando é lançada numa gaiola, e forçada a bater contra as barras da sua prisão as asas impotentes. Você já viu uma grande águia definhar em uma pequena cela, com a cabeça curvada e as asas pendidas? Que imagem da tristeza e inatividade!

Paulo na prisão – uma outra visão da vida. Quer ver como ele enfrenta a situação? Eu o vejo olhando por cima das paredes da prisão e por cima da cabeça de seus inimigos. Vejo-o escrever um documento e assinar seu nome; não o prisioneiro de Festo, nem de César; não a vítima do Sinédrio; mas o "preso do Senhor". Ele via só a mão de Deus, em tudo aquilo. Para ele a prisão se torna um palácio. Em seus corredores ecoam brados de triunfante louvor e gozo.

Impedido de realizar o trabalho missionário que ele tanto amava, agora constrói um púlpito – uma nova tribuna de testemunho – e daquele lugar de cativeiro, vêm alguns dos mais maravilhosos e mais úteis serviços acerca de liberdade cristã. Que preciosas mensagens de luz vêm daquelas sombras escuras da prisão.

Pense na longa linha de santos aprisionados que se sucederam no rastro do apóstolo. Durante doze longos anos, os lábios de Bunyan estiveram silenciados na prisão de Bedford. E foi ali que ele fez a maior e melhor obra de sua vida. Lá ele escreveu *O Peregrino*, o livro mais lido depois da Bíblia. Ele nos fala assim: "Na prisão, eu me sentia como em casa; sentava-me e escrevia, escrevia... pois a alegria me fazia escrever."

O sonho maravilhoso da longa noite de Bunyan tem iluminado o caminho de milhões de peregrinos cansados. Uma mulher francesa, cheia do Espírito Santo, Madame Gyuon, ficou muito tempo entre as paredes de uma prisão. Como alguns pássaros cativos cujo canto é mais belo quando estão confinados, a música de sua alma voou para muito longe daquelas paredes escuras e tem feito dissipar-se a desolação de muitos corações desalentados.

Oh, a consolação celeste que se tem elevado de tantos lugares de solidão! – *S. C. Rees*

28 de Agosto

"*... ali os provou.*" (Êx 15.25.)

Estive certa vez na sala-de-provas de uma grande indústria de aço. À minha volta achavam-se pequenas divisões e compartimentos, e nelas, peças de aço que haviam sido provadas. Cada uma estava marcada com um número que mostrava seu ponto de resistência. Algumas haviam sido torcidas até se quebrarem, e a força de torção estava registrada nelas. Outras haviam sido esticadas até ao ponto máximo, e sua resistência à tração também estava ali indicada. Outras, ainda, haviam sido prensadas até ao máximo, e também estavam marcadas. O chefe das obras sabia exatamente o que aquelas peças de aço suportariam sob pressão. Sabia exatamente o que aguentariam se colocadas num grande navio, edifício ou ponte. E sabia isto porque a sala-de-provas o havia revelado.

Muitas vezes, isto acontece com os filhos de Deus. Ele não quer que sejamos como vasos de vidro ou porcelana. Deseja ver-nos como essas peças de aço, enrijecidas, capazes de suportar torções e compressões até o máximo, sem desfalecer.

Ele não quer que sejamos plantas de estufa, mas carvalhos batidos pelas tempestades; não dunas de areia, movidas por qualquer rajada de vento, mas rochas de granito, arrostando os mais furiosos temporais. Para tornar-nos assim, ele precisa levar-nos à sua sala-de-provas do sofrimento. Muitos de nós não precisam de outro argumento que a própria experiência, para provar que de fato o sofrimento é a sala-de-provas da fé. – *J. H. McC.*

É muito fácil falarmos e apresentarmos teorias sobre a fé, mas, muitas vezes, Deus nos lança no cadinho para provar o nosso ouro e para separar dele a escória e as imperfeições. Felizes somos nós, se os furacões que encrespam o mar inquieto da vida têm o efeito de tornar Jesus ainda mais precioso ao nosso coração. É melhor a tempestade com Cristo do que águas mansas sem ele. – *Macduff*

Como seria, se Deus não pudesse usar o sofrimento para amadurecer a nossa vida?

29 de Agosto

"... ele próprio, carregando a sua cruz, saiu..." (Jo 19.17.)

Há uma poesia chamada "A Cruz Trocada", que fala de uma mulher que, muito cansada, achou que a sua cruz era mais pesada do que a das pessoas à sua volta, e desejou trocá-la por outra. Certa vez sonhou que tinha sido levada a um lugar onde havia muitas cruzes, de diversos formatos e tamanhos. Havia uma bem pequena e linda, cravejada de ouro e pedras preciosas. "Ah, esta eu posso carregar facilmente", disse ela. Então tomou-a; mas seu corpo frágil estremeceu sob o peso daquela cruz. As pedras e o ouro eram lindos, mas o peso era demais para ela.

A seguir viu uma bonita cruz, com flores entrelaçadas ao redor de seu tronco e braços. Esta seria a cruz ideal, pensou. Então tomou-a; mas sob as flores havia espinhos, que lhe feriram os ombros.

Finalmente, mais adiante, viu uma cruz simples, sem joias, sem entalhes, tendo apenas algumas palavras de amor inscritas nela. Pegou-a, e viu que era a melhor de todas, a mais fácil de carregar. E enquanto a contemplava banhada pela luz que vinha do céu, reconheceu que era a sua própria cruz. Ela a havia encontrado de novo, e era a melhor de todas, e a que lhe pareceu mais leve.

Deus sabe melhor qual é a cruz que devemos levar. Nós não sabemos o peso da cruz dos outros. Invejamos uma pessoa que é rica; a sua cruz é de ouro e pedras preciosas, mas não sabemos o peso que tem. Ali está outra pessoa, cuja vida parece muito agradável. Sua cruz está ornada de flores. Se pudéssemos experimentar todas as outras cruzes que julgamos mais leves do que a nossa, descobriríamos por fim que nenhuma delas é tão certa para nós como a nossa. – *Glimpses Through Life's Window*

30 de Agosto

"Os que, tomando navios, descem aos mares, os que fazem tráfico na imensidade das águas, esses veem as obras do SENHOR e as suas maravilhas nas profundezas do abismo." (Sl 107.23,24.)

Para o céu, todo vento que sopra é bom. Quem ainda não aprendeu isto, ainda não é mestre na arte, é apenas aprendiz. A única coisa que não ajuda a ninguém é a calmaria. Norte ou sul, leste ou oeste, não importa; qualquer vento pode nos levar em direção àquele porto bendito. Procuremos apenas uma coisa: *fazer-nos ao mar alto* e então, não tenhamos medo de ventos tempestuosos. Façamos nossa a oração daquele velho crente: "Ó Senhor, manda-nos ao mar alto, às águas profundas. Aqui, nós estamos tão perto dos recifes que, à primeira brisa do inimigo, seremos feitos em pedaços. Senhor, manda-nos ao mar alto – às águas profundas, onde teremos espaço bastante para obter uma gloriosa vitória." – *Mark Guy Pearse*

Lembremo-nos disto: nossa fé mostra suas verdadeiras dimensões na hora da provação. Aquilo que não suporta o momento de prova não passa de mera confiança carnal. Fé em tempo de bonança não é fé. – *C. H. Spurgeon*

31 de Agosto

"... Bem-aventurados os que não viram e creram." (Jo 20.29.)

Como é forte a cilada das coisas visíveis, e como é necessário que Deus nos conserve voltados para as invisíveis! Se Pedro vai andar sobre as águas, precisa andar; se vai nadar, precisa nadar; mas não pode fazer as duas coisas ao mesmo tempo. Se um pássaro vai voar, precisa afastar-se das cercas e árvores e confiar em suas asas. Mas se procurar conservar o chão ao seu alcance, seu voo será bem precário.

Deus teve que levar Abraão ao limite de suas próprias forças, mostrando-lhe que em seu próprio corpo ele nada podia. Abraão precisou chegar a considerar seu corpo como amortecido, para depois esperar que Deus realizasse a obra toda; e quando tirou os olhos de si mesmo e confiou só em Deus, então ficou inteiramente persuadido de que, se Deus havia feito a ele a promessa, era também poderoso para cumpri-la. É isso que Deus está nos ensinando, e muitas vezes ele tem que afastar da nossa vida os resultados positivos, até que aprendamos a nele confiar, sem o apoio deles. Então terá prazer em tornar a sua Palavra bem real para nós por meio de fatos visíveis, assim como já nos é real por meio da fé.

1.º de Setembro

"*... assentarei as tuas pedras com argamassa colorida...*" (Is 54.11.)

As pedras da parede falaram assim: "Nós viemos de montanhas distantes, dos flancos daqueles montes escarpados. Fogo e água deram contra nós, durante séculos, mas só nos tornaram mais rijas. Mãos humanas nos transformaram numa habitação, onde filhos da sua raça imortal têm nascido, sofrido e se alegrado, e onde têm encontrado descanso e abrigo e aprendido as lições ensinadas pelo nosso Criador e seu. Mas passamos por muita coisa, a fim de sermos preparadas para este lugar. A pólvora nos rasgou o coração e picaretas de operários nos fenderam e quebraram, o que às vezes nos parecia sem propósito e sem sentido, a nós que estávamos ali, informes, na pedreira. Mas aos poucos fomos sendo cortadas em blocos, e algumas foram trabalhadas por instrumentos especiais até terem quinas bem agudas. Agora, porém, estamos completas; cada uma ocupa seu lugar, e somos úteis.

"Você ainda está na pedreira, informe, e por isso muita coisa parece-lhe inexplicável como o era para nós tempos atrás. Mas você está destinado a um edifício muito mais importante, e um dia será colocado nele por mãos não humanas, e será uma pedra viva, num templo celeste."

2 de setembro

"Porque vos foi concedida a graça de padecerdes..." (Fp 1.29.)

O preço da escola de Deus é muito elevado. Muitas de suas lições são lidas através de lágrimas. Richard Baxter disse: "Ó Deus, eu te agradeço pela disciplina deste corpo, que já dura cinquenta e oito anos." E ele não foi o único que transformou a tribulação em triunfo.

Esta escola de nosso Pai celeste logo terminará para nós; nosso período escolar está cada dia mais perto do fim. Não fujamos de diante de alguma lição mais difícil, nem recuemos ante a vara da correção. Ao nos diplomarmos na glória, a coroa será mais bela, e o céu mais doce se tivermos suportado tudo alegremente. – *Theodore L. Cuyler*

A mais fina porcelana do mundo é queimada pelo menos três vezes, e algumas mais de três vezes. A de Dresden sempre é queimada três vezes. E *por que* passa por esse calor intenso? Uma ou duas vezes deveriam ser suficientes. Não, aquela porcelana precisa ser queimada três vezes para que os adornos de ouro e carmesim fiquem mais belos e se fixem nela permanentemente.

Em nossa vida somos trabalhados segundo o mesmo princípio. Nossas provações ardem em nós uma, duas, três vezes. E pela graça de Deus as cores mais belas são nela gravadas, e se fixam para sempre. – *Cortland Myers*

3 de setembro

"E, vendo-os em dificuldade a remar..." (Mc 6.48.)

Não é o esforço extremo que leva a termo a obra que Deus nos dá para fazer. Só Deus mesmo, que sempre trabalha sem tensão e nunca em excesso, pode fazer a obra que dá a seus filhos. Quando eles descansam confiados nele para que a execute, então ela será bem feita e completa. A maneira de deixá-lo fazer a sua obra através de nós é participarmos de Cristo tão plenamente, pela fé, que Jesus transborde da nossa vida.

Um homem que aprendeu este segredo disse certa vez: "Eu vim a Jesus e bebi, e creio que nunca mais terei sede. Tomei como meu lema: *'Não trabalhar em excesso, mas transbordar'*; e isto já trouxe uma grande mudança à minha vida."

Em transbordar não há esforço. Possui uma força irresistível, mas tranquila. É a vida normal a que Cristo nos convida hoje e sempre, em que ele mesmo é quem está sempre realizando tudo com a sua onipotência. – *The Sunday School Times*

"Na calma da ressurreição está o poder da ressurreição!"

4 de setembro

"E será que, tocando-se longamente a trombeta de chifre de carneiro, ouvindo vós o sonido dela, todo o povo gritará com grande grita; o muro da cidade cairá abaixo, e o povo subirá nele, cada qual em frente de si." (Js 6.5.)

O grito da fé firme está em contraste direto com os lamentos da fé fraquejante e os queixumes do coração desanimado. Entre os muitos "segredos do Senhor", não conheço um mais precioso do que este *grito da fé*. O Senhor disse a Josué: "Olha, entreguei na tua mão Jericó, o seu rei e os seus valentes." Ele não disse: "entregarei", mas "entreguei". Jericó já lhes pertencia, e agora eles eram chamados a tomar posse dela. Mas a questão era: como? Parecia impossível. Mas o Senhor declarou-lhes o seu plano.

Bem, não podemos absolutamente supor que aquele grito tenha causado a queda dos muros. Contudo, o *segredo* da vitória estava justamente naquele grito, pois era o grito de uma fé que, firmada somente na Palavra de Deus, ousava tomar como sua uma vitória que lhes fora prometida, num momento em que não havia ainda sequer sinais dessa vitória. E segundo a sua fé, assim lhes foi feito por Deus, de modo que, quando gritaram, ele fez caírem as muralhas.

Deus havia declarado que lhes *tinha entregado* Jericó, e a fé aceitou isto como sendo verdade. Muitos séculos depois, o Espírito Santo registrou em Hebreus esse triunfo da fé: "Pela fé, ruíram as muralhas de Jericó, depois de rodeadas por sete dias." – *Hannah Whitall Smith*

5 de setembro

"... bem-aventurados todos os que nele esperam." (Is 30.18.)

Ouve-se muito falar sobre esperar em Deus. Contudo há um outro lado nesta questão. Quando esperamos *em* Deus, ele está esperando que estejamos preparados; quando esperamos *por* Deus, nós estamos esperando que ele esteja pronto.

Muitos dizem, e muitos mais creem, que no momento em que preenchemos as condições necessárias à resposta de uma oração, Deus a responde. Dizem estes que Deus vive num eterno *agora;* para ele não há passado nem futuro, e se pudermos cumprir tudo o que ele requer no caminho da obediência à sua vontade, as nossas necessidades serão supridas *imediatamente,* os nossos desejos, cumpridos e respondidas as nossas orações.

Há muita verdade nessa crença, contudo ela expressa apenas um lado da verdade. Embora Deus viva num eterno *agora,* ele opera os seus propósitos no *tempo.* Uma petição apresentada diante de Deus é como uma semente lançada no solo. Forças que estão acima e além do nosso controle trabalham sobre ela, até que é dada a plena frutificação da resposta. – *The Still Small Voice*

"E a paciência estava disposta a esperar." – O *Peregrino*

6 de setembro

"... tu... permaneces..." (Hb 1.11.)

Há sempre muitas lareiras solitárias – sim, e quantas! E os que se assentam junto delas, ao lado da cadeira vazia, não podem conter as lágrimas que lhes brotam. Há pessoas que estão sempre muito *sozinhas.* Mas *há* um ser invisível ali mesmo ao seu alcance. É que, por alguma razão, não *tomamos consciência* da sua presença. Ter consciência desse fato é uma bênção, mas é raro. Pertence à disposição, aos sentimentos. Depende das condições do tempo e das condições físicas. A chuva, a neblina lá fora, a noite mal dormida, a dor penetrante, estas coisas influem tanto em nossa disposição, que parecem obscurecer completamente aquela percepção. Mas há algo um pouco mais elevado do que *ter consciência*. É ainda mais maravilhoso. É independente de todas essas condições exteriores, e é algo que permanece. E é isto: o *reconhecimento pela fé*, daquela Presença invisível, tão maravilhosa e tranquilizadora, que suaviza, acalma e aquece. *Reconheça a presença dele*, do Mestre. Ele está aqui, bem perto; sua presença é real. Reconhecer este fato nos ajudará a ter consciência dele também, mas o reconhecimento pela fé não depende de se ter ou não consciência dele. Pois a própria verdade é uma Presença, não uma coisa ou mera afirmação. *Alguém* está presente: um Amigo que nos quer bem, um Senhor todo-poderoso. E isto é uma confortante mensagem para os corações que choram, qualquer que seja a razão das lágrimas. – *S.* D. *Gordon*

7 de setembro

"Deus é o nosso refúgio e fortaleza, socorro bem presente nas tribulações."
(Sl 46.1.)

Muitas vezes surge a pergunta: "Por que ele não me socorreu antes?" Porque esse não é o seu modo de operar. Primeiro ele precisa nos ajustar à tribulação e ensinar-nos uma lição. A promessa é: "Estarei com ele na angústia, livrá-lo-ei e o glorificarei". Primeiro ele precisa estar conosco *no meio* da tribulação, o dia todo e a noite toda. Então ele nos tirará dela. E isto só acontecerá depois que nós pararmos de ficar agitados e agastados a respeito do assunto e ficarmos calmos e quietos. Então ele dirá: "Basta."

Deus usa a tribulação para ensinar preciosas lições a seus filhos. As tribulações visam a nos educar. E quando a sua boa obra está completa, uma gloriosa recompensa nos vem através delas. Há nelas um gozo suave e um valor real. Ele não as vê como dificuldades, mas como oportunidades. – *Selecionado*

Certa vez ouvimos de um crente já idoso, um homem muito simples, uma coisa que nunca mais esquecemos: "Quando Deus prova a gente, é uma boa hora para a gente também fazer prova de Deus. A gente pega as promessas de Deus e faz prova delas: vai tirando daí tudo o que é precioso para socorrer a gente naquela provação."

Há duas maneiras de se sair de uma tribulação. Uma é simplesmente procurar ficar livre dela e respirar aliviado quando tudo passou.

Outra é aceitar a tribulação como um desafio de Deus, para tomarmos posse de uma grande bênção, da maior bênção já experimentada, e saudá-la com alegria como sendo uma oportunidade de obtermos uma medida maior da graça de Deus. Assim, até mesmo o adversário se torna um auxiliar, e as coisas que parecem ser contra nós passam a servir para nosso progresso. Sem dúvida, isto é ser mais do que vencedor por Aquele que nos amou. – *A. B. Simpson*

8 de setembro

"... *na angústia me deste largueza...* " (Sl 4.1 – ARC.)

Este é um dos maiores testemunhos dados pelo homem quanto ao governo moral de Deus. Não é uma palavra de ação de graças a Deus por ter sido livre de sofrimento. É ação de graças por ter sido libertado *através* do sofrimento, pois diz: "Na angústia me deste largueza." Ele declara que as próprias tristezas foram a fonte de um alargamento na vida.

E você já não descobriu mil vezes a verdade disto? Está escrito a respeito de José na prisão, que o ferro entrou em sua própria alma. Todos nós sentimos que o de que José necessitava para o bem de sua alma era justamente o ferro. Ele tinha visto o brilho do ouro; tinha-se alegrado nos sonhos dos dias jovens, e os sonhos endurecem o coração. Quem derrama lágrimas sobre a narrativa de um romance não estará muito apto a servir de auxílio na vida real; a verdadeira tristeza lhe parecerá muito sem poesia. Precisamos do ferro para alargar a nossa natureza. O ouro é apenas uma visão; o ferro é uma experiência. A corrente que me liga à humanidade precisa ser de ferro. Aquele toque de humanidade que nos irmana com o mundo não é a alegria, mas a tristeza. O ouro é parcial, o ferro é universal.

Minha alma, se você quer ser alargada na sua compaixão e na sua capacidade de sentir com os outros, precisa ser estreitada dentro de limites de sofrimento humano. A prisão de José foi sua estrada para o trono. Se o ferro ainda não entrou em seu coração, você não é capaz de carregar a carga de ferro de seu irmão. As coisas que a limitam na verdade são as que a alargam. As sombras da sua vida é que são o verdadeiro cumprimento dos seus sonhos de glória. Não se queixe das sombras, minha alma, elas contêm revelações melhores do que as dos seus sonhos. Não diga que as sombras da prisão a acorrentaram, os grilhões das horas sombrias na verdade são asas – asas que a levam em *voo* para dentro do seio da humanidade. A porta da sua prisão dá para o coração do universo. Deus a tem alargado, através dos grilhões da corrente do sofrimento. – *George Matheson*

Se José não tivesse sido prisioneiro, nunca teria sido governador do Egito. A cadeia de ferro em que prendeu seus pés foi a preparação para a cadeia de ouro que foi colocada em volta do seu pescoço. – *Selecionado*

9 de setembro

"... *a terra era pouca...* " (Mt 13.5.)

Parece-nos, pelo ensino desta parábola, que nós temos alguma coisa a ver com o solo. A semente frutífera caiu num "coração reto e bom". Creio que há pessoas sem profundidade que são como o solo *sem muita terra* – aqueles que não têm um propósito real, que são movidos por qualquer apelo comovente, ou por um bom sermão, uma melodia sentimental, e que, a princípio, parece que vão produzir alguma coisa; mas *não há muita terra* – não há profundidade, não há um propósito honesto e profundo, não há um desejo real de conhecer o dever a fim de cumpri-lo. Olhemos para o solo do nosso coração.

Quando um soldado romano era informado por seu dirigente de que, se insistisse em seguir determinada expedição, provavelmente iria morrer, a resposta era: "É necessário que eu vá; não é necessário que eu viva."

Isto é profundidade. Quando estamos assim convictos, alguma coisa resultará daí. A natureza superficial vive dos seus impulsos, impressões, intuições, instintos e, também, do que a cerca. O caráter profundo olha para além dessas coisas e, enfrentando tempestades e nuvens, avança para a região ensolarada do outro lado; ele espera pelo amanhã, que sempre traz o reverso da dor e da aparente derrota e fracasso.

Quando Deus nos faz profundos, então pode dar-nos também suas verdades e segredos mais profundos e confiar-nos coisas maiores. Senhor, guia-me às profundezas da tua vida e livra-me de uma experiência superficial.

10 de setembro

"O que a mim me concerne o S*ENHOR levará a bom termo..."* (Sl 138.8.)

Há no sofrimento um mistério divino, sim, um poder estranho e sobrenatural, que nunca foi penetrado pela razão humana. Não há alma que não tenha conhecido grande santidade, que também não tenha passado por grande sofrimento. Quando a alma chega ao ponto calmo e doce de não abrigar preocupações, quando ela pode ter no íntimo um olhar suave para com a própria dor e nem sequer pede a Deus para livrá-la do sofrimento, então o sofrimento já cumpriu seu bendito ministério; então a paciência concluiu sua obra perfeita; então a crucificação começa a transformar-se em coroa.

É neste estado de maturidade no sofrimento que o Espírito Santo opera muitas coisas maravilhosas em nossa alma. Em tais condições, todo o nosso ser está inteiramente quieto sob a mão de Deus: cada faculdade da mente, da vontade e do coração está finalmente subjugada. Uma quietude vinda da eternidade ocupa todo o ser; a língua se aquieta e tem poucas palavras a dizer, ela para de fazer perguntas a Deus, para de clamar: "Por que te esqueceste de mim?"

A imaginação para de construir castelos na areia ou de voar para rumos vãos, a razão fica mansa e dócil, as escolhas próprias são deixadas, a alma não deseja outra coisa senão o propósito de Deus. Nossa afeição se desliga de toda criatura e de todas as coisas; ela fica tão entregue a Deus, que nada pode ferir nosso coração, nada pode ofendê-lo, nada pode detê-la, nada pode atravessar-se em seu caminho; pois sejam quais forem as circunstâncias, o ser está buscando só a Deus e a sua vontade. Ele sabe com certeza que Deus está fazendo com que todas as coisas no universo, boas ou más, passadas ou presentes, contribuam juntamente para o seu bem.

Que felicidade é estarmos inteiramente subjugados! Perdermos a nossa própria força, e sabedoria, e planos e desejos, e estarmos onde todos os átomos da nossa natureza são como o plácido mar da Galileia sob os onipotentes pés de Jesus. – *Soul Food*

A grandeza está em sofrer sem ficar desanimado. – *Fenelon*

11 de setembro

"E assim, depois de esperar com paciência, obteve Abraão a promessa." (Hb 6.15.)

Abraão foi provado por longo tempo, mas foi abundantemente recompensado. O Senhor o provou através de uma demora em cumprir a promessa. Satanás o provou pela tentação; Sara o provou por sua impertinência; os homens o provaram pelo ciúme, desconfiança e oposição. Ele, porém, suportou tudo pacientemente. Não discutiu a veracidade da promessa, não limitou o poder de Deus, não duvidou da sua fidelidade, nem magoou o seu amor. Antes curvou-se à soberania de Deus, submeteu-se à sua infinita sabedoria e ficou em silêncio, apesar das demoras, esperando a ocasião determinada pelo Senhor. E assim, tendo esperado com paciência, alcançou a promessa.

As promessas de Deus não podem deixar de ser cumpridas. Os que pacientemente esperam não serão decepcionados. A expectação da fé será recompensada.

Amado leitor, a conduta de Abraão condena um espírito apressado, reprova a murmuração, recomenda o espírito paciente e encoraja uma quieta submissão à vontade e aos caminhos de Deus. Lembre-se de que Abraão foi provado; de que ele esperou pacientemente; recebeu a promessa e foi satisfeito. Imite o seu exemplo, e receberá a mesma bênção. – *Selecionado*

12 de setembro

"Quem é esta que sobe do deserto e vem encostada ao seu amado?..." (Ct 8.5.)

Alguém certa vez aprendeu uma lição valiosa, numa reunião de oração. Um humilde irmão pediu ao Senhor várias bênçãos – como costumamos fazer – e agradeceu por muitas já recebidas – como todos nós fazemos – mas terminou com uma petição estranha: "E, ó Senhor, põe estacas em nós! Sim; põe estacas em todas as nossas necessidades de encostar!" Você tem necessidade de se encostar? A oração daquele homem humilde as apresenta aos nossos olhos de uma maneira nova, e também nos mostra o Grande

Sustentador sob uma nova luz. Ele está sempre andando ao lado do crente, pronto a estender seu braço poderoso e escorar o fraco "em todos as nossas necessidades de encostar".

Meu Jesus se fez por mim
Tudo, sim!
Nele encontro, pois, assim,
Tudo para mim.

Santidade, amor, poder,
– Cada instante em meu viver –
Redenção e paz sem fim,
Tudo ele é para mim!

Só Jesus me satisfaz
Tudo, sim!
Sempre limpo e são me faz,
Tudo é para mim.

Ele é todo o meu prazer,
Tudo, sim!
Me segura e faz vencer!
Tudo é para mim.

Sobre a Cruz por mim sofreu
Tudo, sim!
Resgatou-me e fez-me seu
Tudo é para mim!

Glória, honra e amor lhe dou!
Tudo, sim!
Seu eternamente sou!
Tudo é para mim!
– Adaptado

13 de setembro

"... prepara-te para amanhã, para que subas, pela manhã, ao monte... e ali te apresentes a mim no cimo do monte." (Êx 34.2.)

A *manhã* é o tempo que eu estabeleci para estar a sós com o Senhor. A própria palavra *manhã* é como um belo cacho de uvas. Vamos esmagá-las e beber o vinho sagrado. De manhã! É a hora que Deus preparou para eu estar no melhor do meu vigor e esperança. Não vou ter que subir ao monte na hora em que estiver cansado. Durante a noite eu sepultei a fadiga de ontem, e de manhã tomo uma nova porção de energia. Bendito é o dia cuja manhã é santificada! Bem-sucedido é o dia cuja primeira vitória é conquistada em oração! Santo é o dia cuja aurora nos encontra no cimo do monte!

Meu Pai, estou indo! Nada na planície rasteira me afastará das santas alturas. Ao teu comando eu vou, então tu virás encontrar-te comigo. De manhã no monte! E estarei forte e alegre por todo o resto de um dia tão bem iniciado. – *Joseph Parker*

Minha mãe possuía o hábito de, todos os dias imediatamente após o café da manhã, recolher-se ao seu quarto e passar uma hora em leitura da Bíblia, meditação e oração. Daquele período, como se fosse uma fonte pura, ela tirava a força e a doçura que a capacitavam para todos os seus afazeres e para permanecer sem agitação no meio das banalidades e pequenos aborrecimentos que são tantas vezes motivo de perturbação em lugares onde a vizinhança é muito próxima. Quando eu penso em sua vida, e em tudo o que teve de suportar, vejo o completo triunfo da graça cristã em seu precioso ideal de mulher cristã. Nunca vi seu gênio alterado; nunca a ouvi proferir uma palavra de ira, calúnia ou maledicência; nunca observei nela nenhum sinal de um só sentimento que não ficasse bem numa alma que havia bebido do rio da água da vida e que se havia nutrido do maná em pleno deserto. – *Farrar*

Dê a Deus a flor do dia. Não o ponha de lado juntamente com as folhas secas.

14 de setembro

"... Se alguém quer vir após mim, a si mesmo se negue, tome a sua cruz e siga-me." (Mc 8.34.)

A cruz que o Senhor me manda tomar e carregar pode assumir diferentes formas. Pode ser que eu tenha de me contentar com uma esfera humilde e estreita, quando sinto capacidade para trabalho muito mais elevado. Pode ser que eu tenha de cultivar durante muitos anos um campo que não me parece trazer colheita alguma. Pode ser que ele me mande nutrir pensamentos amáveis sobre alguém que me prejudicou, e pode ser que eu seja levado a falar-lhe brandamente, a tomar a sua defesa contra alguém que se opõe a ele, a cercá-lo de simpatia e dar-lhe minha ajuda. Pode ser que eu tenha de confessar a meu Mestre no meio daqueles que não querem ser relembrados da existência dele, nem dos seus direitos sobre eles. Pode ser que eu seja chamado a andar entre os homens com rosto radiante, quando meu coração está partido.

Existem muitas cruzes, e todas elas são dolorosas e pesadas. Eu não procurarei nenhuma delas por iniciativa própria. Mas Jesus nunca está tão perto de mim como quando tomo a minha cruz e, submisso, coloco-a sobre os ombros, e a recebo com as boas-vindas de um espírito paciente e conformado.

Ele se aproxima, para fazer amadurecer a minha sabedoria, para aprofundar a minha paz, para aumentar a minha coragem, para aumentar minha capacidade de ser útil aos outros, e isto através da própria experiência que se faz tão pesada e angustiante. E então – como estava escrito no sinete de um heroico prisioneiro – *Eu cresço sob a carga.* – *Alexander Smellie*

"Aceite sua cruz como um bordão, não como um tropeço."

15 de setembro

"... assopra no meu jardim, para que se derramem os seus aromas..." (Ct 4.16.)

Algumas das especiarias mencionadas neste capítulo são bastante sugestivas. O aloés era uma especiaria amarga, e fala-nos da doçura das coisas amargas, o doce-amargo, que quem já provou, sabe bem quanto agrada ao paladar. A mirra era usada para embalsamar os mortos, e fala-nos de morrermos para alguma coisa. É a doçura que vem ao coração depois que ele morreu para a vontade própria, o orgulho e o pecado.

Oh, o encanto inexprimível que paira em torno de alguns crentes, simplesmente porque trazem no semblante açoitado pela disciplina e no espírito dulcificado, as marcas da cruz; a santa evidência de terem morrido para o que uma vez foi orgulho e força, mas que agora está para sempre aos pés do Senhor. É o encanto celeste de um espírito quebrantado e um coração contrito, a música que brota de uma tonalidade menor.

E ainda, o incenso, com a fragrância que procedia do toque de fogo. Era aquele pó queimado que se erguia em nuvens de doçura do seio das chamas. Fala-nos do coração cuja doçura tem-se desprendido talvez através das chamas da aflição, até que o lugar santo da alma é cheio das nuvens de oração e louvor. Amado leitor, estamos nós derramando as especiarias, os perfumes, os aromas suaves do coração? – *The Love-Life of our Lord*

16 de setembro

"... esconde-te junto à torrente de Querite..." (1 Rs 17.3.)

Os servos de Deus precisam ser instruídos quanto ao valor da vida escondida. Para se ocupar uma posição elevada diante dos semelhantes, é preciso tomar uma posição humilde diante de Deus. Não devemos ficar surpresos se às vezes nosso Pai nos diz: "Chega, meu filho. Você já aguentou bastante dessa correria, publicidade e movimento; retire-se daqui, esconda-se junto ao ribeiro – esconda-se no Querite do quarto de enfermidade, ou no Querite do luto, ou em alguma solidão, do qual as multidões se afastaram."

Feliz daquele que pode responder: "A tua vontade nisto é a minha também. Fujo para ti e me escondo. Esconde-me no oculto do teu tabernáculo e à sombra das tuas asas!"

Para que uma alma piedosa tenha poder entre os homens, ela precisa ganhá-lo em algum Querite escondido. A aquisição de poder espiritual é impossível, se não nos escondermos dos homens e de nós mesmos em algum lugar oculto onde possamos absorver o poder do Deus eterno: como a vegetação que absorveu por longas eras a energia do sol, agora a devolve através do carvão em brasa.

O Bispo Andrews, um servo de Deus, teve o seu Querite, no qual passava cinco horas diariamente em oração e devoção. Também João Welsh, o qual achava mal empregado o dia em que não passava de oito a dez horas em comunhão particular. Davi Brainerd teve o seu Querite nas matas da América do Norte.

Christmas Evans o teve nas viagens longas e solitárias por entre os montes de Gales.

Ah, voltemo-nos aos benditos começos da nossa era: Patmos, o lugar segregado das prisões romanas, o deserto da Arábia, os montes e vales da Palestina, todos estes são lembrados para sempre como os querites daqueles que fizeram o nosso mundo de hoje.

Nosso Senhor encontrou o seu Querite em Nazaré e no deserto da Judeia, entre as oliveiras de Betânia e na solidão de Gadara. Nenhum de nós, pois, pode passar sem algum Querite, onde o som das vozes humanas é substituído pela quietude das águas que vêm do trono. É onde podemos provar as doçuras e embeber-nos do poder de uma vida escondida com Cristo. – *Elijah,* de *Meyer*

17 de setembro

"... É o SENHOR; faça o que bem lhe aprouver." (1 Sm 3.18.)

"Veja Deus em tudo, e Deus porá calma e colorido em tudo o que você vê!" Pode ser que as circunstâncias da nossa dor não sejam removidas, que a sua condição permaneça inalterada, mas se Cristo, como Senhor e Mestre de nossa vida, for trazido para a nossa dor e sombra, ele nos cingirá de alegres cantos de livramento. Vê-lo – e ter a certeza de que a sua sabedoria não pode errar, seu poder não falha, seu amor não muda, saber que mesmo os seus tratamentos mais severos e dolorosos para conosco visam ao nosso mais profundo proveito espiritual – é ser capaz de dizer, no meio do luto, do sofrimento, da dor, da perda: "O Senhor o deu, e o Senhor o tomou; bendito seja o nome do Senhor."

Nada, senão *ver a Deus em tudo,* pode tornar-nos pacientes com os que nos molestam e atribulam. Eles serão para nós, então, apenas instrumentos para a realização dos propósitos sábios e amorosos de Deus para conosco, e nos encontraremos por fim dando graças por eles no íntimo, pela bênção que trouxeram à nossa vida. Nenhuma outra coisa porá um ponto final tão decisivo em nossas murmurações e pensamentos de rebelião. – *H. W. Smith*

18 de setembro

"Ao meu coração me ocorre: Buscai a minha presença; buscarei, pois, SENHOR, a tua presença." (Sl 27.8.)

É necessário esperar em Deus, a fim de vermos a Deus, de termos uma visão dele. O elemento tempo é essencial na visão. Nosso coração é como uma sensível chapa fotográfica, e para termos Deus revelado ali, precisamos sentar-nos a seus pés por muito tempo. A face encrespada de um lago não reflete o céu.

Se queremos ver a Deus, nossa vida precisa estar quieta e em repouso. A visão de certas coisas tem o poder de afetar uma vida: um calmo pôr do sol poderá acalmar um coração agitado. A visão de Deus sempre transforma a vida humana.

Jacó viu a Deus em Jaboque, e passou a ser Israel. A visão de Deus transformou Gideão, de covarde, em um soldado valoroso. A visão de Cristo mudou Tomé, de seguidor temeroso, para discípulo devotado e leal.

Os homens têm tido visões de Deus desde os tempos bíblicos. William Carey viu a Deus, e deixou seu banco de sapateiro para ir à Índia; Davi Livingstone viu a Deus, e deixou tudo para segui-lo através das selvas escuras da África. Dezenas e centenas de pessoas têm tido visões de Deus e hoje estão nos confins da terra, trabalhando para apressar a evangelização do mundo. – *Pardington*

É muito raro haver um silêncio completo na alma. Deus está nos falando baixinho, bem de perto, incessantemente. Sempre que os sons do mundo cessam na alma, ou se empalidecem, ouvimos o murmurar de Deus. Ele está sempre falando baixinho aos nossos ouvidos. Se nós não ouvimos, é por causa do barulho, da pressa e da distração que a vida produz enquanto passa veloz. – *F. W. Faber*

19 de setembro

"*.... meu Pai é o agricultor.*" (Jo 15.1.)

É confortador pensarmos na tribulação, qualquer que seja a forma em que ela nos venha, como sendo um mensageiro celeste, trazendo-nos alguma coisa da parte de Deus. Em seu aspecto terreno, ela pode parecer penosa e até destrutiva, mas vista sob o aspecto de seus resultados espirituais, ela traz bênção. Muitas das bênçãos mais ricas que nos têm vindo de homens do passado são fruto de sofrimento e dor. Não devemos esquecer-nos de que a redenção – a maior de todas as bênçãos – é o fruto do maior de todos os sofrimentos. Em qualquer tempo de severa poda, quando a faca entra fundo e a dor é forte, é um grande conforto lermos: "Meu Pai é o agricultor."

Um servo de Deus nos conta que esteve certa vez numa grande estufa onde viu exuberantes cachos de uvas pendendo de toda parte. O proprietário lhe disse: "Quando meu novo jardineiro veio para cá, disse-me que só cuidaria destas videiras se pudesse desbastá-las até deixar-lhes só o tronco. E assim fez. Por dois anos não tivemos uvas, mas agora aí está o resultado."

Esta interpretação do processo da poda é muito sugestiva se a aplicarmos à vida cristã. A poda parece estar destruindo a videira; o agricultor *parece* estar cortando-a totalmente; mas ele está visando a um momento futuro, e sabe que o resultado final será o enriquecimento da vida da videira e maior abundância de fruto.

Há bênçãos que só podemos obter se estivermos prontos a pagar o preço da dor. Não há maneira de as conseguirmos, senão através de sofrimento. – *Dr. Miller*

20 de setembro

"... Não te disse eu que, se creres, verás a glória de Deus?" (Jo 11.40.)

Maria e Marta não podiam entender o que o seu Senhor estava fazendo. Ambas lhe disseram: "Senhor, se tu estivesses aqui, meu irmão não teria morrido." Parece que atrás de tudo isto podemos ler os seus pensamentos: "Senhor, nós *não* entendemos *por que* demoraste tanto para vir. Não entendemos *como* deixaste morrer aquele a quem amavas. Não entendemos como pudeste deixar que a dor e o sofrimento rasgassem nossa vida, quando a tua presença poderia ter impedido tudo isto. *Por que* não vieste antes? Agora é tarde, pois ele já está morto há quatro dias!"

E para tudo isto o Senhor Jesus tinha apenas uma grande resposta: "Vocês podem não entender, mas eu não lhes disse que se *crerem, verão?*"

Abraão não podia entender *por que* Deus lhe pedia o sacrifício do filho, mas confiou. E *viu* a glória de Deus na restituição dele ao seu amor. Moisés não conseguia entender *por que* Deus o retinha em Midiã aqueles quarenta anos, mas confiou, e *viu,* quando Deus o chamou para tirar a Israel da servidão.

José não podia entender a crueldade de seus irmãos, o falso testemunho de uma mulher pérfida e os longos anos de uma reclusão injusta; mas confiou, e por fim *viu* a glória de Deus em tudo o que se passou.

Jacó não podia entender a estranha providência que permitiu que José fosse arrancado ao seu amor de pai, mas *viu* a glória de Deus quando contemplou o rosto daquele filho como governador à mão de um grande rei e como o preservador de sua própria vida e da de uma grande nação.

E talvez seja assim na sua vida. Você diz: "Eu não entendo por que Deus deixou este meu ente querido ser levado. Eu não entendo por que ele permitiu que a aflição me açoitasse. Não entendo estes caminhos tortuosos pelos quais o Senhor está me guiando. Não entendo por que foram desmantelados os planos que eu achava tão bons. Não entendo por que as bênçãos de que eu preciso tanto estão demorando tanto para vir."

Amigo, você não *tem* que entender todos os caminhos de Deus, todas as maneiras como ele dirige a sua vida. Deus não espera que você entenda tudo. Você não espera que o seu filhinho entenda tudo; quer apenas que confie em você. Um dia, *verá* a glória de Deus nas coisas que não entende. – *M. H. McC*

21 de setembro

"Sim, deveras considero tudo como perda, por causa da sublimidade do conhecimento de Cristo Jesus, meu Senhor..." (Fp 3.8.)

A época da colheita é a estação alegre das espigas maduras, da canção festiva, dos celeiros cheios. Mas vamos atentar para o sermão que o campo nos dá. Esta é a mensagem solene que ele tem para mim: "Você tem que morrer, para poder viver. Seu conforto e bem-estar não têm que ser consultados. Você tem que ser crucificado, não somente quanto aos desejos e hábitos pecaminosos, mas a muitos outros, que parecem inocentes e retos."

Se você quer vir a salvar outros, não pode salvar-se a si mesmo. Se quer dar muito fruto, precisa ser sepultado em trevas e solidão.

Meu coração treme ao ouvir estas coisas. Mas se Jesus me pede isto, possa eu dizer a mim mesmo como é sublime entrar na comunhão dos seus sofrimentos; e estarei na melhor das companhias. E possa eu ainda dizer a mim mesmo que tudo isso tem por fim tornar-me em vaso idôneo para seu uso. O Calvário dele floresceu e frutificou; assim será com o meu também. Abundância sairá da dor; vida, da morte. Não é essa a lei do Reino? – *In the Hour of Silence*

Quando o botão se abre numa flor, chamamos a isso morte? – *Selecionado*

22 de setembro

"... Satanás vos reclamou para vos peneirar como trigo! Eu, porém, roguei por ti, para que a tua fé não desfaleça..." (Lc 22.31,32.)

Nossa fé é o centro do alvo a que Deus atira quando nos prova; e se alguma outra graça passa sem ser testada, com a fé isso não acontece. Não há melhor maneira de ferir a fé no seu próprio cerne, do que cravar-lhe a seta do desamparo. Isto revela logo se ela é ou não a fé dos imortais. Despoje a fé do gozo que a envolve como uma armadura e deixe que venham contra ela os terrores do Senhor; e será fé real, a que escapar ilesa do ataque. A fé precisa ser provada, e o desamparo aparente é a fornalha aquecida sete vezes, na qual ela precisa ser lançada. Bem-aventurado o homem que pode suportar a provação. – *C. H. Spurgeon*

Paulo disse: "Guardei a fé", mas ficou sem a cabeça! Cortaram-lhe a cabeça, mas não tocaram em sua fé. Aquele grande apóstolo dos gentios se alegrava por três coisas: *havia combatido o bom combate, acabado a carreira e guardado a fé.* Que lhe importava o resto? Paulo ganhou a corrida: ele ganhou o prêmio; e hoje tem a admiração não só da terra, mas do Céu. Por que não agimos como se valesse a pena perder tudo para ganhar a Cristo? Por que não somos leais à verdade, como ele foi? Ah, nós não temos a sua aritmética. Ele contava de maneira diferente da nossa. Nós contamos como *lucro* o que ele contava como *perda.* É mister que tenhamos a sua fé e a guardemos, se queremos receber a mesma coroa.

23 de setembro

"Quem crer em mim, como diz a Escritura, do seu interior fluirão rios de água viva." (Jo 7.38.)

Alguns de nós ficamos temerosos e imaginando por que o Espírito Santo não nos enche. Não será porque estamos recebendo em abundância, mas não estamos dando? Comece a dar a bênção que você tem: alargue seus planos de serviço e bênção e logo descobrirá que o Espírito Santo está indo à sua frente; e ele o presenteará com bênçãos para o serviço e confiará às suas mãos tudo o que puder, para ser dado a outros.

Há na natureza um belo fato que tem seus paralelos na esfera espiritual. Não há música tão maviosa como a de uma harpa eólica; e a harpa eólica nada mais é do que um conjunto de cordas musicais dispostas em harmonia, e que são vibradas pelos ventos. E dizem que quando isto acontece, notas quase celestiais ecoam pelos ares, como se um coro de anjos estivesse passando por ali e tangendo aquelas cordas.

Assim, é possível conservarmos o coração tão aberto ao toque do Espírito Santo, que ele pode tocar ali o que quer, enquanto quietamente nos colocamos à sua disposição nos caminhos do seu serviço. – *Days of Heaven Upon Earth*

Quando os apóstolos foram cheios do Espírito Santo, não alugaram o cenáculo para ficar ali fazendo reuniões de santificação, mas saíram por toda parte, pregando o evangelho. – *Will Huff*

24 de setembro

"Defrontando Mísia, tentavam ir para Bitínia, mas o Espírito de Jesus não o permitiu." (At 16.7.)

Que estranha proibição! Aqueles homens iam para Bitínia exatamente para fazer a obra de Cristo, e a porta foi fechada diante deles pelo próprio Espírito de Cristo. Eu também já experimentei isto em certas ocasiões. Já me vi algumas vezes sendo obrigado a interromper uma carreira que me parecia útil e abençoada. Veio oposição e me forçou a voltar para trás; ou doença, e me impeliu a retirar-me para um deserto à parte.

Foi difícil, nessas ocasiões, deixar incompleto um trabalho, que eu acreditava ser uma obra do Espírito. Mas vim a me lembrar de que *o Espírito não tem somente serviços de atividade, mas também serviços de espera.* Comecei a ver que no reino de Cristo não há somente momentos de ação, mas ocasiões em que se proíbe a ação. Vim a aprender que o lugar deserto à parte é muitas vezes o lugar de maior utilidade na variada vida humana: mais rico em colheita do que as estações em que o trigo e o vinho foram abundantes. Tenho tido que agradecer ao bendito Espírito o fato de ter sido impedido de visitar muitas e estimadas Bitínias.

Assim, Espírito Santo, quero continuar a ser dirigido por ti, ainda que venham desapontamentos em planos que me pareçam de utilidade. Hoje a porta parece estar aberta para viver e trabalhar para ti; amanhã, ela se fecha diante de mim exatamente quando estou para entrar por ela. Ensina-me a ver outra porta, no próprio fato de ficar parado. Ajuda-me a achar na proibição de te servir ali, uma nova área de serviço. Inspira-me com o conhecimento de que um homem pode, às vezes, ser chamado a fazer o seu dever, não fazendo nada; a trabalhar, ficando quieto; a servir, pela espera. Se me lembrar de quanto poder há na "voz mansa e delicada", não me queixarei se às vezes essa mesma voz, a voz do Espírito, me disser: Não, não vá. – *George Matheson*

25 de setembro

"... Por que hei de andar eu lamentando...?" (Sl 42.9.)

Você pode responder a esta pergunta, meu irmão? Você pode achar alguma razão para explicar por que está tantas vezes lamentando, em vez de estar se alegrando? Por que ceder a pensamentos sombrios? Quem lhe disse que a noite nunca terminaria? Quem lhe disse que o inverno do seu descontentamento vai passar de geada a geada, de neve, gelo e granizo, a neve ainda mais espessa, e a tempestades de desespero? Você não sabe que depois da noite vem o dia, que depois da vazante vem a enchente, que depois do inverno vêm a primavera e o verão? Então, nutra esperanças! Tenha sempre esperança, pois Deus não nos desampara. – *C. H. Spurgeon*

Nunca falha, nunca falta meu bendito Salvador;
Nunca falha a sua graça, nunca falta o seu amor!
Seus preceitos e promessas infalíveis sempre são,
Mais seguros que as montanhas, para sempre durarão.

Nunca falha, nunca falta meu bendito Salvador;
Nunca falha a sua graça, nunca falta o seu amor.

Cristo nunca, nunca falta, nunca deixa de acudir
Ao mais pobre, ao mais humilde, que para os braços seus fugir.
Seus pecados perdoando, logo o toma pela mão;
Suas dores suaviza com benigna compaixão.

Cristo nunca, nunca falta, nas mais duras provações;
Quando Satanás assalta com tremendas tentações,
Procurando demover-nos, ou encher-nos de pavor,
"Basta-vos a minha graça", presto diz o Salvador.

Cristo nunca, nunca falha; plenamente satisfaz
Com o seu amor infindo, com a sua doce paz.
Quanto além do que eu pensava, no meu Salvador achei!
Que bondade inexcedível tem o meu glorioso Rei.

Nunca falha, nunca falta! Quantas vezes o provei
Desde que, com fé singela, tudo a Cristo eu entreguei!
Quanto mais Jesus conheço, anseio por trazer
A seus pés o mundo inteiro, para em seu amor viver.

– *Do Exército de Salvação*

26 de setembro

"... andamos por fé e não pelo que vemos." (2 Co 5.7.)

Por fé, e não pelo que vemos; Deus não quer que olhemos para o que sentimos. O *eu,* sim, pode querer isto; e Satanás também. Mas Deus quer que observemos os *fatos,* não as emoções: a realidade de Cristo, e a obra completa e perfeita que fez por nós.

Quando olhamos para essa preciosa realidade, e cremos nela simplesmente porque Deus diz que é realidade, ele toma conta dos nossos sentimentos e emoções.

Deus nunca nos dá emoções para nos encorajar a confiar nele; Deus nunca nos dá emoções para sabermos que já confiamos inteiramente nele.

Deus só nos dá emoções, quando vê que estamos confiando nele, mesmo sem sentir nada, descansando apenas na sua Palavra e na sua fidelidade em cumprir as suas promessas.

É só então que as emoções (quando são de Deus) podem nos sobrevir. E Deus nos dará as emoções, na medida e no momento que o seu amor achar melhor para cada caso em particular.

Precisamos escolher entre olhar para as nossas emoções e olhar em direção às realidades de Deus. Nossas emoções podem ser incertas como o mar ou as areias movediças. As realidades de Deus são tão certas como a Rocha dos Séculos, como Cristo mesmo, que é o mesmo ontem, hoje e para sempre.

27 de setembro

"... quedava-se assentada aos pés do Senhor a ouvir-lhe os ensinamentos."
(Lc 10.39.)

"Aos pés do Senhor" – esse é o nosso lugar privilegiado e feliz. É ali que somos educados e preparados para os deveres práticos da vida. Ali é que renovamos nossas forças, enquanto esperamos nele e aprendemos a subir com asas como águias. Ali é que ficamos possuídos daquele verdadeiro conhecimento dele que nos infunde poder. É ali que aprendemos como se faz o trabalho verdadeiro e ali é que somos dotados com a verdadeira motivação que impulsionará nosso trabalho. É ali que achamos

consolação no meio dos desgastes do serviço – que não são poucos – e dos desgastes da vida em geral. E ali experimentamos, antecipadamente, algo das delícias do céu no meio destes dias na terra. Pois sentar-se a seus pés é, de fato, estar nos lugares celestiais; e contemplar a sua glória é fazer o que nunca nos cansaremos de fazer além.
– *Thoughts for the Quiet Hour*

28 de setembro

"*... paz em mim...*" (Jo 16.33.)

Há uma vasta diferença entre felicidade, no sentido comum, e felicidade, no sentido de bem-aventurança. Paulo sofreu prisões e dores, sacrifícios e sofrimentos até ao extremo; mas em meio a tudo, estava feliz. Todas as bem-aventuranças enchiam seu coração e sua vida no meio daquelas condições.

Paganini, o grande violinista do passado, apresentou-se ao seu auditório certo dia e descobriu, logo após os aplausos iniciais, que havia algo errado com o violino. Olhou-o por um momento e viu que aquele não era o seu valioso instrumento.

Sentiu-se paralisado por um instante, mas depois, voltando-se para o auditório, explicou o engano. Retirou-se por um momento, procurou-o atrás da cortina, no lugar onde provavelmente o teria deixado, mas percebeu que alguém o tinha roubado, deixando o outro no lugar. Ficou ali por uns instantes, e depois veio para o auditório e disse:

"Senhoras e senhores: vou mostrar-lhes que a música não está no instrumento, mas na alma." E tocou como nunca dantes. E a música se derramou daquele instrumento de segunda mão, ao ponto de o auditório ficar arrebatado de entusiasmo, e os aplausos quase romperam o teto, pois aquele homem lhes havia mostrado que a música não estava no instrumento, mas em sua alma.

É sua missão, amigo que está sendo provado e testado, andar no palco deste mundo e revelar a toda a terra e Céu que a música não está nas circunstâncias, nem nas coisas, nem no que é exterior, mas que a música da vida está em sua própria alma.

29 de setembro

"... eu, porém, oro." (Sl 109.4.)

Muitas vezes, em nossos momentos de meditação, estamos numa verdadeira *pressa religiosa.* Quanto tempo dedicamos a eles diariamente? Não é verdade que podemos registrá-los em *minutos?* Quem conheceu um homem eminentemente santo que *não* passasse muito do seu tempo em oração? E já vimos alguém com *muito* espírito de oração que não passasse muito tempo em seus aposentos, à parte?

Diz Whitefield: "Dias e semanas passei prostrado no solo, em oração, silenciosa ou audível." "Caia de joelhos, e cresça assim", é a linguagem de outro servo de Deus, que conhecia por experiência o que afirmava.

Dizem que nenhuma grande obra no campo da literatura ou da ciência foi executada por alguém que não amasse o estar a sós. E podemos apontar como princípio elementar da vida religiosa, que quem alcança um grande crescimento na graça, sempre toma tempo para estar muitas vezes, e por longo tempo, a sós com Deus. – *Still Hour*

30 de setembro

"Como a águia desperta a sua ninhada e voeja sobre os seus filhotes, estende as asas e, tomando-os, os leva sobre elas, assim, só o SENHOR *o guiou, e não havia com ele deus estranho."* (Dt 32.11,12.)

Nosso Pai todo-poderoso tem prazer em conduzir as tenras avezinhas que estão sob o seu cuidado, até à beira do precipício, e mesmo em empurrá-las aos abismos de ar, para que possam aprender a conhecer o desconhecido poder de voo que possuem, o qual lhes será para sempre um prazer. Se na tentativa elas são expostas a perigo a que não estão acostumadas, ele está preparado para se colocar debaixo delas e levá-las para o alto, em suas poderosas asas. Quando Deus leva algum de seus filhos a uma situação de dificuldade sem precedentes, este pode sempre contar com ele para livrá-lo. – *The Song of Victory*

"Quando Deus põe um peso sobre nós, ele sempre põe seu braço debaixo."

Havia uma plantinha, pequena e mirrada, que crescia à sombra de um carvalho. E a plantinha gostava da sombra que a cobria e sabia apreciar a quietude que lhe garantia seu nobre amigo. Mas uma bênção estava reservada para aquela plantinha.

Um belo dia, lá veio um lenhador e derrubou o carvalho. A pequena planta chorou e exclamou: "Foi-se embora o meu abrigo. Todos os maus ventos soprarão sobre mim, e toda tempestade procurará arrancar-me!"

"Não, não", disse o anjo daquela flor, "agora o sol vai banhar você; agora as chuvas cairão mais copiosamente sobre você; agora a sua forma raquítica se expandirá em beleza, e a sua flor, que nunca pôde desabrochar em toda a sua perfeição, sorrirá ao sol, e os homens dirão: 'Como cresceu em importância aquela planta! Como ficou linda, depois que retiraram o que era a sua sombra e alegria'!"

Você não vê, pois, que Deus pode tirar todos os seus confortos e privilégios, para fazer de você um crente melhor? Pois o Senhor sempre treina os seus soldados, não em colchões de penas, mas levando-os para fora e fazendo-os exercitar-se em marchas forçadas e serviços pesados. Ele os faz atravessar rios a nado, correntes a vau, escalar montes e fazer longas caminhadas carregando às costas pesadas mochilas de sofrimento. Este é o método que ele usa para fazer soldados – não é vestindo-os de belos uniformes, para se jactarem à porta das barracas e serem olhados como finos cavalheiros pelos que circulam nos parques. Deus sabe que os soldados só são formados no campo de batalha; não em tempos de paz. Bem, irmão, será que isso não explica tudo? Não estará o Senhor tomando as graças que estão em você e fazendo-as desabrochar? Lançando-o no calor da batalha, não estará o Senhor desenvolvendo em você as qualidades do soldado? E não deverá você usar todos os recursos que ele lhe deu, para sair vencedor? – *Spurgeon*

1.º de outubro

"Foi-me bom ter eu passado pela aflição, para que aprendesse os teus decretos." (Sl 119.71.)

É muito curioso que as plantas de mais vivas cores sejam encontradas nas mais altas montanhas, nos lugares expostos ao tempo mais rude. Os mais brilhantes líquens e musgos e as mais encantadoras florzinhas encontram-se em exuberância na altura de picos vergastados pelo vento e pela tempestade.

Uma das mais pródigas exibições de colorido que já contemplei no mundo vegetal encontrava-se perto do cume do monte C., de mais ou menos três mil metros de altura. Toda uma face da extensa rocha estava coberta de um líquen do mais vibrante amarelo, que resplandecia à luz do sol como se fosse a amurada de um castelo encantado.

Ali naquelas alturas, no meio de um cenário de desolação, exposto à fúria bruta das tempestades, esse líquen ostentava tons gloriosos como jamais apresentava nas regiões abrigadas do vale. Tenho diante de mim, enquanto escrevo, dois espécimes do mesmo líquen: um da montanha, outro dos muros de um castelo escocês, ensombreado entre sicômoros. A diferença entre eles, em forma e cor, é notável.

O espécime que se desenvolveu por entre as fortes tempestades da montanha é de um lindo matiz amarelo-pálido, e é macio em contextura e completo na forma; enquanto o espécime cultivado ao ar suave e às brandas chuvas do vale é de um fosco tom de ferrugem e de contextura escamosa e formato irregular.

E não é assim com o crente que é afligido, açoitado pelas tempestades e desprovido de consoladores? Enquanto não é batido e rebatido pelas tempestades e vicissitudes da providência de Deus, seu caráter mostra-se como que rude e obscurecido. As aflições, porém, vão removendo a obscuridade, aperfeiçoam as formas de sua disposição interior e dão brilho e bênção à sua vida. – *Hugh Macmillan*

2 de outubro

"... E, levando-os consigo, retirou-se à parte..." (Lc 9.10.)

A fim de crescer na graça precisamos estar muito a sós. Não é em grupo que a alma cresce mais vigorosamente. Muitas vezes, numa só hora quieta de oração ela faz maior progresso que em vários dias na companhia de outros. É no deserto que o orvalho é mais fresco e o ar mais puro. – *Andrew Bonar*

De um dia vivido entre as massas e máquinas;
De um dia vivido entre mil atrações e tentações;
De um dia vivido entre dores e desilusões;
De um dia vivido em triunfo ou derrotas e tensões;
"Vinde a sós, descansai";
Contai tudo; e ficai;
Aprendei; e voltai.

3 de outubro

"E depois do terremoto um fogo... e, depois do fogo, uma voz mansa e delicada."
(1 Rs 19.12 – ARC.)

Perguntaram certa vez a uma pessoa que progredia rapidamente em seu conhecimento do Senhor, qual o segredo do crescimento espiritual. Ela respondeu concisamente: "Obedecer aos sinais." E a razão por que tantos de nós não temos mais conhecimento e compreensão do Senhor é que não damos atenção aos seus delicados sinais, seus delicados toques de frear e refrear. Sua voz é mansa e delicada. Uma voz assim é antes sentida do que ouvida. É uma pressão suave e constante sobre o coração e a mente, uma voz mansa, quieta e quase timidamente expressa no coração – mas que se ficarmos atentos, silenciosamente, vai se tornando cada vez mais clara aos ouvidos do entendimento. Sua voz é dirigida ao ouvido que ama, e o amor está sempre atento ao mais leve sussurro. Há um tempo, também, em que o amor cessa de falar, se não o atendemos ou não cremos nele. Deus é amor, e se você quer conhecê-lo e à sua voz, dê constante atenção a seus delicados toques. Em conversa, quando prestes a dizer uma palavra, dê atenção àquela voz mansa, atenda o sinal e refreie-se de falar. Quando prestes a seguir em uma direção que lhe parece clara e correta, se vier quietamente ao seu espírito uma sugestão que traz em si quase a força de uma convicção, preste-lhe ouvidos, mesmo que do ponto de vista humano a mudança de planos pareça uma grande loucura. Aprenda, também, a esperar em Deus para saber o desenrolar da sua vontade. Deixe que Deus forme os planos a respeito de tudo o que está no seu coração e mente e deixe também que os execute. Não possua nenhuma sabedoria própria. Muitas vezes sua maneira de executar o plano parecerá contrária ao plano que ele próprio deu. Poderá parecer que ele está trabalhando contra si mesmo. Simplesmente ouça e obedeça a Deus, e confie nele, mesmo que isso pareça a maior tolice. Ele fará que no fim *todas as coisas cooperem para o bem.*

Assim, se você quer conhecer sua voz, não pare para pensar o que poderá acontecer. Obedeça, mesmo quando lhe pedir para avançar no escuro. Ele mesmo será sua gloriosa luz. E em seu coração brotará uma afeição e comunhão com Deus poderosa em si mesma para conservá-lo junto a ele, mesmo nas provas mais severas e sob as maiores pressões. – *Way of Faith*

4 de outubro

"Assim, abençoou o SENHOR o último estado de Jó mais do que o primeiro..." (Jó 42.12.)

Jó tomou posse de sua herança através de sofrimento. Foi provado, para que sua grandeza pudesse ser comprovada. E não será também que as minhas tribulações se destinam a aprofundar o meu caráter e revestir-me das graças de que possuía tão pouco? Eu chego à minha glória através de eclipses, lágrimas e morte. Meu fruto mais rico cresce de encontro ao muro mais áspero. As aflições de Jó deixaram-no com um conceito mais alto de Deus e mais baixo de si mesmo. "Agora", exclamou ele, "te veem os meus olhos."

Se através de dor e da perda sinto Deus tão perto, que me curvo diante dele e oro: "Seja feita a tua vontade", meu proveito é enorme. Deus deu a Jó vislumbres da glória futura. Naqueles dias longos e cansativos, ele penetrou dentro do véu e pôde dizer: "Eu sei que o meu Redentor vive." De fato, o último estado de Jó foi melhor do que o primeiro. – *In the Hour of Silence*

"A tribulação nunca nos vem sem trazer ouro em suas mãos."

A aparente adversidade se transformará por fim em vantagem, se apenas estivermos dispostos a continuar em nossa marcha e esperarmos com paciência. Vejamos as almas dos grandes vencedores: elas sempre ficavam firmes em seu trabalho, sem medo e corajosas! Há bênçãos que não poderemos obter, se não aceitarmos e aguentarmos o sofrimento. Há alegrias que só nos podem vir por meio da dor. Há revelações de verdades divinas que só podemos obter quando se apagam as luzes deste mundo. Há colheitas que só nos vêm depois que o arado fez o seu trabalho. – *Selecionado*

Do sofrimento têm emergido as almas mais fortes; os caráteres mais sólidos são marcados de cicatrizes; mártires têm tido por vestes de coroações mantos em chamas; e é através de lágrimas que muitos têm começado a ver as portas do céu.

5 de outubro

"... *a torrente secou...*" (1 Rs 17.7.)

O preparo da nossa fé será incompleto se não entendermos que há uma providência na perda, um ministério na falha e enfraquecimento das coisas, uma dádiva no vazio. As inseguranças materiais da vida contribuem para a sua firmeza espiritual. A tênue correnteza junto à qual Elias estava assentado e meditando, é uma figura da vida de cada um de nós. "... a torrente secou..." – eis a história do nosso ontem e a profecia dos nossos amanhãs.

De uma forma ou de outra, teremos que aprender a diferença entre confiar no dom e confiar no Doador. O dom pode ser bom por um tempo, mas o Doador é o Amor Eterno.

Querite representava um sério problema para Elias, até que chegou a Sarepta. Então tudo ficou claro como o dia. As palavras duras de Deus nunca são suas últimas palavras. Os ais, as perdas e as lágrimas da vida fazem parte do interlúdio, não do fim.

Se Elias tivesse sido levado diretamente a Sarepta, teria perdido uma experiência que ajudou a fazer dele um profeta mais sábio e um homem melhor. Junto a Querite ele viveu pela fé. E quando em nossa vida se secar algum ribeiro de recursos terrenos, aprendamos que a nossa esperança e socorro estão no Deus que fez o céu e a terra. – *F. B. Meyer*

6 de outubro

"... *ele não abriu a boca.*" (Is 53.7.)

De quanta graça precisamos para receber bem um mal-entendido! Para receber em santa suavidade um mal julgamento! Nada prova tanto o caráter cristão como uma coisa má que é dita contra ele. É o teste que logo prova se somos banhados a ouro, ou se somos ouro maciço. Se apenas pudéssemos conhecer as bênçãos que estão ocultas em nossas tribulações, diríamos como Davi, quando amaldiçoado por Simei: "Deixai-o; que amaldiçoe... talvez... o Senhor me pagará com bem a sua maldição deste dia."

Algumas pessoas facilmente se afastam da grandeza do trabalho de sua vida, para perseguirem seus ofensores e inimigos, e sua vida se torna um insignificante redemoinho de atividades. É como mexer num ninho de vespas. Você pode dispersá-las, mas provavelmente ficará muito picado e nada obterá em troca de suas dores, pois nem o seu mel vale a pena.

Deus nos dê mais do caráter daquele que, "quando ultrajado, não revidava com ultraje; quando maltratado, não fazia ameaças, mas entregava-se àquele que julga retamente". "Considerai aquele que suportou tais contradições dos pecadores contra si mesmo." – *A. B. Simpson*

7 de outubro

"Quem há entre vós que tema ao SENHOR e que ouça a voz do seu Servo? Aquele que andou em trevas, sem nenhuma luz, confie em o nome do SENHOR e se firme sobre o seu Deus." (Is 50.10.)

Que deve fazer o crente em tempos de trevas – trevas de perplexidade e confusão, não no coração, mas na mente? Tempos de trevas podem atingir o discípulo fiel e crente, que está andando obedientemente na vontade de Deus; ocasiões em que ele não sabe o que fazer nem que rumo tomar. O céu está nublado. A clara luz do Céu não brilha sobre a sua vereda. E ele se sente como tateando no escuro.

Amado leitor, é este seu caso? Que deve fazer o crente em tempos de trevas? Escute! "Confie no nome do Senhor e firme-se sobre o seu Deus."

A primeira coisa a fazer é não fazer nada. Isto é difícil para a natureza humana. Há um provérbio americano que diz mais ou menos assim: "Se estiver cambaleando, não corra" – em outras palavras: quando não souber que rumo tomar, fique onde está.

Quando entrar numa nuvem espiritual, não procure abrir caminho; diminua a marcha da máquina de sua vida. Se necessário, ancore o seu barco ou deixe-o amarrado. O que devemos fazer é simplesmente confiar em Deus. Enquanto confiamos, Deus pode operar. Nossa ansiedade impede que ele faça qualquer coisa para nós. Se nossa mente está perturbada e o nosso coração angustiado; se as trevas ao redor nos aterrorizam; se corremos para cá e para lá, no vão esforço de achar algum meio de fugir àquela prova que a providência de Deus nos enviou, o Senhor não pode fazer nada para nós.

É preciso que a paz de Deus aquiete a nossa mente e faça descansar o nosso coração. Temos que pôr a mão na mão de Deus, como uma criança, e deixar que ele nos guie para dentro do seu amor. Aí há plena luz.

Ele conhece o caminho de saída da mata. Subamos no seu regaço e confiemos em que ele nos tirará da situação pelo caminho mais curto e seguro. – *Dr. Pardington*

Lembre-se de que nós não sabemos pilotar, mas que temos um Piloto.

8 de outubro

"Não andeis ansiosos de coisa alguma..." (Fp 4.6.)

Não poucos crentes vivem em estado de constante ansiedade, e outros se inquietam e se irritam bastante. Estar perfeitamente em paz no meio do tumulto da vida diária é um segredo que vale a pena conhecer. O que adianta inquietar-se? Isso nunca tornou ninguém mais forte; nunca ajudou ninguém a fazer a vontade de Deus; nunca arranjou um meio de alguém escapar do problema. Ansiedade estraga vidas que de outra forma seriam úteis e belas. A inquietação, a ansiedade e as preocupações são inteiramente proibidas pelo Senhor, que disse: "Não vos inquieteis, dizendo: Que comeremos? Que beberemos? Ou: Com que nos vestiremos?" Ele não quer dizer que não nos preparemos, e que a nossa vida seja sem método; mas que não nos devemos inquietar sobre essas coisas. As pessoas percebem que você vive na esfera da ansiedade, pelas marcas do seu rosto, pela tonalidade da sua voz, pela tonalidade menor da sua vida e pela falta de alegria do seu espírito. Escale o pico de uma vida abandonada nas mãos de Deus, e então verá, lá de cima, os seus problemas. – *Rev. Darlow Sargeant*

Ficar inquieto e ansioso, questionando e desconfiando, sempre revela fraqueza. Ganharemos alguma coisa com isto? Não ficamos mais incapazes de agir, e não perturbamos a nossa mente, tirando-lhe a lucidez para sábias decisões? Nós nos afundamos, debatendo-nos, quando poderíamos flutuar, pela fé.

Oh, a graça de ficarmos quietos! Oh, a graça de estarmos quietos e conhecermos que Jeová é Deus! O Santo de Israel há de defender e livrar os seus. Podemos ter certeza de que cada palavra sua permanecerá, ainda que a terra se mude. Ele merece a nossa confiança. Venha, minha alma, volte ao seu repouso e recoste a cabeça no regaço do Senhor Jesus. – *Selecionado*

9 de outubro

"Por isso, o SENHOR *espera, para ter misericórdia de vós..."* (Is 30.18.)

Onde há mais chuva, a grama é mais verde. Penso que são as neblinas e névoas da Irlanda que fazem dela a "Ilha de Esmeralda"; e toda vez que encontrarmos grandes neblinas de aflição e névoas de tristeza, acharemos corações verde-esmeralda – cheios da linda verdura da consolação e amor de Deus. Ó crente, que você não seja encontrado a dizer: "Para onde se foram as andorinhas? Elas se foram de uma vez!..." Não, elas não se foram de uma vez, elas cruzaram o mar e foram para uma terra distante; mas logo voltarão. Filho de Deus, não diga que as flores morreram ou que o inverno as matou e se acabaram. Ah, não, embora o inverno as tenha coberto com o arminho de neve, elas ainda surgirão outra vez e estarão vivas, dentro em pouco. Filho de Deus, não diga que o sol se apagou, porque as nuvens o esconderam. Não; ele está lá atrás, preparando o verão para você; pois quando surgir outra vez, ele terá preparado as nuvens para caírem em chuvas de primavera, que vão ser as mães das mais belas flores. E sobretudo isto, quando Deus esconde a sua face, não diga que ele se esqueceu de você. Está apenas demorando um pouco, para que você o ame mais; e quando vier, você terá alegria no Senhor e se regozijará com gozo inefável. A espera exercita as nossas graças; a espera prova a nossa fé; portanto, espere em esperança; pois embora a promessa demore, nunca chegará tarde demais. – *C. H. Spurgeon*

10 de outubro

"Não te indignes..." (Sl 37.1.)

Para mim isto é mandamento divino, tanto quanto "Não furtarás". Procuremos o que quer dizer indignar-se. É agastar-se, irar-se, revoltar-se. Uma pessoa revoltada não só se desgasta, como também desgasta os outros. Indignar-se é estar agastado, e este salmo nos diz mais de uma vez para não nos indignarmos. É prejudicial, e Deus não quer que nos prejudiquemos.

Os médicos dizem que um acesso de ira é mais prejudicial do que uma febre, e uma disposição indignada não contribui para a saúde do corpo. O passo seguinte à indignação é a irritação, e a irritação leva à ira. Levemos este assunto a sério, e sejamos obedientes ao mandamento: "Não te indignes." – *Margaret Bottome*

"... *aprendei de mim, porque sou manso e humilde de coração...*" (Mt 11.29.)

Quero aprender de ti, Cordeiro
Manso e humilde.
Toma pois o meu jugo,
Filho amado.

Eu me curvei por ti,
Meu filho amado;
Comprei-te a cura.

Terei de me curvar... Cordeiro
Manso e humilde.
E te curvar não queres,
Filho amado?

Não sou capaz, Cordeiro
Manso e humilde.
Minha cerviz é dura.

Desejo me curvar, Cordeiro
Manso e humilde.
Vem, que eu te dobrarei,
Meu filho amado.

Teu jugo eu tomo, pois,
Cordeiro amado!
Eu te farei, meu filho,
Manso e humilde.

11 de outubro

"... *como se estivéssemos morrendo e, contudo, eis que vivemos...*"
(2 Co 6.9.)

No verão passado tínhamos um canteiro de margaridas, na chácara, que atravessava o jardim. Foram plantadas com atraso, mas como floresceram! Quando as do meio já estavam com sementes, dos lados havia ainda florzinhas recém-abertas. Chegaram as primeiras geadas, e um dia encontrei aquela radiosa beleza completamente queimada. Exclamei: "Ah, o frio foi demasiado para elas. Pobrezinhas, pereceram"; e dei-lhes adeus.

Eu não gostava de olhar para aquele canteiro, pois ele me parecia um cemitério de flores. Mas há umas quatro semanas, um de meus jardineiros chamou a minha atenção: por toda a extensão daquele canteiro havia margaridas brotando em grande abundância. Olhei, e, para cada planta que eu julgara destruída pelo inverno, havia cinquenta plantas novas, plantadas pelo mesmo inverno. O que haviam feito aquelas geadas e ventos impertinentes?

Tomaram minhas flores, deram-lhes um golpe mortal, derrubaram-nas ao solo, pisaram-nas com seus tacões de gelo e, terminado o trabalho, disseram: "Aí está o seu fim." Mas na primavera havia para cada raiz, cinquenta testemunhas para se levantarem e dizerem: "Pela morte vivemos."

E como é no domínio das flores, assim é no reino de Deus. Pela morte veio a vida eterna. Pela crucificação e o túmulo vieram o trono e o palácio do Deus eterno. Pela ruína veio a vitória.

Não tenha medo do sofrimento. Não tenha medo de ser derrubado. É através de sermos abatidos mas não destruídos, é através de sermos despedaçados e os pedaços feitos em pó, que nos tornamos homens valorosos, em que um vale por mil. Mas o homem que cede à aparência das coisas e vai com o mundo, tem um florescimento rápido, uma prosperidade momentânea, e então o seu fim, que é fim para sempre. – *Beecher*

12 de outubro

"E o senhor de José o tomou e o lançou no cárcere... O S*ENHOR, porém, era com José... e tudo o que ele fazia o* S*ENHOR prosperava."* (Gn 39.20-23.)

Quando Deus nos deixa ir para a prisão por causa do seu serviço, e vai para lá conosco, é como se a prisão fosse o lugar mais feliz do mundo para se estar. José parece ter provado isto. Ele não ficou amuado e desanimado ou rebelde porque *tudo era contra ele.* Não; senão o carcereiro não teria confiado nele daquela maneira. Parece que José nem chegou a ter autopiedade.

Lembremo-nos de uma coisa: se deixarmos a autopiedade se alojar em nós, será o nosso fim – até que ela seja completamente afastada de nós. José simplesmente deixou todas as coisas com Deus, em alegre confiança, e então o carcereiro deixou tudo com José. Senhor Jesus, quando as portas da prisão se fecharem sobre mim, conserva-me confiante e conserva abundante e completo o meu gozo. Prospera a tua obra através de mim, na prisão: mesmo ali faze-me verdadeiramente livre.

Aprendi a amar o escuro da tristeza, porque ali vejo o brilho da sua face. – *Mme. Guyon*

13 de outubro

"Não andeis ansiosos de coisa alguma..." (Fp 4.6.)

Nenhuma ansiedade deveria achar-se no crente. Grandes, muitas e várias podem ser as nossas provações, aflições ou dificuldades, contudo não deveria haver ansiedade em nós, em nenhuma dessas circunstâncias, porque temos um Pai no céu que é todo-poderoso; que ama a seus filhos como ama a seu Filho unigênito; e que tem verdadeiro gozo e prazer em socorrê-los e ajudá-los em todas as ocasiões e em qualquer circunstância. Devemos atentar para a Palavra: "Não andeis ansiosos de coisa alguma; em tudo, porém, sejam conhecidas, diante de Deus, as vossas petições, pela oração e pela súplica, com ações de graças."

"Em tudo", não meramente quando a casa está pegando fogo, não meramente quando a querida esposa e filhos estão às portas da morte, mas nas menores coisas da vida, traga tudo a Deus. As coisas pequenas, as bem pequenas, as coisas que o mundo chama de insignificantes – *tudo* – vivendo o dia todo em santa comunhão com nosso Pai celestial e com nosso precioso Senhor Jesus. E ao acordarmos durante a noite, como por um instinto espiritual, voltemo-nos novamente a ele, falando-lhe e levando-lhe, nas horas insones, os nossos pequenos assuntos – as dificuldades a respeito da família, dos negócios, da profissão. Falemos com o Senhor a respeito de qualquer coisa que nos perturbe de alguma forma.

"Pela oração e pela súplica", tomando o lugar de pedintes, com fervor e perseverança, prosseguindo e esperando, esperando em Deus.

"Com ações de graças." Em todo o tempo devemos assentar um bom alicerce de ações de graças. Se tudo mais estiver ausente, isto está presente: Ele nos salvou da perdição. E também, o fato de que ele nos deu a sua Palavra – o seu Filho, sua mais preciosa dádiva – e o Espírito Santo. Portanto temos abundantes razões para ações de graças. Tenhamos isto em mente!

"E a paz de Deus, que excede todo o entendimento, guardará o vosso coração e a vossa mente em Cristo Jesus." E isto é uma bênção tão grande, tão real, tão preciosa, que precisa ser conhecida *experimentalmente,* e só assim, pois excede o entendimento. Oh, que o nosso coração se embeba destas coisas. E se habitualmente andarmos neste espírito, o resultado será que glorificaremos muito mais a Deus do que já fizemos até agora. – *George Müller – Life of Trust*

14 de outubro

"Eis, porém, que sobreveio um anjo do Senhor, e uma luz iluminou a prisão; e, tocando ele o lado de Pedro, o despertou, dizendo: Levanta-te depressa! Então, as cadeias caíram-lhe das mãos." (At 12.7.)

"Por volta da meia-noite, Paulo e Silas oravam e cantavam louvores a Deus... De repente, sobreveio tamanho terremoto, que sacudiu os alicerces da prisão; abriram-se todas as portas, e soltaram-se as cadeias de todos." (At 16.25,26.)

Esta é a maneira de Deus atuar. Na hora mais escura da noite, seus passos se aproximam por sobre as ondas. Quando está perto a hora da execução, o anjo vem à cela de Pedro. Quando a força de Mordecai está pronta, a insônia do rei o leva a uma reação em favor da raça escolhida.

Ah, alma, pode ser que você chegue às margens do pior, antes de ser libertada; mas o livramento virá! Deus pode deixá-la esperando, mas ele não se esquece do seu concerto, e aparecerá para cumprir a sua Palavra. – *F. B. Meyer*

Há uma grande simplicidade na maneira como Deus executa seus planos, contudo, dentro dessa simplicidade estão seus recursos, que são mais do que suficientes para suprir qualquer necessidade; está a sua fidelidade inabalável para com o filho confiante, está o seu propósito firme, do qual jamais se esquece. Através de um companheiro de prisão e depois de um sonho, ele tira José da prisão e o leva ao posto de primeiro-ministro. E o tempo passado na prisão livra o futuro ministro de se vangloriar. É seguro confiar no método de Deus e seguir pelo seu relógio. – *S. D. Gordon*

Quando o caso é mesmo desesperador, a providência de Deus tem mil chaves para abrir mil portas para o livramento dos seus. Sejamos fiéis e cuidemos da nossa parte, que é sofrer por ele. Ponhamos sobre Cristo a sua parte e a deixemos lá. – *George McDonald*

A dificuldade é a própria atmosfera do milagre – é o milagre em seu primeiro estágio. Para que se opere *grande* milagre a condição não é que o problema seja apenas difícil, mas que seja *impossível.* Ter a mão do filho confiante dentro da sua, faz que seja um prazer para Deus o resolver a situação impossível.

15 de outubro

"... coração compungido e contrito, não o desprezarás, ó Deus."
(Sl 51.17.)

O que Deus mais usa para a sua glória são as pessoas e coisas bem quebradas. Os sacrifícios que ele aceita são os corações quebrantados e contritos. Foi o quebrantamento da força natural de Jacó em Peniel que o colocou no lugar onde Deus pôde revestir de poder espiritual. Foi o quebrar da superfície da rocha em Horebe pela vara de Moisés, que permitiu a saída das águas frescas para o povo sedento.

Foi quando os trezentos eleitos sob a liderança de Gideão quebraram os jarros, tipo do quebrantamento de seus próprios corações, que a luz escondida resplandeceu, para confusão dos adversários. Foi quando a viúva pobre partiu o selo do pequeno pote de óleo e o derramou, que Deus o multiplicou para pagar suas dívidas e suprir-lhe o sustento.

Foi quando Ester arriscou a vida e rompeu com a etiqueta da corte pagã, que obteve favor do rei para livrar da morte o seu povo. Foi quando Jesus tomou os cinco pães e os partiu, que o pão se multiplicou, no próprio ato do partir, e foi suficiente para alimentar os cinco mil. Foi quando Maria quebrou o belo vaso de alabastro, tornando-o daí por diante inútil, que o perfume encheu a casa. Foi quando Jesus deixou que seu corpo fosse partido e rasgado pelos espinhos, pregos e lança, que sua vida interior foi derramada como um rio cristalino, do qual os pecadores sedentos podem beber e viver.

É quando o lindo grão de trigo se rompe na terra, pela morte, que sua vida interior brota e produz centenas de outros grãos. E assim por diante – através de toda a história, de toda biografia, de toda vegetação e de toda a vida espiritual – Deus precisa de ***coisas quebradas.***

Os que estão quebrados na riqueza, quebrados na vontade, quebrados nas ambições e em seus belos ideais, quebrados na reputação perante o mundo, quebrados nas afeições, e muitas vezes quebrados na saúde, os que estão desprezados parecem muitas vezes esquecidos e abandonados, a esses o Espírito Santo está tomando e usando para a glória de Deus. – *Thomas Toke Bunch*

16 de outubro

"... desembaraçando-nos de todo peso e do pecado que tenazmente nos assedia, corramos, com perseverança, a carreira que nos está proposta." (Hb 12.1.)

Há embaraços que, em si mesmos, não são pecado, mas que se tornam distrações e pedras de tropeço em nosso crescimento espiritual. Um dos piores é o desânimo. Um coração pesado é de fato um embaraço que certamente nos fará descer em nossa santidade e utilidade.

O processo que resultou em Israel não poder entrar na terra da promessa começou com a murmuração. Apenas um leve desejo de se queixarem e estarem descontentes. Isto foi adiante até florescer e frutificar em rebelião e ruína. Não condescendamos jamais em duvidar de Deus ou de seu amor e fidelidade para conosco em tudo e para sempre.

Nós podemos tomar posição contra a dúvida, assim como contra qualquer pecado. E enquanto ali estamos, recusando duvidar, o Espírito Santo virá ao nosso auxílio e nos dará a fé que vem de Deus e nos coroará de vitória.

É muito fácil cair no hábito de duvidar, de ficar inquieto imaginando que Deus nos esqueceu e que afinal nossas esperanças terminarão em fracasso. Recusemos o desânimo. Recusemos ficar infelizes e acabrunhados. Contemos tudo como gozo, mesmo quando não estivermos sentindo emoções de felicidade. Alegremo-nos por fé, resolutos, reconhecendo os fatos da Palavra; e sem dúvida descobriremos que Deus porá em operação esses fatos. – *Selecionado*

O inimigo tem duas ciladas. Uma é *fazer-nos desanimar,* então, pelo menos por algum tempo, não seremos de utilidade para os outros, e assim estaremos derrotados. A outra é *fazer-nos duvidar,* quebrando assim o elo da fé, que nos liga ao Pai. Atenção! Não caia em nenhuma delas. – *G. E. M.*

Alegria! Eu gosto de cultivar o espírito de Alegria! Ela recoloca a alma no tom certo, e conserva-a afinada, de modo que o inimigo se intimida ao tocá-la; pois as cordas da alma ficam aquecidas demais ou cheias demais de eletricidade celeste, para os dedos infernais. E ele vai para outro lugar! Ele sempre se intimida em vir me atacar quando meu coração está cheio de alegria e gozo do Espírito Santo.

Meu plano é tocar para longe o espírito de tristeza, como a Satanás. Ah, mas nem sempre tenho êxito. Às vezes, *no caminho do serviço,* a tristeza vem ao meu encontro como o próprio inimigo, e me olha tão de frente que a minha pobre alma muda de cor!

A tristeza descora tudo; deixa os objetos *sem encanto;* envolve em trevas as perspectivas futuras; tira as aspirações da alma, acorrenta os seus poderes e produz uma paralisia mental.

Um crente idoso comentou certa vez que o *ânimo* na vida de fé faz com que todos os serviços se desenrolem com prazer; e que nunca somos levados avante tão depressa no caminho do dever, como quando transportados nas asas do contentamento. E acrescenta que a melancolia amarra essas asas; ou, para mudarmos a figura, que a tristeza tira as rodas do nosso carro que segue na trilha do dever, e faz com que ele ande pesadamente, como os carros dos egípcios, que se afundaram no mar Vermelho.

17 de outubro

"Mas longe esteja de mim gloriar-me, senão na cruz de nosso Senhor Jesus Cristo, pela qual o mundo está crucificado para mim, e eu, para o mundo."

(Gl 6.14.)

Eles estavam vivendo para si mesmos; o eu, com suas esperanças, promessas e sonhos, ainda os tinha em suas mãos; mas o Senhor começou a responder a suas orações. Tinham pedido um coração contrito e tinham-se entregado a Deus para que tal coração lhes fosse dado, a qualquer preço; e ele lhes mandou tristeza; tinham pedido para ser mansos, e lhes partiu o coração; tinham pedido para morrerem para o mundo, e ele destruiu suas vivas esperanças; tinham pedido para serem feitos semelhantes a ele, e os colocou na fornalha, sentando-se junto deles "como refinador e purificador de prata", até que pudessem refletir a sua imagem; tinham pedido para tomar a sua cruz, e quando a estendeu a eles, ela lhes dilacerou as mãos.

Eles estavam pedindo sem saber o que pediam, mas ele os pegou na palavra e lhes concedeu todas as suas petições. Estavam longe de pensar em segui-lo até tão longe, ou de chegar tão perto dele. Veio sobre eles um temor, como a Jacó em Betel ou a Elifaz na noite das suas visões, ou aos apóstolos quando pensaram ver um fantasma e não sabiam que era Jesus. Sentiam-se quase como a pedir-lhe que afastasse deles sua presença solene. Achavam mais fácil levar a cruz do que ficar suspensos sobre ela. Mas não podiam voltar atrás, pois tinham chegado perto demais da cruz invisível, e suas virtudes os haviam atingido profundamente. Ele está cumprindo para com eles a promessa: "E eu, quando for levantado da terra, atrairei todos a mim mesmo." (Jo 12.32.)

E agora chegou a vez de eles serem atraídos. Antes, tinham apenas ouvido falar do mistério, mas agora o sentem. Ele fixou neles seu olhar de amor, como fez a Maria e a Pedro, e eles não têm outra escolha a não ser segui-lo!

Pouco a pouco, de tempos em tempos, por leves lampejos, o mistério de sua cruz brilha sobre eles. Eles o contemplam exaltado, contemplam a glória que resplandece das feridas de sua santa paixão; e à medida que olham, avançam e são transformados na sua imagem, e seu Nome brilha através de suas vidas, pois ele habita neles. Eles vivem a sós com ele lá em cima, em inefável comunhão; prontos a não ter o que outros têm (e que eles poderiam ter tido), e a ser diferentes de todos, para que sejam só como ele.

Assim, eles são, em todas as épocas, "os seguidores do Cordeiro por onde quer que vá".

Tivessem eles escolhido por si mesmos ou seus amigos por eles, e teriam escolhido de outra forma. Teriam sido mais ilustres aqui, mas menos gloriosos no Reino de Deus. Teriam tido a porção de Ló, não a de Abraão. Se tivessem hesitado em alguma parte – se Deus tivesse retirado de sobre eles a mão deixando-os voltar atrás – o que não teriam perdido? Que detrimentos não haveria na ressurreição?

Mas ele os conservou em pé, a despeito de si mesmos. Muitas vezes os seus pés bem que teriam escorregado. Na sua misericórdia, ele os conservou de pé. Agora, mesmo nesta vida, eles sabem que tudo o que ele fez foi sempre bem feito. Foi bom sofrer aqui, para poderem reinar ali; suportar a cruz aqui em baixo, para usarem a coroa lá em cima; e para que neles e a respeito deles fosse feita não a sua própria vontade, mas a vontade dele. – *Anônimo*

18 de outubro

"... Sabe, com certeza, que a tua posteridade será peregrina em terra alheia... e será afligida por quatrocentos anos... e depois sairão com grandes riquezas." (Gn 15.13,14.)

Demora e sofrimento são parte certa da bênção que Deus nos prometeu. Uma demora durante a vida de Abraão que parecia tornar impossível o cumprimento da promessa de Deus, foi seguida por uma demora aparentemente insuportável aos descendentes dele. Mas foi apenas uma demora: eles saíram "com grandes riquezas". A promessa foi cumprida.

Deus vai me provar por meio de demoras; e com as demoras vem o sofrimento, mas no meio de tudo permanece a promessa de Deus: sua nova aliança comigo em Cristo e sua inviolável promessa de toda bênção que eu necessitar – por menor que seja. A demora e o sofrimento são parte da bênção prometida. Louvemos o seu nome por ambos, hoje; esperemos no Senhor com bom ânimo, e ele fortalecerá o nosso coração. – *C. G. Trumbull*

Orando, e clamando, e esperando
Estou: entra mês e sai mês...
Não vejo resposta ou vislumbre...
Não sei seus porquês...

Só sei que a promessa é segura
De que ele responde à oração!
Ó Pai, a demora me prova.
Sustenta-me a mão!

19 de outubro

"... a arca da Aliança do SENHOR ia adiante deles..." (Nm 10.33.)

Deus nos dá impressões no coração, mas isto não quer dizer que devamos agir mediante impressões. Se a impressão for divina, ele mesmo dará evidências suficientes para confirmá-la, para que não haja sombra de dúvida.

Como é bonita a história de Jeremias quanto à impressão que lhe veio para comprar o campo de Anatote. Mas Jeremias não seguiu a impressão, senão no dia seguinte, quando o filho de seu tio veio a ele e lhe trouxe a evidência externa, com uma proposta de venda. Então Jeremias disse: "Entendi que isto era a palavra do Senhor."

Esperou até que Deus confirmasse a impressão com uma

providência, e então agiu na plena visão dos fatos concretos, que podiam trazer convicção tanto a ele como aos outros. Deus quer que ajamos de acordo com a sua mente. Não devemos ignorar a voz pessoal do Pastor, mas, como Paulo e seus companheiros em Troas, devemos ouvir todas as vozes que falam e "juntar" de todas as circunstâncias, como fizeram eles, a plena mente do Senhor. – *Dr. Simpson*

"Aonde o dedo de Deus aponta, nessa direção a sua mão abre o caminho."

Não diga no seu coração o que você quer ou não quer, mas espere em Deus até que ele lhe revele seu caminho. Enquanto esse caminho estiver oculto, está claro que não há necessidade de agir, e *ele se responsabilizará por todas as consequências de conservá-lo onde você está.* – *Selecionado*

20 de outubro

"E a paz de Deus, que excede todo o entendimento, guardará o vosso coração e a vossa mente em Cristo Jesus." (Fp 4.7.)

Há o que se chama "travesseiro marinho". Bem abaixo da superfície marítima, que é agitada pelas tempestades e movida pelos ventos, há uma parte do mar que nunca se agita. Quando se draga o fundo do mar, os restos de animais e vegetais trazidos à superfície contêm evidências de não terem sofrido a mínima agitação por centenas e milhares de anos. A paz de Deus é aquela eterna calma que, à semelhança do travesseiro marinho, é profunda demais para ser atingida por qualquer perturbação; e aquele que entra na presença de Deus torna-se participante daquela calma imperturbável. – *Dr. A. T. Pierson*

"Aquele que habita
No esconderijo do Altíssimo
À Sombra do Onipotente descansará."

O esconderijo é para os fracos –
Os que precisam se esconder!
– É para mim! E é só querer...

21 de outubro

"Sabemos que, se a nossa casa terrestre deste tabernáculo se desfizer, temos da parte de Deus um edifício, casa não feita por mãos, eterna, nos céus." (2 Co 5.1.)

O proprietário da casa em que moro há vários anos comunicou-me que me daria pouco ou nada mais para reparos. Estou avisado de que devo estar preparado para mudar.

A princípio a notícia não me agradou muito. Os arredores aqui são, em muitos aspectos, bastante aprazíveis, e não fosse pelos sinais evidentes de envelhecimento, eu consideraria a casa bem boa. Mas mesmo um vento leve a faz estremecer, e seus vigamentos não são suficientes para fazê-la segura. Assim, estou-me preparando para mudar.

É curioso como o interesse da gente se transfere facilmente para a casa em vista. Tenho estado consultando mapas do novo local e lendo descrições sobre seus moradores. Alguém que visitou o lugar e voltou, fez-me saber que é indescritivelmente lindo. As palavras faltam para expressar tudo o que ele ouviu ali. Ele disse que, a fim de fazer um investimento ali, dispôs-se a sofrer a perda de todas as coisas que possuía aqui, e até mesmo se alegra no que os outros chamam de sacrifício. Outro, cujo amor por mim foi provado pelo maior teste possível, está lá agora. Ele me mandou vários cachos das mais deliciosas frutas de lá. Depois de prová-las, todo alimento daqui parece insípido.

Por duas ou três vezes estive na beira do rio que faz a fronteira com aquele território, e já desejei ver-me entre o grupo dos que estavam cantando louvores ao Rei, do outro lado. Muitos de meus amigos já se mudaram para lá. Antes de ir, falaram sobre a minha ida. Tenho visto o sorriso nos seus lábios ao passarem para lá. Muitas vezes pessoas têm me pedido para fazer algum novo investimento aqui, mas minha resposta é sempre: "Não, estou me preparando para mudar." – *Selecionado*

As palavras frequentes nos lábios de Jesus nos seus últimos dias expressam vividamente a ideia: "Ir para o Pai." Nós também, que somos o povo de Cristo, temos a visão de alguma coisa, longe das dificuldades e desilusões desta vida. Estamos viajando em direção a uma vida plena, completa, alargada. Nós também estamos "indo para o Pai". Muita coisa não nos é muito clara sobre a nossa pátria, mas duas coisas estão bem claras. É um lar, é a "casa do Pai"; e é a presença do Senhor. Nós somos todos peregrinos – o crente sabe e aceita estas coisas. Ele é um peregrino, não um morador perpétuo daqui. – *R. C. Gillie*

22 de outubro

"Apascentava Moisés o rebanho de Jetro, seu sogro, sacerdote de Midiã; e, levando o rebanho para o lado ocidental do deserto, chegou ao monte de Deus, a Horebe. Apareceu-lhe o Anjo do SENHOR *numa chama de fogo, no meio de uma sarça..."* (Êx 3.1,2.)

A visão veio no meio do trabalho comum de todo dia, e é aí que o Senhor tem prazer em nos dar as suas revelações. Ele busca um homem que esteja no caminho diário, e o fogo divino salta a seus pés. A escada mística pode subir do mercado, para o Céu. Pode ligar a esfera do corriqueiro às esferas da graça.

Deus, meu Pai, ajuda-me a esperar por ti na estrada da minha vida diária. Não te peço acontecimentos sensacionais. Comunga comigo através do dever e trabalho comum. Sê o meu Companheiro, quando retomo a jornada diária. Que a vida comum de cada dia seja transfigurada pela tua presença.

Alguns crentes acham que precisam estar sempre galgando montes de extraordinário gozo e revelação; este não é o método de Deus. Aquelas visitas espirituais às alturas e aquele maravilhoso encontro com o mundo invisível *não* estão nas promessas, mas a vida diária de comunhão *está*. E isso basta. Nós teremos revelações extraordinárias, se isso for bom para nós.

Só a três dos discípulos foi permitido ver a transfiguração, e aqueles três entraram na sombra do Getsêmani. Ninguém pode ficar no monte do privilégio. Há deveres no vale. Cristo encontrou sua missão, não na glória, mas no vale, e ali foi, verdadeira e integralmente, o Messias. O valor da visão e da glória está simplesmente no seu dom de capacitar-nos para o trabalho e a perseverança. – *Selecionado*

23 de outubro

"... nem uma só palavra falhou de todas as suas boas promessas..." (1 Rs 8.56.)

Um dia entenderemos que Deus tem uma razão em cada ***não*** que ele fala através do lento movimento da vida. "De alguma forma, ele nos dá alguma coisa no lugar desse ***não***." Quantas vezes, quando seu povo está se inquietando, perplexo, a respeito da falta de resposta a suas orações, Deus lhes está respondendo de forma bem mais rica! Podemos ter vislumbres disto ocasionalmente, mas a revelação completa pertence ao futuro.

Como precisamos da fé que não se apressa, mas que espera pacientemente pelo Senhor, espera a explicação de tudo, a qual virá no fim, na revelação de Jesus Cristo! Quando é que Deus já tomou alguma coisa de alguém, sem lhe dar em troca muito mais? Mas, e se o que ele dá em troca não se manifestar imediatamente?... Bem, será que o *hoje* é o limite do tempo de Deus? Não tem ele províncias além deste pequeno mundo? A porta do túmulo não se abre para nada, a não ser infinitas trevas e silêncio?

Contudo, mesmo limitando o julgamento ao tempo desta vida, podemos saber que Deus nunca envia uma prova a um coração, sem intentar trazer sobre ele um dom maior, alguma bênção mais preciosa. Aquele que sabe esperar, já chegou a um alto grau de graça cristã. – *Selecionado*

24 de outubro

"Eis que farei de ti um trilho cortante e novo..." (Is 41.15.)

Uma barra de aço no valor de cinco dólares, quando transformada em ferraduras passa a valer duas vezes mais. Se transformada em agulhas, passa a valer setenta vezes mais; se em lâminas de canivetes, seis mil vezes mais; se em molas de relógios, cinquenta mil vezes mais. Por que *processos* a pobre barra tem que passar para ficar valendo isto! Mas quanto mais ela é manipulada, e golpeada, e introduzida no fogo, e batida, e prensada, e polida, maior o seu valor.

Possa esta parábola ajudar-nos a ficar quietos, em silêncio e pacientes. Os que sofrem mais são capazes de submeter-se mais, e é através de dor que Deus está conseguindo mais de nós para a sua glória e a bênção de outros. – *Selecionado*

A vida é muito misteriosa. Aliás, ela seria inexplicável se não crêssemos que Deus nos está preparando para cenas e ministérios que estão além do véu dos sentidos, no mundo eterno, onde, para serviço especial, são necessários espíritos bem temperados.

"O torno que tem as lâminas mais afiadas produz o melhor trabalho."

25 de outubro

"Até agora nada tendes pedido em meu nome; pedi e recebereis, para que a vossa alegria seja completa." (Jo 16.24.)

Durante a Guerra Civil dos Estados Unidos, certo homem tinha um único filho, que se alistou nas forças da União. O pai era banqueiro e, embora consentisse na ida do filho, parecia que sua partida ia rasgar-lhe o coração.

Passou a ter grande interesse em soldados jovens, e toda vez que via um uniforme, seu coração se derramava como se fosse o próprio filho. Gastava tempo e dinheiro no cuidado de soldados que regressavam inválidos, negligenciando, mesmo, horas de serviço. Seus amigos argumentaram com ele, dizendo que não tinha direito de negligenciar o serviço e ocupar tanto o pensamento com os soldados. Então ele resolveu abandonar tal atividade.

Depois que havia tomado essa decisão, chegou certo dia ao seu banco um soldado trajando uniforme desbotado e trazendo no rosto e nas mãos marcas de hospital.

O pobre rapaz estava procurando nos bolsos alguma coisa quando o banqueiro o viu e, percebendo seu propósito, disse-lhe:

"Meu caro rapaz, não posso fazer nada por você hoje. Estou extremamente ocupado. Terá que voltar para o quartel. Os oficiais tomarão conta do seu caso."

Mas o pobre convalescente continuou ali, parecendo não entender bem o que lhe era dito. Continuou remexendo os bolsos; daí a pouco puxou de um deles um pedaço de papel encardido, com algumas linhas escritas a lápis, e o colocou diante do banqueiro. Ali estavam as palavras:

"Papai, este é um dos meus colegas, ferido no último combate, e que esteve no hospital. Por favor, receba-o como se ele fosse eu. – Carlos."

Num momento, todas as resoluções de indiferença caíram por terra. Levou o rapaz para a sua mansão, colocou-o no quarto do filho, deu-lhe o lugar do filho à mesa e o conservou em casa até que o alimento, o repouso e o carinho lhe restituíssem a saúde; depois então enviou-o de volta a arriscar a vida pela bandeira. – *Selecionado*

"*... e os amaste, como também amaste a mim.*" (Jo 17.23.)

26 de outubro

"... subiu ao monte, a fim de orar sozinho. Em caindo a tarde, lá estava ele, só." (Mt 14.23.)

O homem Jesus Cristo sentiu a necessidade de estar completamente só – *a sós,* a sós consigo mesmo. Nós sabemos quanto o estar com os homens nos distrai e exaure nossas forças. O homem Jesus Cristo sabia disto, também, e sentia a necessidade de estar renovadamente a sós, de reunir os seus poderes, de considerar plenamente o seu elevado destino, sua humanidade com suas limitações, sua inteira dependência do Pai.

Quanto mais precisa disto cada filho de Deus! De estar *a sós* com as realidades espirituais, a sós com Deus, o Pai. Se já houve alguém que poderia dispensar os momentos dessa comunhão a sós, esse alguém era Jesus. No entanto ele não podia fazer a sua obra ou conservar em pleno poder a sua comunhão, sem o seu momento a sós.

Prouvera a Deus que cada servo seu entendesse e praticasse esta bendita arte, e que a Igreja soubesse como preparar seus filhos para este alto e santo privilégio: que cada crente pode e deve ter o seu momento em que está realmente a sós com Deus. Que maravilha pensar que tenho o Senhor Deus inteiramente a sós comigo e saber que Deus me tem inteiramente a sós com ele! – *Andrew Murray*

Certo escritor, em um de seus livros, fala de um lugar retirado, em seu jardim, em que sua mãe sempre passava determinada hora do dia, a qual ninguém jamais sonhava interromper um só momento. Era para ela o santo jardim do Senhor. Pobres almas as que não têm esses jardins! Busque o seu aposento secreto. É Jesus que o diz.

MEDITAÇÃO

Minha alma, pratique o estar a sós com Cristo! Está escrito que *tudo ele declarava em particular aos seus discípulos.* Não se maravilhe disto, minha alma, é verdade na sua própria experiência. Se você quer entender *a si mesma,* mande embora a multidão. Deixe que se vão um a um, até que você seja deixada a sós com Jesus... Você já se imaginou como a única criatura restante na terra, a única restante em todo o universo?

Nesse universo, o seu único pensamento seria: "Deus e eu! Deus e eu!" E contudo, ele está tão perto de você como se você fosse o único ser – tão perto como se no espaço ilimitado nenhum outro coração pulsasse senão o dele e o seu. Ó minha alma, pratique o estar a sós! Pratique o afastar-se da multidão! Pratique a quietude do seu próprio coração! Pratique o solene estribilho: "Deus e eu! Deus e eu!" Não deixe que nada se interponha entre você e Aquele que luta com você como lutou com Jacó! Você será repreendida, sim, mas perdoada também, quando se encontrar a sós com Jesus! – *George Matheson*

27 de outubro

"... todas as tuas ondas e vagas passaram sobre mim." (Sl 42.7.)

Esteja de pé no lugar onde o amado Senhor o colocou, e ali faça o melhor que puder. Deus nos prova. Ele põe a vida diante de nós, face a face, como uma antagonista. Espera-se que ao sair da arena de um sério conflito estejamos mais fortes. A árvore que cresce onde as tempestades lhe açoitam os ramos e curvam o tronco até quase dobrar-se, tem geralmente raízes mais seguras do que a árvore que cresce no vale retirado, onde nunca há pressão e tensão de temporais. O mesmo se prova em nossa vida. É nas dificuldades que cresce o caráter mais firme. – *Selecionado*

Mão amada, Mão ferida,
Que o meu bem, somente, quis!
Se me fere a Mão ferida,
Dói-lhe a própria cicatriz!

Se me fere a Mão ferida,
O meu bem, somente, quer.
Eu te adoro, Mão ferida,
Faze como te aprouver!

28 de outubro

"Mas Deus, sendo rico em misericórdia, por causa do grande amor com que nos amou, e estando nós mortos em nossos delitos, nos deu vida juntamente com Cristo... e, juntamente com ele, nos ressuscitou, e nos fez assentar nos lugares celestiais em Cristo Jesus." (Ef 2.4-6.)

Este é o nosso lugar – assentados nos lugares celestiais em Cristo Jesus – e assentados quietos ali. Mas quão poucos há que fazem disto sua experiência real! De fato, quão poucos sequer pensam que lhes seja possível assentarem-se quietos nesses "lugares celestiais", na vida de cada dia num mundo tão agitado como o nosso.

Podemos crer, talvez, que fazer uma pequena visita a esses lugares celestiais aos domingos, ou de quando em vez em tempos de exultação espiritual, esteja dentro dos limites do possível. Mas estar "realmente" assentado ali diariamente e o dia inteiro, é outro assunto! No entanto, está bem claro que é algo tanto para domingos como para os dias de semana.

Um espírito quieto é de extraordinário valor na execução das várias atividades; e nada atrapalha tanto a operação das forças escondidas, das quais, afinal, depende o nosso sucesso, como um espírito de agitação e ansiedade.

Há imenso poder na quietude. Disse certa vez um grande santo: "Todas as coisas vêm à mão daquele que sabe confiar e estar quieto." Essas palavras estão carregadas de significado. O conhecimento deste fato mudará enormemente o nosso modo de trabalhar. Em vez de agitação e luta, nós estaremos sentados, interiormente, diante do Senhor, e deixaremos as forças divinas do seu Espírito operarem em silêncio os fins a que aspiramos. Você poderá não ver ou sentir as operações desta força silenciosa, mas fique certo de que ela está sempre operando silenciosamente, e trabalhará em seu favor. Basta que o seu espírito esteja suficientemente quieto para ser carregado pelas correntezas do seu poder. – *Hannah Whitall Smith*

Você precisa aprender a estar calmo e seguro em Deus em todas as situações.

29 de outubro

"Assentar-se-á como derretedor e purificador de prata..." (Ml 3.3.)

Nosso Pai, que procura aperfeiçoar em santidade os seus santos, sabe quanto vale o fogo do refinador. É com os metais mais preciosos que o avaliador de metais gasta mais tempo. Ele os submete ao fogo forte porque esse fogo derrete o metal, e é só a massa derretida que solta os metais interiores que estejam na liga; e também toma perfeitamente a nova forma no molde. O refinador experiente nunca sai de perto do cadinho, mas senta-se ao lado dele, para que porventura um grau excessivo de calor não venha a danificar o metal. Mas logo que retira da superfície a última escória e vê ali refletido o seu próprio rosto, ele apaga o fogo. – *Arthur T. Pierson*

30 de outubro

"... corramos, com paciência..." (Hb 12.1 – ARC.)

Correr com paciência é muito difícil. Correr sugere imediatamente ausência de paciência, desejo de alcançar rapidamente o alvo. Comumente associamos paciência com estar deitado. Pensamos nela como o anjo que guarda o leito do inválido. Entretanto, não penso que a paciência do inválido seja a mais difícil de obter.

Há uma paciência que eu creio ser mais difícil – a paciência capaz de correr. Deitar-se no tempo da dor, estar quieto sob o golpe da hora difícil, exige grande força; mas eu sei de uma coisa que exige uma força ainda maior: é o poder de *trabalhar* debaixo de um golpe; ter um grande peso sobre o coração, e ainda correr, ter uma profunda angústia no espírito, e ainda executar a tarefa diária. É uma semelhança a Cristo.

Muitos de nós seriam capazes de nutrir uma dor sem chorar, se lhes fosse permitido *nutri-la*. A coisa difícil é que a maioria de nós é chamada a exercitar a paciência não na cama, mas na rua. Somos chamados a sepultar as nossas tristezas, não em plácida quietude, mas no serviço ativo – nos negócios, na oficina, na hora social, no contribuir para a alegria de outro. Nunca é tão difícil enterrar as tristezas como no meio dessas situações; é *correr* com paciência.

Esta foi a *tua* paciência, ó Filho do homem. Era, a um só tempo, um esperar e um correr – um esperar pelo alvo, e um executar do trabalho de pouca aparência, enquanto isso. Eu te vejo em Caná, transformando a água em vinho para que a festa das bodas não se ensombreasse. Eu te vejo no deserto, alimentando a multidão, apenas para aliviar uma necessidade temporária. Todo, todo o tempo, tu estavas levando uma grande dor, não partilhada, silenciosa. Os homens pedem um arco-íris nas nuvens; mas eu pediria mais de ti. Eu desejaria ser, na minha nuvem, eu mesmo um arco-íris, ministrando alegria aos outros. A minha paciência será perfeita, quando for capaz de *trabalhar* na vinha. – *George Matheson*

31 de outubro

"Também o Espírito, semelhantemente, nos assiste em nossa fraqueza; porque não sabemos orar como convém, mas o mesmo Espírito intercede por nós sobremaneira, com gemidos inexprimíveis. E aquele que sonda os corações sabe qual é a mente do Espírito, porque segundo a vontade de Deus é que ele intercede pelos santos." (Rm 8.26,27.)

Este é o grande mistério da oração. Este é o delicado mecanismo divino que as palavras não podem interpretar e que a teologia não pode explicar, mas que o humilde crente conhece, mesmo sem entender. Ah! os pesos de oração que gostamos de carregar, mesmo sem os entender! Quantas vezes o nosso coração se derrama sem mesmo articular palavras, com uma intensidade que nem podemos compreender! E contudo, sabemos que isto é um eco do trono e um segredar do coração de Deus. É muitas vezes antes um gemido do que um cântico, um peso, mais que um voo. Mas é um peso bendito, e um gemido cujos meios-tons encerram louvor e um gozo inexprimível. É um gemido inexprimível, como diz o texto. Nós mesmos não o podemos expressar sempre, e às vezes não podemos senão entender que é Deus que está orando em nós por algo que precisa do seu toque, e que ele entende.

E assim podemos simplesmente derramar tudo o que está no nosso coração, o peso que oprime nosso espírito, a tristeza que nos esmaga, sabendo que ele ouve, ele ama, ele entende, ele recebe; e ele separa da nossa oração tudo o que é imperfeito, ignorante e errado, e apresenta o restante como o incenso do grande Sumo Sacerdote, diante do trono, nas alturas; e a nossa oração é ouvida, aceita e respondida em seu nome. – *A. B. Simpson*

Não é necessário estar sempre falando com Deus e ouvindo sua voz, para estarmos em comunhão com ele. Há uma comunhão inarticulada, mais doce do que palavras. A criança pequena pode sentar-se o dia inteiro ao lado da mãe atarefada e, embora poucas palavras sejam trocadas e ambas estejam ocupadas – uma com os brinquedos, e outra com o serviço –, podem ambas estar em perfeita comunhão. A pequena sabe que a mãe está ali, e sabe que está tudo bem. Assim, o santo e o Salvador podem passar horas em silenciosa comunhão de amor; mesmo ocupado com as coisas mais comuns, ele está consciente de que cada coisa pequena que faz é tocada pela cor da sua presença e o sentimento da sua aprovação e bênção.

Então, quando pressionados por fardos e dificuldades complicados demais para serem postos em palavras, ou misteriosos demais para serem expressos ou compreendidos, como é bom cair nos seus braços de amor e simplesmente soluçar ali a tristeza que não podemos exprimir! – *Selecionado*

1.º de novembro

"Quando a nuvem se detinha... então, os filhos de Israel... não partiam." (Nm 9.19.)

Este era o maior teste de obediência. Era relativamente fácil levantar acampamento, quando os flocos da nuvem iam se ajuntando devagar e erguendo-se de cima do Tabernáculo e ela passava a flutuar majestosamente diante da multidão. A mudança de ares é sempre agradável; e havia emoções e interesses na caminhada, nos cenários e em saber como seria o próximo ponto de parada. Mas a espera...

Ali, por mais mormacenta ou sem atrativos que fosse a região, por mais irritante que fosse à carne e ao sangue, por muito cansativa que fosse ao coração impaciente e por mais perigosa que fosse – não havia escolha, senão ficarem acampados.

O salmista diz: "Esperei confiantemente pelo SENHOR; ele se inclinou para mim e me ouviu quando clamei por socorro." (Sl 40.1.) E o que ele fez pelos santos do Antigo Testamento, fará pelos crentes de todas as épocas.

Deus, muitas vezes, ainda nos deixa esperando. Face a face com inimigos ameaçadores, no meio de situações alarmantes, cercados de perigos, sob uma pedra que está para rolar. Não poderemos sair dali? Não será hora de levantar acampamento? Já não sofremos até o limite? Não podemos trocar este calor e esta claridade que dói na vista, por pastos verdes e águas tranquilas?

Não há resposta. A nuvem não se move, e precisamos ficar ali, embora seguros do maná, da água da rocha, do abrigo, da proteção. Deus nunca nos conserva num lugar sem nos assegurar da sua presença e mandar-nos suprimentos diários.

Espere, jovem, não se apresse em mudar as coisas! Pastor, fique no seu posto! Enquanto a nuvem não se mover claramente, você não deve se mover. Espere, pois, a boa hora do seu Senhor! Ele chegará no tempo certo! – *Daily Devotional Commentary*

2 de novembro

"*... mas havia oração...*" (At 12.5.)

A oração é o elo que nos põe em contato com Deus. É a ponte que liga quaisquer distâncias, e nos carrega por sobre qualquer abismo de perigo ou necessidade.

Que significativo quadro da igreja apostólica: Pedro, na prisão; os judeus, triunfantes; Herodes, supremo; a arena dos martírios esperando o raiar do dia, para beber o sangue do apóstolo. Tudo contra ela. "*Mas havia oração incessante* a Deus por parte da igreja a favor dele", de Pedro. E qual o resultado? A prisão, aberta; o apóstolo, em liberdade; os judeus, confundidos; o ímpio rei, comido de bichos – um espetáculo em substituição ao da arena, embora às ocultas – e a palavra de Deus propagando-se com maior vitória.

Conhecemos o poder da nossa arma espiritual? Atrevemo-nos a usá-la com a autoridade de uma fé que não só pede, mas reclama o que é seu? Deus nos batize com uma santa ousadia e divina certeza! Ele não está esperando por grandes homens, mas por homens que ousem pôr à prova a grandeza do seu Deus. Sim, Deus! Sim, a oração! – *A. B. Simpson*

Na sua oração, tenha cuidado, acima de tudo, de não limitar a Deus; não só por incredulidade, mas por imaginar que já sabe o que ele pode fazer. Espere coisas inesperadas, *além de* tudo o que pedimos ou pensamos. Toda vez que interceder, fique quieto, primeiro, e adore a Deus na sua glória. Pense no que ele pode fazer, em como ele tem prazer em ouvir a Cristo, e pense na sua posição em Cristo; e espere grandes coisas. – *Andrew Murray*

As nossas orações são as oportunidades de Deus.

Você está em tristeza? A oração pode tornar suave a sua aflição e fazer dela um meio de fortalecimento de sua vida. Você está alegre? A oração pode acrescentar à sua alegria alguma coisa do céu. Está em extremo perigo ante inimigos externos ou internos? A oração pode trazer à sua mão direita um anjo, cujo toque reduziria uma mó a um pó mais fino que o trigo por ela triturado, e cujo olhar fulminaria um exército. O que a oração fará por você? Eu respondo: tudo o que Deus pode fazer. "Pede o que queres que te dê." – *Farrar*

3 de novembro

"... em todos os altos desnudos terão o seu pasto." (Is 49.9.)

Brinquedos e joias sem valor são facilmente obtidos, mas o que é de real valor custa caro. As alturas do poder são sempre compradas a preço de sangue. Você pode obter as mais elevadas vitórias, se tiver sangue bastante para dar por elas. Essa é a condição de conquista das santas altitudes, em toda parte. A história de verdadeiro heroísmo é sempre uma história de sangue e sacrifício. Os mais altos valores da vida e do caráter não são assoprados para o nosso caminho por ventos casuais. As grandes almas têm grandes dores.

Deus me mostrou verdades muito grandes
E eu as amei, tomei-as para mim.
Mas foi no andar diário ano após ano,
Dor após dor e lutas após lutas,
Que elas tomaram posse, então, de mim.

Quando Deus nos coloca em circunstâncias difíceis, que nos obrigam a exercitar fé, nossa capacidade de conhecer a Deus é aumentada. Assim, quando muitas dificuldades assediarem o nosso caminho, demos graças a Deus por ele estar se ocupando de nós, e descansemos completamente nele.

Não peço de ti, filho meu, grandes coisas,
Mas teu coração.
Para mim algo existe que é mais do que coisas:
É ter a ti mesmo;
É ter comunhão.

Não queiras para ti, filho meu, grandes coisas,
Que todas têm fim.
Que sejas, meu filho, homem de uma só coisa:
Que queiras a mim.

4 de novembro

"... estando eu no meio dos exilados, junto ao rio Quebar, se abriram os céus, e eu tive visões de Deus... e ali esteve sobre ele a mão do SENHOR.*"*
(Ez 1.1-3.)

Não há comentarista da Escritura que seja tão valioso como o catveiro. Os velhos Salmos soam com nova profundidade e paixão aos nossos ouvidos, quando nos sentamos junto aos rios da Babilônia; vibram para nós com nova alegria, quando saímos do nosso cativeiro "como as correntes no sul".

O homem que passou por muitas aflições não abrirá mão facilmente do seu exemplar da Bíblia. Aos olhos dos outros o seu livro poderá parecer idêntico a outros livros, mas não para ele. Pois sobre as páginas da sua velha Bíblia marcada de lágrimas, ele escreveu, com caracteres visíveis só a seus olhos, o registro de suas experiências. E aqui e ali ele chega às colunas de Betel ou às palmeiras de Elim, que são para ele memoriais de algum capítulo crítico de sua história.

Para sermos beneficiados através do nosso cativeiro, precisamos aceitar a situação e torná-la no melhor meio possível de lucro. Ficar indignado porque uma coisa nos foi tirada ou porque fomos tirados daqui ou dali não irá melhorar nada, irá, sim, impedir-nos de melhorar o que nos resta. Se esticarmos a linha, o nó ficará ainda mais cego.

O cavalo que não se submete ao cabresto, acaba estrangulando-se na própria baia. O animal muito fogoso, que se agita sob o jugo, apenas fere o dorso.

É conhecida a diferença entre o impaciente estorninho, que bate as asas contra a gaiola, gritando, como a dizer: "Não consigo sair! Não consigo sair!", e o dócil canário, que canta na sua prisão.

Nenhuma calamidade poderá ser vista como somente um mal para nossa vida, se a levarmos diretamente a Deus em fervente oração. Pois assim como alguém que se abriga sob uma árvore pode encontrar nela inesperados frutos, assim quem se refugia sob as asas de Deus sempre encontrará nele muito mais do que já tinha visto ou conhecido.

É assim que, através das nossas provas e aflições, Deus nos dá novas revelações de si mesmo; e o vau de Jaboque nos leva a Peniel onde, como resultado da luta ali travada, vemos a Deus "face a face" e a nossa vida é salva. Você que está em algum cativeiro, tome isto para si; e o Senhor lhe dará "cânticos na noite" e mudará "a sombra da noite em manhã". – *Wm. Taylor*

Submissão à vontade do Senhor é o mais macio travesseiro.

5 de novembro

"Acaso, para o Senhor *há coisa demasiadamente difícil?..."* (Gn 18.14.)

Hoje há um desafio de Deus a você e a mim. Ele quer que pensemos no mais profundo, mais digno, mais alto desejo e aspiração que temos – alguma coisa que desejamos muito para nós mesmos ou para alguém que amamos, e que, como não vemos realizar-se e já faz tanto tempo, contamos como uma aspiração perdida – algo que poderia ter-se concretizado, mas que agora não pode mais; e então perdemos a esperança de vê-lo concretizado nesta vida.

Essa coisa, se está na linha do que sabemos ser vontade expressa de Deus (como era a dádiva de um filho a Abraão e Sara), ele tenciona fazer para nós, embora o achemos impossível, a ponto de rirmos do absurdo de alguém pensar que possa acontecer. *Essa coisa* Deus tenciona fazer para nós, se apenas lhe permitirmos.

"Acaso, para o SENHOR *há coisa demasiadamente difícil?"* Não, se confiamos nele o suficiente para prosseguirmos fazendo a sua vontade e deixando o impossível com ele. Mesmo Abraão e Sara poderiam ter impedido o plano de Deus se continuassem a descrer.

A única coisa difícil para o Senhor é a incredulidade deliberada e contínua, quanto ao seu amor e poder, bem como a nossa rejeição cabal de seus planos para nós. Nada é difícil demais para o Senhor fazer aos que confiam nele. – *Messages for the Morning Watch*

6 de novembro

"Eu repreendo e disciplino a quantos amo..." (Ap 3.19.)

Deus toma os mais escolhidos de seus servos para as suas mais escolhidas aflições. Os que têm recebido maior graça da parte de Deus são capazes de suportar maiores aflições vindas de

Deus. As aflições não atingem os santos por acaso; são-lhes endereçadas por Deus. Deus não lança suas setas ao acaso. Cada uma delas leva um recado especial e só atinge o coração para o qual foi apontada. Não há somente graça, mas glória, no crente que pode suportar quietamente a aflição. – *Joseph Caryl*

Se fosse, só, meu dia a dia,
Esta palavra o que me falaria –
Que "toda lágrima ele limparia"?

Senão tivesse alguém na sepultura,
Quanto veria, pois, nesta Escritura
Em que ele diz:
"Eu sou a ressurreição"?

E: "Dai descanso para o que está cansado"
Teria isto algum significado,
Se eu não soubesse o que é me fatigar?

A sepultura, a lágrima, o cansaço,
Podem ser toques do divino braço
Para nos trazer a bênçãos mui reais.

E se não gosto quando vão chegando,
Bem sei que é Deus que assim me vai levando
A conhecê-lo e amá-lo mais e mais!...
– *Adaptado*

"Os crentes que têm aprendido lições mais profundas são geralmente os que têm experimentado as chamas esquadrinhadoras de profunda angústia de alma. Se você tem orado pedindo para conhecer mais de Cristo, não fique surpreso se ele o levar à parte a um lugar deserto ou o guiar a uma fornalha de aflição."

Não me castigues, Senhor, tirando a minha cruz, mas conforta-me, submetendo-me à tua vontade e fazendo-me amar a cruz. Dá-me aquilo através de quê eu possa servir-te melhor... e que eu o receba como sendo a maior das tuas misericórdias; para que possas glorificar o teu nome em mim segundo a tua vontade. – *A Captive's Prayer*

7 de novembro

"Mas o que, para mim, era lucro, isto considerei perda por causa de Cristo." (Fp 3.7.)

Quando sepultaram o pregador cego, George Matheson, cercaram sua sepultura de rosas vermelhas, em memória do sacrifício de amor que fora sua vida. Foi esse homem, tão lindamente honrado, que escreveu:

Ó Santo Amor, que não me deixas só!
Descanso em ti minha alma fatigada.
Dou-te de volta o que ganhei de ti –
A vida – para que em ti multiplicada
Seja bênção aqui.

Ó Santa Luz, que estás a me seguir:
Entrego-te esta chama arrefecida;
Meu coração te dá o que recebi,
Para que em teu Sol, a chama, renascida,
Resplandeça por ti!

Ó Santo Gozo, que me vens na dor,
Diante de ti tenho a minha alma aberta!...
Aprendo a ver que a noite nunca é vã,
E que a promessa desejada é certa,
De uma eterna manhã.

Ó Santa Cruz, que vens do pó me erguer!
Quero provar-te, ó Cruz, em minha vida.
Glórias terrenas eu sepulto aí
Ao ressurgir terei, imerecida,
Glória vinda de ti!

– Adaptado

Conta uma lenda, que certo artista havia descoberto o segredo de um vermelho extraordinário que nenhum outro conseguia imitar. O segredo de sua cor morreu com ele. Porém, após sua morte descobriram-lhe no peito uma ferida antiga, sobre o coração. Isso revelou a fonte do inigualável tom de suas pinturas. A lenda ensina que nenhuma grande conquista poderá ser feita, nenhum alto ideal será alcançado, coisa alguma de valor será realizada em prol do mundo, a não ser a preço de sangue vertido do coração.

8 de novembro

"... tomando consigo a Pedro, João e Tiago, subiu ao monte com o propósito de orar. E aconteceu que, enquanto ele orava, a aparência do seu rosto se transfigurou e suas vestes resplandeceram de brancura... viram a sua glória..." (Lc 9.28-32.)

"... se achei graça aos teus olhos, rogo-te que me faças saber neste momento o teu caminho..." (Êx 33.13.)

Quando Jesus levou os três discípulos à parte, àquele monte, atraiu-os a uma íntima comunhão com ele. A ninguém viram, senão somente a Jesus; e era bom estar ali. O céu não está longe dos que ficam no monte com o seu Senhor.

Quem, em momentos de meditação e oração, já não teve vislumbres do céu aberto? Quem, no lugar secreto de bendita comunhão, já não sentiu alguma onda de santa emoção – antegosto do gozo dos bem-aventurados?

O Mestre tinha ocasiões e lugares para uma conversa quieta com seus discípulos; uma vez no cume do Hermom; mais frequentemente, porém, nas encostas do monte das Oliveiras. Cada crente deve ter o seu monte das Oliveiras. A maioria de nós, principalmente os das cidades grandes, vive sob grande pressão. Desde cedinho até à hora de deitar estamos expostos ao redemoinho. No meio desse burburinho todo, quão pouca oportunidade temos para uma quieta reflexão, para a Palavra de Deus, para oração e comunhão de coração para coração com ele!

Daniel precisou do monte das Oliveiras em seu quarto, no meio dos rugidos e da idolatria da Babilônia. Pedro o encontrou no terraço em Jope; e Martinho Lutero o encontrou no "cenáculo" de Wittemberg, conservado ainda hoje como coisa sagrada.

O servo de Deus Dr. Joseph Parker disse certa vez: "Se não voltarmos às visões, aos vislumbres do Céu, à consciência da glória mais elevada e da vida mais plena, perderemos nossa espiritualidade; nosso altar se tornará uma simples pedra, se não tiver a bênção de visitas do Céu." Eis a necessidade do mundo de hoje: *homens que vejam a face do seu Senhor. – The Lost Art*

Chegue perto dele! Ele poderá levá-lo hoje ao cume do monte, pois se levou ali a Pedro, o impetuoso, e a Tiago e João, os filhos do trovão, que vez após outra compreenderam mal o Mestre e sua obra, não há razão por que não possa levá-lo ali. Por isso, não se ponha a um lado, dizendo: "Aquelas visões e revelações extraordinárias do Senhor são para espíritos seletos!" Não. Elas podem ser para você. *– John Mc Neill*

9 de novembro

"Os que se assentam de novo à sua sombra voltarão; serão vivificados como o cereal e florescerão como a vide..." (Os 14.7.)

O dia terminou com um pesado aguaceiro. As plantas do meu jardim foram encurvadas pela força da chuva. Uma flor de que eu gostava muito e havia admirado por sua beleza e perfume, lá estava exposta ao temporal. Sua haste encurvou-se. A flor pendeu-se. Cerrou as pétalas. Vi o fim da sua glória. E pensei: "Tenho de esperar um ano inteiro para ver outra beleza igual."

A noite passou e veio a manhã; novamente o sol; e o ar da manhã trouxe novas forças à flor. A luz olhou para ela e ela olhou para a luz. Houve contato e comunhão, e energia passou para a flor. Ela ergueu a cabeça, abriu as pétalas, retomou a sua glória e pareceu mais bela do que antes. Fico pensando como se terá passado isso – aquela coisa fraca, entrando em contato com a forte, ganhando força!

Eu não sei dizer como é que através de comunhão com Deus eu posso receber dentro de mim o poder de fazer coisas e de suportar coisas, mas sei que é um fato.

Você está em perigo, através de alguma provação pesada e esmagadora? Busque essa comunhão com o Senhor, e receberá força; e será capaz de vencer. "Eu te fortaleço."

10 de novembro

"Abraão, esperando contra a esperança, creu..." (Rm 4.18.)

A fé de Abraão parecia estar em inteira correspondência com o poder e a fidelidade de Jeová. Nas circunstâncias em que se encontrava, já velho, ele não tinha em seu próprio corpo o necessário para que esperasse o cumprimento da promessa. No entanto, creu na Palavra do Senhor e ergueu o olhar para o tempo em que sua descendência seria como as estrelas do céu em multidão.

Ó minha alma, você não tem só uma promessa, como Abraão, mas *mil promessas,* e muitos exemplos de crentes fiéis: cabe a você, portanto, apoiar-se confiantemente na Palavra de Deus. E embora ele tarde e o mal pareça crescer mais e mais, não se enfraqueça, antes fortaleça e se alegre, pois que as mais gloriosas promessas de Deus são geralmente cumpridas de maneira tão extraordinária, que ele vem salvar-nos na hora em que menos parece possível.

Comumente ele traz seu socorro em nossa maior necessidade, para que se possa ver que foi mesmo a sua mão que nos livrou. E ele escolhe este método para que não confiemos em coisa alguma que vemos ou sentimos, como somos tão inclinados a fazer, mas só e simplesmente na sua Palavra, da qual podemos depender em qualquer situação. – *C. H. Von Bogatsky*

Lembre-se de que o momento para a fé entrar em ação é justamente quando acaba o que se vê. Maiores as dificuldades, mas fácil para a fé. Enquanto existem alguns recursos naturais a fé não avança tão facilmente como quando esses recursos falham. – *George Müller*

11 de novembro

"Seja ele como chuva que desce sobre a campina ceifada..." (Sl 72.6.)

Amós fala das ceifas do rei. O nosso Rei tem muitas segadeiras, e está continuamente aparando os seus gramados. Quando se ouve o tinido da pedra de amolar sobre a lâmina da segadeira, já se sabe que milhares de folhas verdes de grama e centenas de florzinhas vão ser cortadas. Tão bonitas que estavam pela manhã, mas dentro de uma ou duas horas estarão empilhadas em longas fileiras – murchas.

Assim, na vida humana, nós apresentamos um belo espetáculo antes que venha a segadeira da dor, a tosquia do desapontamento, a foice da morte.

Não há método de se obter um gramado aveludado, senão através de repetidas aparas; e não há maneira de se desenvolver um espírito tenro, equilibrado e compassivo senão através das aparas de Deus. Quantas vezes a Palavra compara o homem à erva, e a sua glória à flor da erva! Mas quando a erva é ceifada e seus tenros brotos estão sangrando, e onde havia flores há desolação, temos a melhor hora para caírem as chuvas suaves e mornas.

Ó alma, você foi tosada! O Rei vem a você com sua afiada segadeira! Não tema a segadeira – depois dela virá a chuva de bênçãos. – *F. B. Meyer*

12 de novembro

"Estes eram oleiros... moravam ali com o rei para o servirem." (1 Cr 4.23.)

Em qualquer lugar e em qualquer circunstância nós podemos *morar com o rei para o servir*. Pode ser que o lugar seja desfavorável e não pareça condizer com moradas de rei; pode ser mesmo uma vida no campo, com muito pouco à nossa volta que se pareça com "as saídas" do Rei; talvez o nosso lugar seja entre cercas, com obstáculos de todos os lados; e pode ser, além do mais, que as nossas mãos estejam cheias dos potes e vasos de nossos afazeres diários.

Não importa! O Rei que nos colocou *"ali" virá* e morará conosco; se há cercas, está bem, pois senão ele as tiraria. E talvez o que nos parece obstáculo seja para a nossa própria proteção. E quanto aos potes e vasos, bem, isso é exatamente o que ele achou por bem colocar em nossas mãos, e portanto é, para o momento, o "seu serviço". – *Frances Ridley Havergal*

O belo pôr do sol e o céu estrelado, a soberba montanha e o mar azul, bosque fragrante e as flores coloridas não têm a beleza da alma que está servindo por amor ao Senhor Jesus, no vaivém comum de uma vida sem poesia. – *Faber*

Há vidas muito santas em pessoas que nunca se distinguiram como autores nem deixaram alguma obra distinta que as faça lembradas no mundo, mas que viveram como anjos, tendo produzido suas flores suaves, escondidas como o lírio no vale isolado à beira da límpida corrente. – *Keneln Digby*

13 de novembro

"... eu o tenho conhecido, que ele há de ordenar a seus filhos e a sua casa depois dele..." (Gn 18.19 – ARC)

Deus quer pessoas de quem ele possa depender. Ele pôde dizer de Abraão: "Eu o tenho conhecido, que ele há de ordenar a seus filhos... para que o Senhor faça vir sobre Abraão o que acerca dele tem falado." De Deus se pode depender; ele quer que nós sejamos, à sua semelhança, firmes, apoiáveis e estáveis. E é isto que é fé.

Deus está procurando homens em quem ele possa pôr o peso de todo o seu amor, seu poder e suas fiéis promessas. As máquinas de Deus são bastante fortes para arrastar qualquer peso que prendamos a elas. Infelizmente o cabo que ligamos à máquina muitas vezes é fraco demais para segurar o peso da nossa oração. Por isso, Deus está nos exercitando e disciplinando para ficarmos estáveis e seguros na vida de fé. Que aprendamos as lições e sejamos firmes. – *A. B. Simpson*

Deus sabe que você poderá suportar essa provação, senão ele não a teria enviado. É a confiança dele em você que explica as tribulações da vida, por mais amargas que sejam. Deus conhece as nossas forças, e mede-as até ao último centímetro. Nunca foi dada a ninguém uma provação maior do que as suas forças, por meio de Deus, pudessem suportar.

14 de novembro

"... se o grão de trigo, caindo na terra, não morrer, fica ele só; mas, se morrer, produz muito fruto." (Jo 12.24.)

Vá ao antigo Campo Santo de Northampton, Massachussets, e visite o túmulo de David Brainerd; a seu lado está o de Jerusha Edwards, que ele amou, mas não chegou a desposar. Quantas esperanças e expectações pela causa de Cristo desceram para o túmulo com a forma desgastada do jovem missionário. E nada ficava, senão a lembrança querida e um punhado de índios convertidos! Mas o valoroso santo puritano, Jonathan Edwards, pai de Jerusha, que havia esperado ter o jovem como filho, juntou num pequeno livro as memórias de Brainerd. E o livro criou asas e voou além dos mares, e iluminou a mesa de estudos de um estudante de Cambridge: *Henry Martin.*

Pobre Martin! Por que haveria ele de jogar a vida assim, com todo o seu estudo, talento e oportunidades? O que havia ele realizado, quando regressava das costas de coral da Índia? Quando, com a saúde arruinada, só conseguiu arrastar-se até o sombrio caravançará nas proximidades do mar Negro, em Tocat – onde rastejava sob os arreios empilhados, para de encontro à terra refrescar-se da febre escaldante – e ali morrer só?

Para que esse desperdício?... Da sepultura de Brainerd que morreu tão jovem e do túmulo isolado de Martin, brotou o nobre exército dos missionários de hoje. – *Lord Wooley Bacon*

15 de novembro

"... acima das nossas forças..." (2 Co 1.8.)
"... para que sobre mim repouse o poder de Cristo." (2 Co 12.9.)

Deus permitiu que a crise se apertasse em torno de Jacó, naquela noite em que ele se inclinou em súplicas em Peniel, a fim de levá-lo a apoderar-se de Deus, pois sem a crise ele não teria chegado a esse ponto. E por causa daquele lugar estreito de perigo, Jacó teve a sua fé alargada e cresceu no conhecimento de Deus, como também no poder de uma vida nova e vitoriosa.

Deus teve de fazer Davi passar por uma disciplina longa e penosa, para que ele viesse a conhecer a onipotência e a fidelidade do seu Deus e para que se gravassem aqueles princípios de fé e piedade que eram indispensáveis à sua gloriosa carreira como rei de Israel.

Paulo só pôde conhecer todo o significado da promessa "A minha graça te basta", através das situações extremas em que foi colocado. E assim ele aprendeu a fazer uso dela, e através dele a igreja o tem aprendido.

Só as provações e os perigos que atravessamos é que poderiam ter levado alguns de nós a conhecê-lo como o conhecemos, a confiar nele como confiamos. As nossas situações desesperadoras é que nos obrigaram a tomar dele toda a graça de que precisávamos.

As dificuldades e obstáculos são os desafios que Deus lança à nossa fé. Quando encontramos obstáculos no caminho do dever, precisamos considerá-los como vasilhas que a fé tem diante de si para encher da plenitude e suficiência de Jesus; e à medida que avançamos, confiando simples e inteiramente nele, podemos ser provados, podemos ter de esperar e deixar que a paciência tenha a sua obra completa, mas no fim acharemos a pedra removida do sepulcro e o Senhor esperando para nos recompensar em dobro pelo nosso tempo de prova. – *A. B. Simpson*

16 de novembro

"Eles, pois, o venceram por causa do sangue do Cordeiro e... mesmo em face da morte, não amaram a própria vida." (Ap 12.11.)

Quando Tiago e João vieram a Cristo com sua mãe, pedindo-lhe para lhes dar o melhor lugar do reino, ele não lhes recusou o pedido, mas disse que seriam atendidos se pudessem fazer a sua obra, beber o seu cálice e ser batizado com o seu batismo.

Queremos nós a competição? As coisas melhores estão sempre cercadas pelas mais difíceis, e nós também encontraremos pela frente montanhas, florestas e carros de ferro. O sofrimento é o preço da coroação. Arcos de triunfo não são entretecidos com rosas e cordões de seda, mas com golpes rijos e cicatrizes sangrentas. As próprias dificuldades que você está enfrentando na vida hoje são lhe dadas pelo Mestre com o propósito explícito de capacitá-lo a ganhar a sua coroa.

Não fique esperando uma situação ideal, por alguma dificuldade romântica, por alguma emergência distante. Levante-se para enfrentar as condições que a providência de Deus colocou à sua volta *hoje*. A sua coroa de glória está engastada no centro dessas coisas; dessas dificuldades e provas que o estão apertando neste momento, nesta semana, neste mês da sua vida. As coisas mais difíceis não são as que o mundo vê. Lá no fundo da sua alma, invisível a todos, menos a Jesus, há uma certa provação que você não se atreveria a mencionar, e que para você é mais difícil de suportar do que o martírio.

Ali, amado, está a sua coroa. Deus o ajude a vencer e a usá-la um dia. – *Selecionado*

17 de novembro

"... *Considerai no que diz este juiz iníquo. Não fará Deus justiça aos seus escolhidos, que a ele clamam dia e noite, embora pareça demorado em defendê-los?*" (Lc 18.6,7.)

Os tempos de Deus não estão às suas ordens. Se o primeiro atrito da pedra não produz fogo, você tem que tentar de novo. Deus ouvirá a oração, mas ele pode não responder na hora marcada pela nossa mente. Ele se revelará ao nosso coração que busca, mas não exatamente no momento que marcamos em nossa expectação. Daí a necessidade de perseverança, importunação e súplica.

No tempo em que se produzia fogo pelo atrito de pedra e aço, e dos fósforos de enxofre, tínhamos de fazer o atrito e riscar o fósforo muitas vezes até conseguirmos uma centelha que pegasse no material inflamável; e ficávamos bem contentes quando por fim o conseguíamos.

E não seremos assim perseverantes e esperançosos quanto às coisas celestiais? Neste assunto há razão para mais certeza de sucesso do que com aqueles fósforos, pois temos aqui promessas de Deus.

Nunca percamos a esperança. O tempo de Deus mostrar misericórdia chegará. Sim, já chegou, se já chegou o tempo de nós crermos. Peça com fé, não duvidando; mas não cesse de pedir, se o Rei está demorando a responder. Risque o fósforo outra vez. Faça voarem as faíscas e tenha preparado o seu material inflamável. Breve você terá fogo. – *C. H. Spurgeon*

Eu não creio que haja na história do reino de Deus o caso de uma só oração certa, feita no espírito certo, que seja deixada para sempre sem resposta. – *Theodore L. Cuyler*

18 de novembro

"... bem-aventurado é aquele que não achar em mim motivo de tropeço." (Lc 7.23.)

Às vezes é bem difícil não achar motivo de tropeço em Jesus Cristo. Os tropeços podem estar na esfera das *circunstâncias*. Suponhamos: eu esperava encontrar grandes oportunidades, no entanto, encontro-me numa prisão – seja uma esfera estreita de convívio ou de serviço, seja um quarto de enfermidade, seja uma posição malvista. Sim; mas ele sabe o que é melhor para mim. Meu ambiente é determinado por ele. Ele tem em vista fortalecer a minha fé, atrair-me para maior comunhão com ele, tornar maduro o meu poder. A minha alma prosperará *na prisão*.

O tropeço pode estar nos domínios da *mente*. Sou assaltado por perplexidades, indagações que não sei solucionar. Eu havia pensado que, entregando-me a ele, meu céu estaria sempre claro; porém, muitas vezes está encoberto por névoas e nuvens. Contudo, deixe-me crer que, se as dificuldades permanecem, é para que eu aprenda a confiar nele ainda com mais singeleza – a confiar e não temer. Sim, e por meio dos meus conflitos mentais sou treinado a ser instrutor para outros homens açoitados por semelhantes tempestades.

O tropeço pode estar na ordem *espiritual*. Eu tinha imaginado que dentro do seu aprisco nunca sentiria os ventos cortantes da tentação. Mas é melhor como está, pois a sua graça é magnificada; o meu caráter é amadurecido; e o Repouso com ele será mais doce, no fim do dia. Dali olharei para as curvas e provas do caminho e cantarei os louvores do meu Guia. Assim, venha o que vier, aceitarei sua vontade; e recusarei deixar-me tropeçar no meu amoroso Senhor. – *Alexander Smellis*

19 de novembro

"Tu, que me tens feito ver muitas angústias e males, me restaurarás ainda a vida e de novo me tirarás dos abismos da terra." (Sl 71.20.)

Deus nos *mostra*, nos faz ver, males e angústias. Assim, enquanto está sendo processada essa parte da nossa educação, temos às vezes de descer aos "abismos da terra", temos de atravessar passagens subterrâneas, temos de ficar enterrados entre os mortos – mas a corda da nossa comunhão com Deus nunca será esticada demais, a ponto de arrebentar; e Deus a puxará – ele nos tornará a trazer das profundezas.

Nunca duvide de Deus! Nunca diga que ele o esqueceu ou abandonou. Nunca pense que ele não se compadece de nós. Ele *dará ainda a vida.*

Em todo emaranhado de fios, há sempre um fio liso, em ordem. Por longo que seja o dia, virá o repouso da noite. As neves do inverno ficam algum tempo sobre a terra, mas finalmente se acabam.

Seja firme, seu trabalho não é vão. Deus ainda virá e o consolará. E quando ele vem, o coração que havia esquecido o seu cântico rompe em notas alegres, como o salmista: "Eu te louvarei, cantar-te-ei com harpa, meus lábios exultarão." – *Selecionado*

Se recebemos o bem,
O mal não receberemos,
Que da mesma Mão provém?

É a Mão de Alguém que nos ama,
Que bem sabe o que fazer
E o propósito que tem.

20 de novembro

"Bem-aventurado o que espera..." (Dn 12.12.)

Esperar pode parecer uma coisa fácil, mas é uma das disposições de espírito que o soldado cristão só aprende a ter após anos de ensino. Para o guerreiro de Deus a marcha e a marcha acelerada são muito mais fáceis do que ficar parado.

Há horas de perplexidade, em que o espírito mais pronto, mais desejoso de servir ao Senhor, não sabe que direção tomar. O que fazer então? Agitar-se em desespero? Voltar atrás covardemente, tomar a direita em temor, avançar presunçosamente?

Não, simplesmente esperar. *Esperar em oração,* todavia. Clame ao Senhor e coloque o caso perante ele; conte-lhe a dificuldade e clame por sua promessa de auxílio.

Esperar com fé. Expresse a sua firme confiança nele. Creia que, embora ele o conserve esperando até à meia-noite, virá, contudo, no tempo certo; a visão virá, e não tardará.

Esperar em quieta paciência. Não murmure contra a fonte aparente da adversidade, como fizeram os filhos de Israel contra Moisés. Aceite o caso como é, e ponha-o exatamente assim na mão do Deus do concerto – simplesmente, de todo o coração e sem a interferência da sua vontade – dizendo: "Agora, Senhor, não se faça a minha vontade, mas a tua. Eu não sei o que fazer; estou num ponto extremo; mas esperarei até que tu abras as águas ou afastes os meus inimigos. Esperarei, ainda que me faças esperar muitos dias, pois meu coração está firmado só em ti, ó Deus, e meu espírito espera por ti, na plena convicção de que ainda serás o meu gozo e a minha salvação, o meu refúgio e a minha torre forte." – *Morning by Morning*

21 de novembro

"Entrega o teu caminho ao S*ENHOR...*" (Sl 37.5.)

Alguma coisa o está perturbando? Seja o que for, vá e conte-o ao Pai. Entregue toda a questão na mão dele, e você ficará livre daquele peso que deixa o coração dividido e perplexo, e de que o mundo está tão cheio. Quando você estiver para fazer ou sofrer alguma coisa, quando estiver diante de algum negócio ou empreendimento, vá e conte-o a Deus; ponha-o bem a par do assunto; sim, sobrecarregue-o com o assunto; e você estará livre de cuidado. Não mais o cuidado, mas haverá uma calma diligência no serviço e quieta dependência dele para o desenrolar dos seus assuntos. Entregue o seu cuidado, e entregue-se também com ele, como um só fardo, nas mãos do Senhor. – R. *Leighton*

Veremos que é impossível entregar nosso caminho ao Senhor se for um caminho que ele não aprova. É só pela fé que alguém é capaz de entregar o seu caminho ao Senhor; se houver a mínima dúvida no coração, de que o "nosso caminho" seja bom, a fé se recusará a tomar parte. Este entregar do nosso caminho precisa ser um ato continuado, uma atitude, não um ato isolado. Por extraordinária e inesperada que possa parecer a direção de Deus, por próximo que esteja do precipício o caminho por onde ele vai levá-lo, você não pode tomar da mão dele as rédeas da direção. Estamos prontos a submeter todos os nossos caminhos a Deus, para que ele pronuncie juízo sobre eles? Não há nada que um crente precise examinar tão cuidadosamente como os seus hábitos e pontos de vista já estabelecidos. Pois é fácil achar que Deus automaticamente os aprova. Por que alguns crentes são tão ansiosos, tão temerosos? Evidentemente porque *não deixaram o seu caminho com o Senhor.* Levaram o fardo a ele, mas o trouxeram de volta consigo. – *Selecionado*

Ontem te levei meu fardo, porém o trouxe comigo...
Agora venho outra vez e quero deixá-lo aí.
– Graças por tua paciência! Porque me ensinas, Senhor.
Graças porque me perdoas. – Eu confio nesse amor!

22 de novembro

"... Credes que eu posso fazer isso?..." (Mt 9.28.)

Deus lida com impossibilidades. Nunca é tarde para ele operar, quando um impossível lhe é trazido em inteira certeza de fé, por alguém em cuja vida e circunstâncias precisa realizar-se o impossível para que Deus seja glorificado. Se em nossa vida tem havido rebelião, incredulidade, pecado e desastre, nunca é tarde demais para Deus tratar em triunfo com esses trágicos fatos, se forem trazidos a ele em plena sujeição e confiança. Tem sido dito muitas vezes, e com verdade, que o cristianismo é a única religião que pode resolver a questão do passado do homem. Deus pode "restituir... os anos consumidos... [pela] locusta" (Jl 2.25 - ARC); e ele o fará, quando pusermos toda a situação, e a nós mesmos, confiantes e sem reservas, na sua mão. E isto, não por causa do que nós somos, mas do que ele é. Deus perdoa, e sara, e restaura. Ele é "o Deus de toda a graça". Louvemos o seu nome, e confiemos nele. – *Sunday School Times*

Nós temos um Deus que se deleita nos impossíveis. Nada é difícil demais para ele. – *Andrew Murray*

23 de novembro

"Fizeste ver ao teu povo duras coisas..." (Sl 60.3 - ARC)

Eu sempre me alegro em que o salmista tenha dito a Deus que algumas coisas eram *duras.* Não há engano sobre isto; há coisas duras na vida. Neste verão ganhei umas flores cor-de-rosa muito bonitas, e assim que as peguei, perguntei: "Que flores são estas?"

E a resposta foi: "São flores das rochas; crescem e florescem só nas rochas onde não se vê terra." Então pensei nas flores de Deus que crescem em lugares duros. E penso que de alguma forma ele deve ter para com as suas "flores das rochas" uma ternura particular, que talvez não tenha para com os seus lírios e rosas. – *Margaret Bottome*

As provas da vida não visam a nos destruir, mas construir. A tribulação pode demolir os negócios de um homem, mas também edifica o seu caráter. O golpe no homem exterior pode ser a maior bênção para o homem interior. Então, se Deus põe ou permite alguma coisa dura em nossa vida, estejamos certos de que o perigo real, o problema real, está no que perderemos se nos rebelarmos ou recuarmos. – *Maltbie* D. *Babcock*

Seus pensamentos a meu respeito são pensamentos de paz.
Ele é meu Deus, meu refúgio; meu Criador, Redentor;
Para si me fez e comprou-me –
O que pensa a meu respeito são pensamentos de amor.

"É dos montes de aflição que Deus toma os seus melhores soldados."

24 de novembro

"Aquietai-vos e sabei que eu sou Deus..." (Sl 46.10.)

Haverá em todo o coral uma só nota musical tão poderosa como o é a ênfase da pausa? Já percebeu como nos Salmos é eloquente a palavra Selah (pausa)? Haverá silêncio mais palpitante do que a quietude que precede a tempestade, e a estranha calma que parece cair sobre a natureza antes de alguma convulsão ou fenômeno? Haverá alguma coisa capaz de nos tocar o coração como o *poder da tranquilidade?*

Aquele que para de operar com as suas próprias mãos, encontra "a paz de Deus, que excede todo o entendimento"; há um "sossego e confiança" que é fonte de toda a força; uma doce paz que nada pode abalar; um profundo descanso que o mundo não pode dar nem tampouco tirar. Há no mais profundo da alma uma recâmara de paz onde Deus habita; e se entrarmos ali e afastarmos todos os outros sons, poderemos ouvir a sua voz mansa e delicada.

Quando uma roda gira bem velozmente em torno do próprio

eixo, há um lugar, bem no centro, onde não há movimento; assim, na vida mais ocupada pode haver um lugar onde ficamos a sós com Deus em constante quietude. Só há uma maneira de se conhecer a Deus: "Aquietai-vos, e sabei." "O Senhor está no seu santo templo; cale-se diante dele toda a terra." – *Selecionado*

"Amoroso Pai, nós andamos algumas vezes sob céus sem estrelas, que derramavam escuridão como chuva. Ansiávamos por estrelas, ou lua, ou aurora. Mas a escuridão espessa pousava sobre nós como se fosse durar para sempre. E daquelas trevas, nenhuma voz de calma vinha confortar o nosso coração. Teríamos saudado alegremente até o soar de um trovão que nos quebrasse o silêncio torturante daquela noite densa.

"Mas o amoroso segredar do teu amor eterno falou mais doce à nossa alma esmagada e sangrando, que a música dos ventos numa harpa eólica. Foi a tua 'voz mansa e delicada' que nos falou. Estávamos escutando, e ouvimos. Olhamos e vimos a tua face radiante de luz e amor. E quando ouvimos a tua voz e vimos o teu rosto, voltou-nos nova vida, como volta a vida às flores pendidas que bebem a chuva de verão."

25 de novembro

"... Toma as flechas... Atira contra a terra; ele a feriu três vezes e cessou. Então, o homem de Deus se indignou muito contra ele e disse: Cinco ou seis vezes a deverias ter ferido; então, feririas os siros até os consumir; porém, agora, só três vezes ferirás os siros." (2 Rs 13.18,19.)

Como é penetrante e eloquente a mensagem destas palavras! Joás pensou que tivesse feito bem, quando duplicou e triplicou o que para ele era um extraordinário ato de fé. Mas o Senhor e o profeta estavam profundamente desapontados, *porque ele tinha parado na metade do caminho.*

Ele alcançou alguma coisa. Ele alcançou muito. Ele alcançou exatamente o que creu, no teste final; mas não alcançou tudo o que tinha em vista o profeta nem tudo o que o Senhor queria dar. Ele perdeu muito do que a promessa continha e da plenitude da bênção. Obteve algo melhor do que o simplesmente humano, mas não obteve o melhor de Deus.

Amado, como é solene a aplicação disto! Como é esquadrinhadora a mensagem de Deus para nós! Como é importante que aprendamos a orar até prevalecer! Tomaremos nós toda a plenitude da promessa e todas as possibilidades da oração que crê? – *A. B. Simpson*

"... àquele que é poderoso para fazer infinitamente mais do que tudo quanto pedimos ou pensamos..." (Ef 3.20.)

Não há nos escritos de Paulo outra sequência de palavras como estas: "muito mais abundantemente além", e cada palavra está cheia de infinito amor e poder para "fazer", para operar em favor dos seus santos quando oram. O poder que nos salvou, que nos lavou com seu próprio sangue, que nos encheu de força pelo seu Espírito, que nos guardou em muitas tentações, trabalhará para nós, vindo ao encontro de cada emergência, cada crise, cada circunstância e cada adversário. – *The Alliance*

26 de novembro

"... Calebe lhe perguntou: Que desejas? Respondeu ela: Dá-me um presente; deste-me terra seca, dá-me também fontes de água. Então, lhe deu as fontes superiores e as fontes inferiores." (Js 15.18,19.)

Existem fontes superiores e inferiores. São *fontes,* não águas estagnadas. Há alegrias e bênçãos que se derramam de cima, através do verão mais intenso e sobre a terra mais deserta pela provação e dor. As terras de Acsa eram "terras do sul", que ficavam sob um sol escaldante e muitas vezes se apresentavam crestadas por causa do intenso calor. Mas dos outeiros vinham sem falta as águas das fontes, que refrescavam e fertilizavam a terra toda.

Sim, há fontes que se derramam nos lugares baixos da vida, nos lugares difíceis, nos lugares desertos, solitários, nos *lugares comuns;* e não importa qual seja a nossa situação, podemos sempre achar essas fontes.

Abraão achou-as entre as colinas de Canaã. Moisés achou-as entre as rochas de Midiã. Davi encontrou-as no meio das cinzas de Ziclague quando perdeu a propriedade, a família foi levada cativa e seu povo falava em apedrejá-lo. Mas "Davi se reanimou no Senhor seu Deus".

Habacuque as encontrou quando a figueira não deu flores e os campos não produziram, mas ao beber delas pôde cantar: "Todavia, eu me alegro no Senhor, exulto no Deus da minha salvação." Isaías achou-as nos terríveis dias da invasão de Senaqueribe, quando as montanhas pareciam rolar para o meio dos mares, mas a fé pôde cantar: "Há um rio, cujas correntes alegram a cidade de Deus. Deus está no meio dela; jamais será abalada."

Os mártires acharam-nas entre as chamas, e os reformadores, entre os seus inimigos e conflitos; e nós podemos achá-las o ano todo, se tivermos o Consolador em nosso coração e aprendermos a dizer como Davi: "Todas as minhas fontes estão em ti."

Quantas e quão preciosas são essas fontes, e quanto mais ainda há para possuirmos da plenitude de Deus! *–A. B. Simpson*

27 de novembro

"*... para Deus não haverá impossíveis...*" (Lc 1.37.)

Lá nas concavidades dos Alpes, todos os anos, Deus opera uma de suas maravilhas. Formam-se ali poças de neve; seus bordos ficam como que debruados de gelo endurecido por causa da exposição ao sol do dia e ao frio da noite; e através daquela crosta de gelo, surgem, preservadas, mimosas flores. No verão anterior, a pequena soldanela (florzinha dos alpes) espalhou até longe suas folhas, bem rente ao chão, para beber os raios de sol, e os armazenou em suas raízes durante o inverno. Então veio a primavera e despertou-a, mesmo sob a neve. Ela brotou, e foi-lhe dado calor, em tão estranha medida que derreteu uma pequena abóbada de neve, acima de sua cabeça, formando uma bolsa de ar.

E a plantinha cresceu. E sempre, acima dela, foi subindo a bolsa de ar, até se formar o botão, seguro ali dentro. Finalmente o gelo que cobria a bolha de ar cedeu, e a flor encontrou o caminho para o sol. E a textura cristalina de suas pétalas lilases brilha como a própria neve, como se ela trouxesse em si os traços do caminho por onde passou.

E a florzinha frágil faz vibrar em nosso coração uma corda que nenhuma das belas flores aqui de baixo seria capaz de atingir: Nós gostamos de ver acontecer o impossível. E Deus também.

Persista ousadamente até o fim; lance fora toda sombra de esperança no lado humano, pois que é um total obstáculo ao divino; ajunte todas as dificuldades conhecidas e ainda todas as outras que encontrar, pois nada poderá jamais ultrapassar a capacidade de Deus de operar o impossível. Estenda a ele a mão da fé. Ele é o Deus dos impossíveis. – *Selecionado*

Operando eu, quem o impedirá? (Is 43.13.)

28 de novembro

"... tu fazes alegres as saídas da manhã e da tarde." (Sl 65.8 – ARC)

Levante-se cedo e vá à montanha, e de lá veja Deus fazer uma manhã. O cinzento baço vai abrindo caminho, à medida que Deus empurra o sol para o horizonte; e haverá tons e pinceladas de todos os matizes, que se irão fundindo numa luz perfeita até surgir em cheio o sol redondo. E enquanto ele caminha majestosamente acima do horizonte, a natureza banhada de luz parece entoar hinos à sua vista.

A luz clara e pura da manhã fez-me desejar a verdade no meu coração, pois só ela me poderia fazer puro e claro como a luz e atinar-me conforme o tom do concerto da natureza à minha volta. O vento do amanhecer fez-me esperar no Deus que soprou nas minhas narinas o fôlego da vida, no desejo de que ele me enchesse do seu sopro, da sua mente, do seu Espírito; para que eu viesse a pensar só os seus pensamentos e viver a sua vida, achando aí a minha vida, infinitamente glorificada. Que seríamos nós, pobres seres humanos, sem as tardes e manhãs de Deus? – *George McDonald*

Mais um dia. Pela frente trabalho, surpresas, lutas.
Alegrias? Dissabores? É um dia novo. Não sei.
Mas eu te conheço, Mestre; toma-me e toma o meu dia.
É mais um dia – na graça; e na frente – o meu Pastor.

29 de novembro

"... mas, depois..." (Hb 12.11 – ARC.)

Conta uma lenda que um nobre alemão mandou estender uns fios, de torre a torre do seu castelo, a fim de que os ventos fizessem deles uma harpa eólica. Mansas brisas volteavam e volteavam o castelo, mas nenhum som musical se ouvia.

Certa noite, porém, veio um grande temporal e o monte e o castelo foram vergastados pela fúria dos ventos. O barão foi espiar da janela o terror da tempestade, e percebeu que a harpa eólica estava enchendo o ar com notas que ressoavam ainda mais alto que o clamor do temporal. Foi necessário uma tempestade para produzir a música.

E não temos nós conhecido vidas que nunca ofereceram música no dia da prosperidade mas que, açoitadas pelo temporal, deixaram pasmos os amigos, pelo vigor e poder da música desprendida?

Lendo a Escritura, vejo que em Mara
Houve amargura, dupla amargura:
Uma das águas,
Outra, que lá se fez bem clara –
Que estava dentro dos corações
E que saiu nas murmurações...

Porém a cura foi uma só:
Foi o madeiro, que, ali lançado
Trouxe a doçura: sarando as águas,
Curando as mágoas.
E o povo então passou a ver
E a conhecer o **Deus que sara***!*
Mas foi preciso chegar a Mara!...

Maras em volta...
Que mostram Maras dentro de mim...
Bendito Lenho que traz doçura!
À Cruz eu venho. Toda amargura
Derramo ali. Ele a conhece,

– Tanto a de fora como a de dentro! –
Levou-a toda já sobre si.
E vindo assim,
Experimento que **Jesus** *sara!*
... Mas foi preciso passar por Mara...

– Êx 15.23-26

Você pode contar com Deus para tornar o "depois" mil vezes mais rico que o "antes", se conhecida na dificuldade a verdadeira vitória. "Toda correção... não parece ser de gozo... mas depois..." Que colheita!

30 de novembro

"E procuras tu grandezas? Não as procures; porque eis que trarei mal sobre toda carne, diz o SENHOR; a ti, porém, eu te darei a tua vida como despojo, em todo lugar para onde fores." (Jr 45.5.)

Eis uma promessa dada para lugares difíceis, uma promessa de segurança e vida no meio de fortíssima pressão: uma vida "como despojo". Isto pode bem ajustar-se aos nossos tempos, que estão ficando cada vez mais difíceis à medida que nos aproximamos do fim da era, e da hora da Tribulação.

Que significa a "vida como despojo"? Significa uma vida arrancada das garras do destruidor, como Davi arrebatou do leão o cordeirinho. Significa não o sermos retirados do ruído da batalha e da presença dos inimigos; significa, sim, uma mesa no meio dos inimigos, um abrigo no temporal, uma fortaleza entre os adversários, uma vida preservada no meio de contínua pressão: a preservação de Paulo quando agravado além das forças, a ponto de perder esperança até da vida; o socorro divino a Paulo – quando o espinho na carne permaneceu, mas o poder de Cristo repousou sobre ele e a graça de Cristo lhe foi suficiente. Senhor, dá-me a minha vida por despojo, e hoje, nos lugares mais difíceis, leva-me em vitória. – *Days of Heaven Upon Earth*

Muitas vezes oramos para sermos livres de calamidades, e até cremos que o seremos. Mas não oramos para sermos feitos o que devemos ser na própria presença das calamidades; viver no meio delas, enquanto durarem, na consciência de que estamos seguros e abrigados pelo Senhor; e de que poderemos, assim, permanecer no meio delas enquanto continuarem, sem que nos façam mal. Por quarenta dias e quarenta noites o Salvador foi guardado ante a presença de Satanás no deserto, e isso, sob circunstâncias de grande provação, uma vez que sua natureza humana estava enfraquecida pela falta de alimento e descanso. A fornalha estava aquecida sete vezes mais do que o comum, mas os três hebreus foram guardados no meio das chamas, tão calmos e bem postos como quando na presença do próprio rei antes que lhes viesse a libertação. A longa noite de Daniel foi *assentar-se* ele entre os leões. E quando foi retirado da cova, "nenhum dano se achou nele, porque crera no seu Deus". Eles habitaram ante a face do inimigo, porque habitavam na presença de Deus.

1.º de Dezembro

"... resta um repouso para o povo de Deus." (Hb 4.9.)

O repouso inclui vitória: *"O SENHOR lhes deu repouso em redor... todos os seus inimigos... o SENHOR lhes entregou nas mãos."* (Js 21.44.) Um destacado obreiro cristão contava que sua mãe era uma crente muito cheia de ansiedades. Ele conversava prolongadamente com ela, procurando convencê-la do pecado de inquietar-se. Mas sem resultado. Ela era como aquela velhinha que dizia sempre ter sofrido muito principalmente por causa de dificuldades que nunca se tornaram realidade.

Mas certa manhã aquela mãe desceu para o café toda sorridente. O filho perguntou-lhe o que havia acontecido e ela respondeu que tinha tido um sonho.

Havia sonhado que ia andando por uma estrada, junto com uma multidão que parecia muito cansada e sobrecarregada. Quase todas as pessoas estavam carregando uns pequenos embrulhos pretos; e ela notou que numerosos seres repulsivos, que ela julgou serem espíritos do mal, é que jogavam ao chão esses pacotes, para as pessoas pegarem e carregarem.

Como os demais, ela também estava carregando alguns daqueles pacotes desnecessários, e andava curvada ao peso dos fardos do diabo. Olhando para cima, depois de algum tempo, ela viu um Homem com o rosto luminoso e cheio de amor, que passava por entre a multidão e confortava as pessoas.

Finalmente ele chegou perto dela, e ela viu que era o seu Salvador. Levantou para ele os olhos e contou-lhe como estava cansada. Ele sorriu tristemente e disse:

"Minha filha, eu não lhe dei esses fardos; você não precisa carregá-los. São fardos do inimigo, e estão desgastando a sua vida. Largue-os, simplesmente; recuse-se a tocá-los, e verá que o caminho é suave, e você será transportada como em asas de águia."

Ele tocou-a, e paz e gozo perpassaram o seu ser. Lançando de si o fardo, ela estava para atirar-se aos pés dele em feliz agradecimento, quando de repente acordara, vendo que todas as suas preocupações tinham se acabado. Daquele dia até ao fim da sua vida ela foi a pessoa mais animada e feliz daquela casa.

2 de Dezembro

"... aperfeiçoasse, por meio de sofrimentos..." (Hb 2.10.)

Aço é ferro *mais* fogo. Solo é rocha *mais* calor e/ou compressão de geleiras. Linho é fibra *mais* o banho que limpa, o pente que separa, o mangual que malha e a lançadeira que tece. O caráter do homem precisa ter um *mais* ligado a ele. O mundo não se esquece dos grandes caracteres. Mas grandes caracteres não são formados através de circunstâncias aprazíveis, mas de sofrimento.

Ouvi contar que certa vez uma senhora levou para sua casa, para companheiro de brinquedos de seu filho, um menino aleijado que era corcunda também. Tinha avisado o filho que fosse muito cuidadoso no trato com o outro para não magoá-lo sobre aquele assunto, tratando-o e brincando com ele como se fosse um menino como os outros. Em dado momento, ela escutou o filho dizer ao amiguinho, enquanto brincavam: "Você sabe o que é isso nas suas costas?" O pequeno aleijado, meio embaraçado, hesitou um pouco. O outro continuou: "É o lugar onde estão as suas asas. E um dia Deus vai abrir aí, e você vai sair voando e ser anjo."

Algum dia Deus vai revelar, a cada crente, como as coisas contra as quais eles agora se rebelam foram os instrumentos divinos para moldá-los e aperfeiçoar-lhes o caráter, preparando-os como pedras vivas para o seu grande edifício, no além. – *Cortland Hyers*

O sofrimento é um maravilhoso fertilizante para as raízes do caráter. O grande objetivo desta vida é a formação do caráter. O caráter é a única coisa que podemos levar conosco para a eternidade. O objetivo da provação é fazer o máximo dele.

"É pela estrada de espinhos que se chega ao monte da visão." – *Austin Phelps*

3 de Dezembro

"...Vai tudo bem contigo, com teu marido, com o menino? Ela respondeu: Tudo bem." (2 Rs 4.26.)

Por 62 anos e cinco meses tive a meu lado uma esposa amada, e agora, aos 92 anos, sou deixado só. Mas enquanto ando para lá e para cá no meu quarto, eu me volto ao sempre presente Senhor Jesus e lhe digo: "Senhor Jesus, eu estou só; contudo, não estou só, porque tu estás comigo. Agora, Senhor, conforta-me, fortalece-me, dá ao teu pobre servo tudo o que tu vês que ele precisa." E não devemos ficar satisfeitos, enquanto não formos conduzidos a este ponto, ou seja, a conhecer o Senhor Jesus Cristo como nosso Amigo: pronto a provar que é nosso amigo em todo tempo e em todas as circunstâncias. – *George Müller*

As aflições não podem nos causar dano, quando misturadas com submissão.

O gelo acumulado nas árvores muitas vezes quebra seus galhos. Também vejo muitas pessoas quebradas e esmagadas por suas aflições. Mas de vez em quando vejo alguém que canta na aflição, e então rendo graças a Deus, por essa pessoa e porque a vi. Não há cântico mais doce que um cântico na noite. Lembro-me do caso da mulher que, quando perdeu o único filhinho, olhando para cima em arrebatamento, com o rosto como o de um anjo, disse: "A mamãe lhe dá *gozo*, meu amor!" Essa frase tem-me acompanhado por anos, alentando e confortando-me. – *Henry Ward Beecher*

4 de Dezembro

"... subiu ao monte, a fim de orar sozinho..." (Mt 14.23.)

Uma das bênçãos da maneira como se observava o dia do Senhor antigamente, era a sua calma, o seu repouso, a sua santa paz. Há uma estranha força que se ganha estando a sós. As gralhas andam em bandos e os lobos em matilhas, mas o leão e a águia são solitários.

A força não está no tumulto e barulho. Está na quietude. O lago precisa estar calmo, para refletir o céu. O Senhor amava as pessoas, mas quantas vezes lemos que ele se retirava delas por um pouco de tempo. Aqui e ali ele procurava afastar-se da multidão. Procurava sempre retirar-se para os montes, à noite. A maior parte do seu ministério teve lugar nas cidades e aldeias junto ao mar, mas gostava mais de estar nos montes, e frequentemente, quando a noite caía, ele subia e mergulhava nas suas profundezas.

A coisa mais necessária hoje é que vamos ter à parte com o Senhor e nos assentemos a seus pés na secreta comunhão de sua bendita presença. Como está esquecida a arte da meditação! Como é importante cultivarmos o lugar secreto! Como é salutar o tônico da espera em Deus! – *Selecionado*

Preciosas são as horas
Na presença de Jesus.
Comunhão deliciosa
Da minha alma com a luz.

Os cuidados deste mundo
Nunca podem me abalar,
Pois é ele o meu abrigo
Quando o tentador chegar.

Ao sentir-me rodeado
De cuidados terreais,
Irritado, abatido,
Ou em dúvidas fatais,
A Jesus eu me dirijo.
Nesses tempos de aflição;
As palavras que ele fala
Trazem-me consolação.

Se confesso os meus temores,
Toda a minha imperfeição,
Ele escuta com paciência
Essa triste confissão.

Com ternura repreende
Meu pecado e todo o mal.
Ele é sempre o meu Amigo,
O melhor e mais leal.

Se quereis saber quão doce
É a secreta comunhão;
Podereis mui bem prová-la,
E tereis compensação.
Procurai estar sozinhos
Em conversa com Jesus:
Provareis na vossa vida
O espírito da cruz.

– M. A. Clark

"Toda vida que quer ser forte precisa ter o seu Santo dos Santos, onde só entra o Senhor."

5 de Dezembro

"Eu sei, ó SENHOR, que não cabe ao homem determinar o seu caminho, nem ao que caminha o dirigir os seus passos." (Jr 10.23.)
"... guia-me por vereda plana..." (Sl 27.11.)

Muitas pessoas querem dirigir a Deus em vez de se deixarem dirigir por ele; querem mostrar-lhe o caminho, em vez de simplesmente seguir por onde ele guia. – *Mme. Guyon*

Eu disse: – Ó Deus, quero viver no campo!
Disse-me Deus: – Não. Fica na cidade.
Lá eu te verei, bem junto à natureza...
– Aqui, porém, farás minha vontade.

Eu disse: – Mas neste ar tão poluído,
Neste barulho, eu vou ficar doente...
Sua voz se embargou: – Mais poluídas
Estão as almas desta pobre gente...

Eu disse: – Mas, Senhor, aqui sou preso...
Ali eu faço falta a irmão e amigo...
– A quem fazes mais falta, a mim, ou a eles?
Escolhe, pois, serás preso, comigo.

Eu disse: – Dá-me um tempo para a escolha...
E respondeu: – Que tempo?... Mais que um dia?...
É duro decidir? Não será duro
Veres, no Céu, que tu seguiste o Guia.

Olhei os campos e, depois, seu rosto.
Então voltei meu rosto para a cidade.
– Escolheste? – Escolhi. Alegremente
Eu deixo em tuas mãos minha vontade.

Tomou-me a mão na sua e encheu-me a vida.
Conheço a paz da sua companhia.
Ando com Deus; seus gostos são meus gostos;
Amo a vereda que antes eu temia.

– George McDonald (Adaptado)

6 de Dezembro

"Venho sem demora. Conserva o que tens, para que ninguém tome a tua coroa." (Ap 3.11.)

O servo de Deus, George Müller, deu o seguinte testemunho: "Quando aprouve a Deus, em julho de 1829, revelar ao meu coração a verdade da volta pessoal do Senhor Jesus e mostrar-me que eu tinha cometido um grande erro em esperar a conversão do mundo, o efeito que isto produziu em mim foi o seguinte: *do mais íntimo da minha alma* fui movido a sentir compaixão pelos pecadores perdidos e pelo mundo adormecido à minha volta, jazendo no maligno. E considerei: não devo eu fazer tudo o que posso pelo Senhor Jesus enquanto ele não vem, e alertar a Igreja adormecida?"

Podem-se passar ainda muitos anos de trabalho árduo, antes da consumação de tudo, mas para mim os sinais são tão animadores que eu não estranharia se visse as asas do anjo apocalíptico estendidas para o seu último e triunfante voo hoje ao pôr do sol; ou se amanhã de manhã... Cristo pusesse os pés sobre o monte das Oliveiras... para proclamar o seu reino universal. Ó vós, igrejas mortas, despertai! Ó Cristo, desce! Pés traspassados, subi ao trono! Teu é o reino. – *Rev. De Witt Talmage D. D.*

Quando Cristo vier nas nuvens
Sua igreja, pronta, quer encontrar.
Estou salvo. Você está salvo?
Vamos cada dia nos preparar
A encontrá-lo nos ares,
Esperando o Senhor!
Quando Cristo vier nas nuvens,
Num piscar de olhos – vou!

Quando Cristo vier nas nuvens,
Sua igreja, pronta, aos Céus irá!
Para sempre estará com ele!
Vamos esperá-lo, não tardará!
Encontrá-lo nos ares,
Que beleza será!
Quando Cristo vier nas nuvens,
Pronto irei subindo – já!

– *C. M.* (Cântico infantil)

7 de Dezembro

"... Não sentireis vento, nem vereis chuva; todavia, este vale se encherá de tanta água, que bebereis vós, e o vosso gado, e os vossos animais. Isto é ainda pouco aos olhos do S*ENHOR; de maneira que também entregará Moabe nas vossas mãos."* (2 Rs 3.17,18.)

Para a mente humana isto era simplesmente impossível, mas nada é difícil demais para Deus. Sem nenhum som ou sinal, de fontes invisíveis e aparentemente impossíveis, as águas vieram brotando durante toda a noite; e quando a manhã raiou, aquelas covas estavam cheias de águas cristalinas, que refletiam o vermelho do sol surgindo atrás dos montes de Edom.

Nossa incredulidade está sempre querendo algum sinal externo. A religião de muitos baseia-se grandemente nos sentidos, e eles não se satisfazem se não virem manifestações, etc.; mas o maior triunfo da fé é aquietar-se e saber que ele é Deus.

A grande vitória da fé é ficar diante de um mar Vermelho e ouvir o Mestre dizer: "Estai quietos, e vede o livramento do Senhor"; e, "Marchai!" É quando avançamos – sem nenhum sinal ou som, sem nenhum movimento de ondas – e, embora molhando os pés no primeiro passo, prosseguimos em frente, é então que vemos dividir-se o mar e abrir-se um caminho através das próprias águas.

Se já vimos as maravilhosas operações de Deus em algum caso extraordinário de cura ou livramento, estou certo de que o que nos impressionou mais foi a quietude em que tudo foi realizado, a ausência do espetacular e do sensacional e o sentimento da nossa inteira nulidade na presença deste Deus poderoso, e vemos como foi simples para ele a realização daquilo – sem o menor esforço da sua parte e sem o menor auxílio da nossa.

Não compete à fé *questionar*, mas *obedecer*. As covas foram feitas, e a água veio se derramando de uma fonte sobrenatural. Que lição para a nossa fé!

Você está ansioso por alguma bênção espiritual? Abra as valas, e Deus as encherá. Nos lugares mais inesperados e das maneiras mais inesperadas.

Como é necessária a fé que age por fé e não pelo que vê, e que espera a operação de Deus embora não haja vento nem chuva. – *A. B. Simpson*

8 de Dezembro

"Revesti-vos, pois, como eleitos de Deus... de bondade..." (Cl 3.12.)

Conta-se a história de um homem que levava sempre consigo uma latinha de óleo, e, se passava por uma porta que rangia, punha um pouco do óleo nos seus gonzos. Se um portão estava difícil de abrir, punha óleo em seus ferrolhos. Assim passava ele pela vida, lubrificando todos os pontos difíceis e suavizando-os para os que vinham atrás dele.

O povo chamava-o de excêntrico, esquisito e amalucado, mas o velho prosseguia firmemente, reabastecendo a lata de óleo quando se esvaziava e lubrificando as coisas emperradas que encontrava.

Há muitas vidas que rangem e ficam presas no viver de cada dia. Nada vai bem com elas. Precisam de um pouco do óleo da alegria, da delicadeza, da consideração. Você tem uma lata de óleo consigo? Esteja pronto com o seu óleo do auxílio, logo de manhã, para utilizá-lo com a pessoa que estiver mais perto. Aquele pouco de óleo poderá ser útil para lubrificar todo o seu dia. O óleo do bom ânimo, para o que está desanimado – quanto poderá significar! A palavra de coragem ao que está sem esperança. Fale-a.

Nossas vidas tocam algumas vidas apenas uma vez, nesta caminhada; e depois os caminhos se separam para nunca mais se encontrarem. O óleo da benignidade, ou seja, da suavidade, da brandura, já abrandou as bordas agudas e cortantes de muitas vidas endurecidas pelo pecado, deixando-as suaves, maleáveis, prontas para a graça redentora do Salvador.

Uma palavra dita de modo agradável é como uma grande réstea de sol num coração triste. "Dê aos outros o sol; conte o resto a Jesus."

"Amai-vos cordialmente uns aos outros..." (Rm 12.10.)
"... o fruto do Espírito é... benignidade..." (Gl 5.22.)

9 de Dezembro

"Porque a nossa leve e momentânea tribulação produz para nós eterno peso de glória..." (2 Co 4.17.)

"Produz para nós..." "Produz", no grego, é um tempo presente que encerra ideia de continuidade: "está produzindo". Portanto, "está produzindo para nós...", note bem. Muitos fazem a pergunta: "Por que é que a nossa vida é tão embebida de sangue e coberta de lágrimas?" A resposta está nessa palavra "produz". Estas coisas *estão produzindo para nós* alguma coisa preciosa. Elas estão-nos ensinando não só o caminho para a vitória, como as leis da vitória. Há uma compensação em cada tribulação, e a tribulação está produzindo a compensação. É como diz o velho hino:

Mais perto quero estar, meu Deus, de ti.
Ainda que seja a dor que me una a ti.

Às vezes é necessária a dor, para que a alegria seja dada à luz. Fanny Crosby nunca poderia ter escrito o lindo hino: "Face a face vê-lo-ei", se não fosse pelo fato de nunca ter visto um pôr do sol ou o rosto de sua mãe. Foi a falta da visão que a ajudou a formar o notável discernimento espiritual que possuía.

Quando um lenhador quer uma madeira em que haja bonitos desenhos, ele procura uma árvore que tenha sido ferida com um machado ou torcida por temporais. Assim ele sabe que os nós são firmes e que a sua textura suporta bem o polimento.

É confortador saber que a tribulação só dura pela noite; ela vai embora pela manhã. O temporal é breve, comparado com a duração do longo dia de verão. "Ao anoitecer, pode vir o choro, mas a alegria vem pela manhã." – *Songs in the Night*

10 de Dezembro

"... se somos atribulados, é para o vosso conforto... o qual se torna eficaz, suportando vós com paciência os mesmos sofrimentos que nós também padecemos. A nossa esperança a respeito de vós está firme, sabendo que, como sois participantes dos sofrimentos, assim o sereis da consolação." (2 Co 1.6,7.)

Não há algumas pessoas em nosso círculo a quem naturalmente recorremos em tempos de provação e tristeza? Elas parecem sempre falar a palavra certa, dar exatamente o conselho que estávamos desejando ouvir. No entanto, não sabemos o preço que elas tiveram de pagar para se tornarem assim tão hábeis em atar feridas abertas e secar lágrimas. Se fôssemos investigar a sua história passada, descobriríamos que elas sofreram mais do que a maioria das pessoas. Viram esperanças se apagarem devagar. Viram alegrias se desmoronarem a seus pés. Viram marés vasarem de repente, frutos caírem temporões, e o sol se pôr ao meio-dia. Mas tudo isto foi necessário para fazer dessas pessoas os enfermeiros, os médicos, os sacerdotes dos homens. As especiarias nos chegam do Oriente em pacotes grosseiros, mas, abertos, desprendem a fragrância oriental. Assim, o sofrimento é difícil de suportar, mas abriga em seu seio a disciplina, a instrução e inúmeras possibilidades, que não só nos tornam mais nobres, como também nos aperfeiçoam para ajudarmos a outros. Não se agaste ou cerre os dentes ante o sofrimento, nem fique obcecadamente esperando-o passar; antes, conforme é vontade de Deus, procure tirar dele tudo o que puder, tanto para si como para o serviço em prol da sua geração. – *Selecionado*

11 de Dezembro

"Bendizei ao SENHOR, vós todos, servos do SENHOR, que assistis na Casa do SENHOR, nas horas da noite. De Sião te abençoe o SENHOR, criador do céu e da terra!" (Sl 134.1,3)

Que ocasião estranha para a adoração, dirá o leitor; ficar na casa do Senhor de noite – adorar, diríamos, na hora profunda do sofrimento... De fato, é uma coisa difícil. Sim, e aí está a bênção; é o teste da perfeita fé. Se eu quero conhecer realmente a amizade de alguém, preciso ver o que o meu amigo me fará na hora da dor. Assim também é com o amor de Deus. É fácil, para mim, adorar o Senhor nos dias de sol do verão, quando o ar está cheio de melodias e as árvores, de frutos. Mas cesse o canto das aves e caiam os frutos, continuará a cantar o meu coração? Ficarei na casa de Deus de noite? Continuarei a amá-lo na hora do seu sofrimento? Ficarei na casa de Deus de noite? Vigiarei com ele ao menos uma hora no seu Getsêmani? Ajudarei a carregar a sua cruz pela via dolorosa? Ficarei ao lado dele em seus momentos finais, como Maria e o discípulo amado? Serei capaz de, como Nicodemos, tomar-lhe o corpo morto? Então o meu culto é completo e a minha bênção, gloriosa. Meu amor o acompanhou na sua humilhação. Minha fé o encontrou na sua humildade. Meu coração reconheceu a sua majestade através do seu disfarce, e eu sei, finalmente, que desejo não os dons, mas o Doador. Quando posso ficar na sua casa pela noite, é porque o aceitei por causa dele mesmo. – *George Matheson*

12 de Dezembro

"... estou sendo já oferecido por libação, e o tempo da minha partida é chegado. Combati o bom combate, completei a carreira..." (2 Tm 4.6,7.)

Os soldados, quando já são idosos, vão passar o fim da vida na terra natal; ali exibem suas cicatrizes e conversam sobre as suas batalhas. Assim nós, quando estivermos na pátria para onde nos apressamos a ir, falaremos da bondade e fidelidade do nosso Deus, que nos conduziu através de todas as provas do caminho. Eu não gostaria de ouvir dizer a meu respeito, quando de pé entre a multidão em vestes brancas, palavras assim: "Estes vieram de grande tribulação – todos, menos um" (que seria eu).

Você gostaria de estar lá e ser apontado como o único santo que jamais conheceu sofrimento? Oh, não! pois se sentiria estranho no meio daquela sagrada corporação. Estejamos contentes em participar da batalha, pois em breve teremos a coroa e o louvaremos com as palmas. – *C. H. Spurgeon*

"Onde você foi ferido?", perguntou certa vez um médico a um soldado. "Quase lá em cima", foi a resposta. Ele se esquecera de sua ferida – só se lembrava de que havia galgado as alturas. Assim, avancemos para maiores empreendimentos por Cristo, não descansemos enquanto não pudermos exclamar lá do topo: combati o bom combate, acabei a carreira, guardei a fé.

Deus não procurará em nós nem medalhas, nem diplomas nem títulos, mas cicatrizes.

Que medalhas de honra mais nobres pode um homem de Deus desejar do que as cicatrizes do serviço, as perdas por causa da coroa, os opróbrios por amor de Cristo, o desgaste no trabalho do Mestre?!

13 de Dezembro

"Dar-te-ei os tesouros escondidos..." (Is 45.3.)

Nas famosas fábricas de renda de Bruxelas há certos aposentos reservados, onde se tecem os desenhos mais finos e delicados. Esses cômodos são escuros, sendo que a única luz que ali entra vem de uma janela pequenina, e incide diretamente sobre o modelo da renda. No aposento há somente um artesão, que fica sentado exatamente onde a estreita faixa de luz incide sobre as linhas com que trabalha. "É assim que obtemos os nossos melhores produtos", disse-nos o guia. "A renda é sempre mais delicada, na confecção e no desenho, se o artesão estiver no escuro e só o material for iluminado."

Não se dará o mesmo com a nossa vida? Às vezes tudo ao nosso redor está muito escuro, e não podemos entender o que estamos fazendo. Não vemos o que está sendo produzido. Não somos capazes de descobrir nenhuma beleza ou nada de bom em nossa existência. Contudo, se formos fiéis e não *desanimarmos*, um dia veremos que o mais fino e delicado trabalho de toda a nossa vida foi feito naqueles dias em que tudo estava escuro.

Se você está em profunda escuridão por causa de alguma providência estranha e misteriosa, não tenha medo. Simplesmente prossiga, em fé e amor, sem duvidar. Deus está velando, e ele tirará o bem e alguma coisa bela, de todo o seu sofrimento e lágrimas. – *J. R. Miller*

14 de Dezembro

"... um dos seus discípulos lhe pediu: Senhor, ensina-nos a orar... Quando orardes, dizei... venha o teu reino." (Lc 11.1,2.)

Quando pediram ao Mestre: "Ensina-nos a orar", ele levantou os olhos e percorreu os horizontes de Deus. Apanhou o supremo desejo do Eterno e, enfeixando o resumo do que o Senhor intenta fazer na vida do homem, condensou-o nestes três pontos compactos e ricos, dizendo: "Quando orardes, dizei: ... venha o teu reino."

Que contraste entre isto e muito do que nós ouvimos em oração. Quando seguimos o intento do nosso coração, o que dizemos? "Ó Senhor, abençoa-*me*, abençoa a minha família, minha igreja, minha cidade, meu país", e lá bem no final da nossa oração, vem um pedido pela extensão do seu Reino.

Já o Mestre começa onde terminamos. A ordem certa é: o mundo *primeiro*, minhas necessidades pessoais em segundo. Só depois que a minha oração atingiu cada continente e as ilhas mais remotas, depois que chegou ao último homem, da raça mais obscura, depois de ter percorrido a extensão do desejo e propósito de Deus, só então, segundo o ensino do Mestre, é que peço um bocado de pão para mim.

Se Jesus deu o seu tudo por nós e para nós na grandeza da Cruz, será demais que ele peça de nós a mesma coisa? Ninguém significará muito no reino e nenhuma alma tocará sequer as orlas do poder, enquanto não tiver entendido que os negócios de Cristo são a suprema ocupação da vida e que todas as considerações pessoais, por mais importantes e caras que nos sejam, lhes são secundárias.

"... e o seu reinado não terá fim." (Lc 1.33.)

Missões não são um "pensamento de última hora" da igreja, mas um "primeiro pensamento" de Cristo. – Henry van Dyke

15 de Dezembro

"... confia nele..." (Sl 37.5.)

A palavra *confiança* é a expressão do coração, para *fé*. É a palavra do Antigo Testamento; é o vocábulo que define o estágio infantil da fé. A palavra *fé* expressa mais o ato da vontade, a palavra *crer*, o ato da mente ou intelecto, mas a palavra *confiança* é a do coração. A outra refere-se principalmente a uma verdade em que se crê ou a uma coisa esperada. *Confiança*, porém, implica algo mais do que isto, ela vê e sente, e se apoia numa Pessoa que é um grande, verdadeiro e vivo coração de amor.

Então, "confia nele", no meio de todas as demoras, apesar de todas as dificuldades, em face de todas as negações, não obstante as aparências, mesmo quando você não consegue entender o caminho e não conhece a saída; ainda assim, "confia nele, e o mais ele fará". O Caminho se abrirá, aparecerá a saída certa, o fim será de paz, a nuvem se erguerá e a luz de um eterno meio-dia brilhará por fim.

Jeová: Eu Sou.
Deus eterno,
– Sem princípio nem fim –
Aquele que não muda,
E que se revela aos seus.

Jeová: Jeová Salva.
Deus Salvador;
Que veio aonde estou;
A Resposta completa
Para a minha situação de peca-
dor!

Emanuel: Deus conosco.
Posso confiar nele.
Deus presente,
Comigo,
Para ser tudo para mim
Nesta vida de cada dia.

16 de Dezembro

"Havia uma profetisa, chamada Ana... Esta não deixava o templo, mas adorava noite e dia em jejuns e orações." (Lc 2.36,37.)

Não há dúvida de que nós aprendemos a orar, orando. E quanto mais oramos, mais frequentemente podemos orar, e melhor. Quem ora ocasionalmente, nunca chegará à oração fervorosa que pode muito em seus efeitos.

Há um grande poder ao nosso alcance na oração, mas precisamos dedicar-nos a obtê-lo. Não imaginemos que Abraão poderia ter intercedido tão eficazmente por Sodoma, se não tivesse estado toda a sua vida na prática da comunhão com Deus.

A noite de Jacó em Peniel não foi a primeira ocasião em que ele se encontrou com Deus. Podemos até mesmo olhar para a maravilhosa oração do Senhor com seus discípulos antes da Paixão, como sendo a flor e o fruto de suas muitas noites de devoção e de suas muitas madrugadas em oração.

Se alguém imagina que pode tornar-se poderoso em oração a seu bel-prazer, engana-se muito. A oração de Elias, que cerrou os céus e depois abriu as suas comportas, fez parte de uma longa série de poderosas conquistas na oração. Como os crentes deviam se lembrar disto! Para prevalecermos na oração é necessário perseverarmos na oração.

Aqueles grandes intercessores, que não são mencionados tantas vezes como deveriam ser em sua posição de mártires confessores foram, não obstante, os maiores benfeitores da igreja; mas foi por permanecerem diante do trono da misericórdia que chegaram a ser tais canais de misericórdia para a humanidade. Para orar, precisamos orar; e precisamos continuar a orar, para que as nossas orações possam continuar. – *C. H. Spurgeon*

17 de Dezembro

"O mesmo Deus da paz vos santifique em tudo; e o vosso espírito, alma e corpo sejam conservados íntegros e irrepreensíveis na vinda de nosso Senhor Jesus Cristo. Fiel é o que vos chama, o qual também o fará."
(1 Ts 5.23,24.)

Desde que eu vi que *sem a santificação ninguém verá o Senhor*, comecei a segui-la, concitando a fazê-lo também, todos com quem me relacionava. Dez anos depois Deus me deu uma visão mais clara, de como obtê-la: pela fé no Filho de Deus. E imediatamente declarei a todos: "Nós somos salvos do pecado e somos feitos santos, pela fé." Disto testifiquei em particular, em público e por escrito, e Deus o confirmou por milhares de testemunhos. Venho continuando a declará-lo por mais de trinta anos, e Deus continua a confirmar a minha obra. – *João Wesley* em 1771

Eu conhecia a Jesus, e ele era muito precioso à minha alma; mas havia algo em mim que não se conservava suave, paciente e benigno. Eu fazia o que podia para sufocá-lo, mas lá estava. Busquei a Jesus para fazer alguma coisa por mim, e quando lhe entreguei minha vontade, ele... tirou do meu coração tudo o que não queria ser suave, tudo o que não queria ser paciente, e depois fechou a porta. – *George Fox*

Neste momento o meu coração não tem um grão sequer de sede de aprovação. Sinto-me a sós com Deus; ele enche o vazio; não tenho um só desejo, vontade ou aspiração, senão nele; ele me pôs livre num lugar espaçoso. Tenho ficado maravilhada e surpresa de que Deus pudesse dominar completamente tudo o que há em mim, pelo amor. – *Lady Huntington*

"De repente senti como se uma mão – não fraca, mas onipotente, não de ira, mas de amor – estivesse sobre a minha fronte. Senti isto, não exteriormente, mas interiormente. Ela parecia pesar sobre todo o meu ser e difundir através de mim uma energia santa, que consumia o pecado. Enquanto descia pelo meu ser, meu coração e mente tiveram consciência desta energia purificadora da alma. Sob sua influência, prostrei-me até o chão e, na alegre surpresa do momento, dei exclamações em voz alta. Ainda a mão de poder continuava a operar, externa e internamente; e por onde se movia parecia deixar a gloriosa influência da imagem do Salvador. Por alguns minutos, o profundo oceano do amor de Deus tragou-me; todas as suas ondas e vagas passaram sobre mim. – *Bispo Hamline*

A santidade – como então escrevi em algumas das minhas meditações sobre o assunto – afigurou-se-me como algo suave, calmo, agradável, encantador, de natureza serena, que trazia uma inexprimível pureza, claridade, paz e arrebatamento à alma. Em outras palavras, algo que tornava a alma como um campo ou jardim de Deus, com todo tipo de preciosas flores e frutos, tudo muito agradável e tranquilo, gozando de uma doce calma e da suave vivificação dos raios do sol. – *Jonathan Edwards*

18 de Dezembro

"Em todas estas coisas, porém, somos mais que vencedores, por meio daquele que nos amou." (Rm 8.37.)

O evangelho é preparado de tal forma e o dom de Deus é tão grande, que podemos encarar os inimigos que nos vêm ao encontro e as forças que nos são contrárias, e fazer deles degraus para as portas do céu e a presença de Deus.

A águia que se assenta no rochedo e vê a tempestade se aproximar, contempla sossegada o céu que se enegrece e os coriscos ziguezagueando no espaço. Ela fica quieta até sentir o sopro da brisa e perceber que o furacão a alcançou. Então, com um grito, estende as asas para a tormenta e usa a própria tempestade para subir aos céus; e vai-se embora transportada por ela.

É o que Deus quer de cada um de seus filhos, que sejam mais do que vencedores, tornando a nuvem tempestuosa, num carro. Quando um exército é mais que vencedor, ele arranca o outro do campo de batalha, tira-lhe toda a munição, alimento e suprimento, e toma posse de tudo. Pois é isto exatamente o que o nosso texto quer dizer. Há despojos a serem tomados!

Amado leitor, você já obteve os despojos? Quando passou por aquele terrível vale de sofrimento, saiu dele com despojos? Quando aquela ofensa o atingiu e você pensou que tudo estava acabado, confiou em Deus de tal forma que saiu mais rico do que entrou? Ser mais do que vencedor é tomar do inimigo os despojos e apropriar-se deles. A arma que ele havia preparado para sua derrota, tome-a para si, e use-a para o seu próprio bem.

Quando o servo de Deus, Dr. Moon, da Inglaterra, foi atingido pela cegueira, disse ele: "Senhor, eu aceito das tuas mãos este talento da cegueira. Ajuda-me a usá-lo para a tua glória, para que na tua vinda possas receber com juros, o que é teu." Então Deus o capacitou a inventar o Alfabeto Moon, para cegos, por meio do qual milhares de cegos puderam ler a Palavra de Deus e muitos foram gloriosamente salvos. – *Selecionado*

Deus não tirou o espinho de Paulo; fez coisa melhor: passou a dirigir aquele espinho e o fez servo de Paulo. Muitas vezes o ministério de espinhos tem sido muito mais útil aos homens do que o ministério de tronos. – *Selecionado*

19 de Dezembro

"E isto vos acontecerá para que deis testemunho." (Lc 21.13.)

A vida é uma subida íngreme e, quando alguém que já está mais no alto nos conforta lá de cima e nos anima a prosseguir na escalada, isto faz bem ao nosso coração. Todos somos como um grupo de alpinistas, e precisamos ajudar-nos uns aos outros. Esta escalada em que estamos é um trabalho sério, mas glorioso. A chegada ao cimo requer força e passo decidido. À medida que subimos, a visão se amplia. Se algum de nós descobre alguma coisa que vale a pena, deve dizê-lo aos que estão mais em baixo.

– Amigo! É dura a escalada...
– Venha vindo!...
– Eu quase não vejo nada,
Há brumas, isto me assusta...
– Amigo, venha subindo.
Mais acima um pouco há luz!
– Vou indo...

– Amigo, a força me falta, o sol me queima!
– Tome alento:
Mais um pouco, há um arvoredo.
Venha vindo...
Já passei esse momento!
– Amigo, que bom ouvi-lo!
Vou indo...

– Amigo, sinto-me só!
– Venha vindo...
Há outros um pouco acima.
Também passamos por isso, amigo!
Venha subindo...
– Isso me anima!
Vou indo...

– E a sede?...
– Há uma fonte fresca
À direita, logo mais!
– E à noite?!...
– Há uma gruta nas pedreiras! Segura!
– Você, que está mais acima,
Às vezes fale comigo!

– Sim! Venha...
Vamos subindo, amigo!
– Vou indo...
Oh a Luz que encontrei em Cristo!
A Sombra que achei em Cristo,
O Amigo que achei em Cristo,
A Fonte que achei em Cristo,
O Abrigo que em Cristo achei!
Amigo, venha também!

"Vão indo de força em força; cada um deles aparece diante de Deus em Sião." (Sl 84.7.)

"O Senhor é a minha força..." (Sl 118.14.)

20 de Dezembro

"... contudo, não estou só, porque o Pai está comigo." (Jo 16.32.)

Não é preciso dizer que, agir segundo convicções, é sacrifício custoso. Poderá significar renúncias e separações, que poderão nos deixar com um estranho sentimento de privação e solidão. Mas aquele que deseja voar como a águia, para as maiores alturas, acima das nuvens, e viver ao sol de Deus, precisa contentar-se em viver uma vida de certa forma solitária.

Nenhum pássaro é tão solitário como a águia. A águia não vive em bandos. Quando muito, se veem duas de uma vez. Mas a vida vivida para Deus, embora desprovida de companhias humanas, conhece a *comunhão com Deus.*

Deus procura homens semelhantes à águia. Ninguém chega a uma percepção das melhores coisas de Deus, sem que aprenda a andar a sós com ele. Encontramos Abraão sozinho nas alturas de Horebe, mas Ló, habitando em Sodoma. Moisés, instruído em toda a ciência do Egito, precisa ficar quarenta anos no deserto a sós com Deus. Paulo, que era cheio da cultura grega e se havia sentado aos pés de Gamaliel, precisou ir para os desertos da Arábia e aprender a vida a sós com Deus. Deixemos que Deus nos isole. Não me refiro ao isolamento de um mosteiro. Nessa experiência de isolamento de que falo, ele desenvolve em nós independência de fé e vida; de modo que a alma não precise mais da constante ajuda, oração, fé ou atenção do próximo. Essa assistência e inspiração de outros membros é necessária e tem o seu lugar no desenvolvimento cristão, mas chega um tempo em que os outros são um direto empecilho à fé e ao bem do indivíduo. Deus sabe mudar as circunstâncias a fim de nos dar uma experiência a sós. Um dia nós nos pomos nas mãos de Deus, submissos; e eis que ele nos conduz *através* de alguma coisa. Porém, quando isso passa, embora continuemos a amar do mesmo modo os que nos cercam, não dependemos mais deles. Percebemos que ele fez alguma coisa em nós e que as asas da nossa alma aprenderam a sobrevoar alturas maiores.

Precisamos atrever-nos a ficar sós. Jacó precisou ser deixado só, para que o Anjo de Deus segredasse ao seu ouvido o místico nome de Siló; Daniel precisou ser deixado a sós, para que tivesse visões celestiais; João precisou ser exilado em Patmos, para que pudesse receber e reter firmemente "as impressões do céu".

Ele atravessou o vale da dor sozinho. Estamos preparados para um "glorioso isolamento", a fim de sermos leais a ele?

21 de Dezembro

"... a terra que pisou darei a ele e a seus filhos, porquanto perseverou em seguir ao SENHOR." (Dt 1.36.)

Todo dever difícil que estiver no seu caminho, e que você preferiria não cumprir porque lhe custará penoso esforço e luta, encerra uma bênção. Custe o que custar, você deve cumpri-lo, ou perderá a bênção nele contida.

Todo trecho difícil do caminho, em que você vê as pegadas de sangue do Mestre e pelo qual ele lhe ordena que o siga, conduz seguramente à bênção; bênção que você não obterá se não atravessar a vereda íngreme e espinhosa.

Todo ponto de combate em que você precisar desembainhar a espada e lutar contra o inimigo, encerrará uma perspectiva de vitória, que resultará em ricas bênçãos para a sua vida. Todo fardo pesado que você for chamado a erguer encerrará algum estranho segredo de força. – *J. R. Miller*

22 de Dezembro

"... e grande pavor e cerradas trevas o acometeram..." (Gn 15.12.)

Finalmente o sol se pôs e a rápida noite oriental cobriu a cena. Cansado pelo conflito mental, pelo estado de alerta e pelo desgaste do dia, Abraão caiu em profundo sono, e naquele sono sua alma foi oprimida por uma densa e terrível escuridão que quase o sufocou, e que pairou sobre o seu coração como um pesadelo. Você conhece um pouco do horror daquela escuridão? Quando algum terrível sofrimento, que parece difícil de ser conciliado com o perfeito amor, desaba sobre a alma, sacudindo dela todo o seu calmo repouso na misericórdia de Deus e lançando-a num mar escuro, sem um raio de esperança; quando mãos impiedosas e cruéis maltratam o coração confiante a um ponto em que ele começa a duvidar se há um Deus em cima, que vê aquilo e o permite – esse coração conhece o horror de grandes trevas. É disto que é feita a vida humana. De brilho e penumbra; sol e sombra; cadeias de nuvens, seguidas de aberturas luminosas; e no meio de tudo, a justiça de Deus está executando os seus próprios traçados, afetando outros e ao mesmo tempo afetando aquela alma, a qual parece estar sendo alvo de uma disciplina especial. Você que está cheio do horror de grandes trevas por causa das maneiras de Deus para com a humanidade, aprenda a confiar naquela sabedoria infalível, que trabalha junto com imutável justiça. E saiba que Aquele que passou pelos horrores do Calvário com o grito de desamparo, está pronto a lhe fazer companhia pelo vale da sombra da morte até que você veja o sol do outro lado. Que nós, através do nosso Precursor, lancemos a nossa âncora, a Esperança, além do véu que nos separa do invisível; ali ela se firmará em terreno que não cede, mas que resistirá até o raiar do dia; e, seguindo-a, nós entraremos naquele céu que nos está garantido pelo imutável conselho de Deus. – *F. B. Meyer*

Os discípulos pensavam que aquele mar enfurecido os separava de Jesus. E mais! Alguns deles pensaram algo ainda pior: pensaram que aquela dificuldade era sinal de que Jesus os tinha esquecido e não se importava com eles. Ó meu amigo, é aí que está o ferrão das tribulações: quando o diabo segreda: "Deus se esqueceu de você!" Quando o seu coração incrédulo exclama como Gideão: "Se o Senhor é conosco, por que tudo isto nos sobreveio?" O mal veio até você para aproximá-lo mais do Senhor. Não para separá-lo de Jesus, mas para levá-lo a depender dele mais fielmente, mais confiadamente, mais simplesmente. – *F. S. Webster, M. A.*

Quando parece que o Senhor nos abandonou, então é que devemos abandonar-nos mais ainda em suas mãos. Gozemos a luz e o consolo que ele tem prazer em nos dar; mas não fiquemos ligados aos seus dons, e sim a ele mesmo. E quando ele nos mergulhar na noite da pura fé, avancemos ainda, através da angustiosa escuridão.

"... tu estás comigo..." (Sl 23.4.)

23 de Dezembro

"... o caminho te será sobremodo longo." (1 Rs 19.7.)

E o que fez Deus com o servo cansado? Deu-lhe algo para comer e o pôs a dormir. Elias tinha feito uma excelente obra, e em seu entusiasmo havia corrido adiante do carro de

Acabe. Tudo isto fôra demais para as suas forças físicas; a reação veio, e ele ficou *deprimido.*

O físico precisava ser atendido. Muitas pessoas estão precisando é de sono, e do atendimento de suas necessidades físicas. Há grandes homens e mulheres que têm chegado ao ponto em que Elias chegou – debaixo de um zimbro! Vem mesmo adequada, a estes, a suave palavra do Senhor: "O caminho te será sobremodo longo", e eu quero renovar-te. – Não confundamos cansaço físico com fraqueza espiritual. Às vezes estamos desgastados física ou mentalmente, e não temos forças para exercícios de fé e oração, embora o nosso espírito esteja orando e confiante.

"Estou tão cansado para crer e para orar..." Assim disse alguém cuja força faltava.
"Um só pensamento na mente me paira: Poder largar tudo; parar, descansar.

"Você acha que Deus me perdoa, se eu for direto dormir, qual criança pequena,
Sem mesmo parar perguntando se posso, sem mesmo tentar crer e orar com fervor?"

"Se Deus o perdoa? Mas pense você: No tempo em que a fala era estranha a seus lábios,
A mãe lhe negava repouso em seu colo? Ou se recusava a embalar o bebê?

"Será que deixava o pequeno sofrer sem trato ou cuidado porque não pedia?
Será que exigia do infante um dever? Ou, terna, velava-o enquanto dormia?

"Meu bem, pense um pouco: movida de amor a mãe lhe entendia o suspiro mais leve!
Se, pois, o seu corpo se sente esgotado e a mente, cansada, para orar com fervor,

"Então deixe tudo, e vá já descansar, tal como fazia quando era pequeno!
Seu Deus o conhece, e ama tanto a esse filho que está mui cansado para crer e para orar!

"A sua estrutura ele sabe que é pó; que o seu coração ora, sim, e confia
Oh, como Jesus demonstrou simpatia a seus escolhidos, quando ele, tão só,

"Levou sobre si todo o mal, toda a dor, deixando-os dormir por estarem tão tristes
Você já se pôs aos cuidados do Mestre; vá, filho, direto dormir, sem temor!"

– *Adaptado*

24 de Dezembro

"Saíra Isaque a meditar no campo, ao cair da tarde..." (Gn 24.63.)

Seríamos melhores crentes se ficássemos mais a sós; faríamos mais, se nos movimentássemos menos e passássemos mais tempo a sós, esperando quietamente em Deus. Temos o mundo por demais conosco; se não estivermos correndo daqui para ali, somos afligidos pela ideia de que não estamos fazendo nada; não acreditamos no repouso e no sossego. Há pessoas que são essencialmente práticas. Como disse alguém: "Há pessoas que acham que devemos pôr todo o ferro no fogo de uma vez; e que o tempo que não é gasto entre o fogo e a bigorna é tempo perdido." Entretanto, nenhum tempo é tão bem aproveitado como o que separamos para estar a sós, em quieta meditação, a fim de conversarmos com Deus e olharmos para o Céu. Nunca será demais termos esses momentos à parte, na vida; horas em que a alma está aberta a qualquer toque suave de pensamento ou influência que Deus nos queira mandar.

Nestes dias difíceis, formemos o hábito de dar "domingos" à nossa mente; momentos nos quais ela não faça trabalho algum, mas simplesmente esteja quieta, olhe para cima e se estenda diante do Senhor como o velo de Gideão – para ficar embebida do orvalho do Céu. Oh, que haja intervalos em que não estejamos fazendo coisa alguma, pensando em coisa alguma ou planejando coisa alguma, mas simplesmente nos deitemos no colo verde da natureza e *descansemos um pouco.*

O tempo passado assim não é tempo perdido. Não podemos dizer que o pescador está perdendo tempo, quando está consertando as redes; nem tampouco o ceifeiro, quando emprega alguns minutos em afiar a segadeira. Os homens da cidade não terão coisa melhor a fazer do que seguir o exemplo de Isaque e, sempre que possível, sair da febre e correria da vida e ir ao campo. Para quem está cansado no meio do calor e ruído, barulho e correria, comunhão com a natureza é uma coisa muito boa; exercerá uma influência calmante e revigorante. Uma caminhada pelo campo, um passeio pela praia ou pela campina florida purgará da fuligem a sua vida e lhe fará o coração bater com nova alegria e esperança.

25 de Dezembro

"... e ele será chamado pelo nome de Emanuel... Deus conosco." (Mt 1.23.)
"Porque um menino nos nasceu, um filho se nos deu..." (Is 9.6.)

Há alguns anos foi publicado um curioso cartão de Natal, com os dizeres: "Se Cristo não tivesse vindo." Falava de um pastor que adormeceu em seu escritório numa manhã de Natal e sonhou com um mundo para o qual Jesus nunca tinha vindo.

Em seu sonho, viu-se andando pela casa: mas lá não havia presentes no canto da lareira, nem árvore de Natal, nem coroas enfeitadas; e não havia Cristo para confortar, alegrar e salvar. Andou pelas ruas, mas não havia igrejas com suas torres agudas apontando para o Céu. Voltou para casa e sentou-se na biblioteca, mas todos os livros sobre o Salvador tinham desaparecido.

Alguém bateu-lhe à porta, e um mensageiro pediu-lhe que fosse visitar sua pobre mãe à morte. Ele apressou-se a acompanhar o filho choroso; chegou àquela casa e disse: "Eu tenho aqui alguma coisa que a confortará." Abriu a Bíblia, procurando alguma promessa bem conhecida, mas viu que ela terminava em Malaquias. E não havia evangelho, nem promessa de esperança e salvação. E ele só pôde abaixar a cabeça e chorar com a enferma, em angústia e desespero.

Não muito depois, estava ao lado de seu esquife, dirigindo o ofício fúnebre, mas não havia mensagem de consolação, nem palavra de ressurreição gloriosa, nem Céu aberto; mas somente "cinza a cinza e pó ao pó", e um longo e eterno adeus. O pastor percebeu, afinal, que "***ele*** não tinha vindo". E rompeu em lágrimas e amargo pranto, em seu triste sonho.

De repente, acordou ao som de um acorde. E um grande brado de júbilo saiu-lhe dos lábios, ao ouvir, em sua igreja ao lado, o coro a cantar:

Ó vinde, fiéis, triunfantes, alegres, sim, vinde a Belém, já movidos de amor.
Nasceu vosso Rei, o Cristo prometido! Oh, vinde, adoremos ao nosso Senhor!

Regozijemo-nos e alegremo-nos hoje, porque "***ele veio***"! Lembremo-nos da palavra do anjo: "... eis aqui vos trago boa-nova de grande alegria, *que o será para todo o povo*: é que hoje vos nasceu, na cidade de Davi, o Salvador, que é Cristo, o Senhor." (Lc 2.10,11 – grifo da autora.)

Se é grande a maldição que vem pelo pecado
Maior é a profundeza do amor e da riqueza
Que Deus tem para ti no Filho muito amado!
Alegra-te, **ele veio**! *E para ti foi dado!*
Exulta no Senhor! É vindo o Salvador!

Que nosso coração possa se derramar em compaixão pelos povos pagãos, que não têm o dia bendito do Natal de Cristo. "... ide, comei carnes gordas, tomai bebidas doces e ***enviai porções aos que não têm nada preparado para si***..." (Ne 8.10 – grifo da autora.)

26 de Dezembro

"... *Assentai-vos aqui, enquanto eu vou ali orar.*" (Mt 26.36.)

É uma experiência difícil ser conservado no fundo da cena numa hora de crise. No jardim do Getsêmani, oito dos onze discípulos foram deixados sem fazer nada. Jesus foi adiante orar; Pedro, Tiago e João foram junto para velar; os demais ficaram sentados na retaguarda, à espera. Penso comigo que aquele grupo na retaguarda se queixou. Estavam *no* jardim, só isto. Eram como quem está num jardim, mas não pode ajudar no cultivo de suas flores. Era um tempo de crise, um tempo de tempestade e angústia; mas não lhes era permitido cooperar em nada.

Nós já temos passado por essa experiência de desapontamento. Surgiu, quem sabe, uma grande oportunidade para servir a Cristo. Alguns foram mandados para a frente da batalha; alguns foram mandados para o meio. Mas fomos postos na retaguarda. Quem sabe se por uma doença que veio; quem sabe se por uma questão de necessidade financeira; quem sabe se por maledicência; o fato é que fomos deixados para trás, e nos sentimos tristes. Não enxergamos por que razão teremos sido excluídos dessa participação na vida cristã. Parece-nos injusto que, se nos foi permitido entrar no jardim, não nos seja apontada ali uma tarefa.

Aquiete-se, minha alma, as coisas não são como você supõe! Você não está excluída de participação na vida cristã. Pensa que o jardim do Senhor tem lugar só para os que estão em pé ou andando? Não! Ele tem um lugar reservado aos que são levados a *sentar-se.*

Quando passar por essa experiência, lembre-se de que não está posto de lado! Lembre-se de que é *Cristo* quem diz: o *seu* lugar no jardim também foi *consagrado* a você. Ele tem um nome especial. Não é o *lugar do combate* nem o *lugar da vigília*, mas o *lugar da espera.* Há vidas que vêm a este mundo, não para fazer grandes obras ou suportar grandes fardos, mas simplesmente para *ser.* São como as flores do jardim do Getsêmani que não tiveram missão ativa: nunca fizeram parte de uma grinalda; nunca ornaram uma mesa; nem foram notadas por Pedro, Tiago ou João. Mas alegraram os olhos do *Senhor Jesus.* Por seu simples perfume, por sua simples beleza, trouxeram-lhe alegria; simplesmente por sua presença fragrante ali no vale, animaram o coração do Mestre. Você não tem que murmurar, se é uma dessas flores. – *Selecionado*

27 de Dezembro

"Sua alma entrou em ferro." (Sl 105.18 – Trad. inglesa.)

Invertamos a ordem, e teremos em linguagem nossa: "Ferro entrou em sua alma." E não é isto uma verdade? Que o sofrimento e a provação, o jugo suportado na mocidade, a repressão forçada da alma, todas essas coisas conduzem a uma tenacidade férrea e a firmeza de propósito? Sim, e também a fortaleza e a capacidade de suportar as dificuldades – qualidades essas que são o indispensável alicerce e a estrutura de um caráter nobre.

Não se retraia ao sofrimento; aceite-o, suporte-o silenciosa e pacientemente; e esteja certo de que é a maneira de Deus infundir ferro na sua vida espiritual. O mundo quer punhos de ferro, energias de ferro, nervos de ferro e músculos de ferro. Deus quer *santos de ferro*. E como não há outra maneira de introduzir ferro em nossa natureza senão através do sofrimento, ele nos deixa sofrer.

Será que os melhores anos da sua vida estão se passando em forçada monotonia? Você é assediado por oposições, mal-entendidos e zombaria, que estorvam o progresso, como o pioneiro na mata virgem é embaraçado pelos cipós à sua frente? Então tome alento. O tempo não é perdido. Deus o está colocando no regime do ferro. A coroa de ferro do sofrimento precede a coroa de ouro da glória. E o ferro está entrando em sua alma para fazê-la forte e corajosa.

Com tua mão segura bem a minha, pois eu tão frágil sou, ó Salvador,
Que não me atrevo a dar nem um só passo sem teu amparo, meu Jesus, Senhor!

– *H. M. Wright*

28 de Dezembro

"Alegrai-vos sempre no Senhor; outra vez digo: alegrai-vos." (Fp 4.4.)

Alegre-se, minha alma, você tem um grande Salvador! Ele é ***Jeová El Shaddai***, o Senhor todo-poderoso e todo-suficiente!

Que, pois, é Jeová El Shaddai, para mim? É ele o meu Deus, o Princípio e o Fim;
Profeta e meu Rei, Sacerdote sem par; o meu Sacrifício, Cordeiro e Altar;
Juiz, Advogado, Testemunha fiel, o meu Fundamento, e Amigo, e Emanuel;
Ele é o meu Resgate e o meu Redentor; a minha Esperança e o meu Salvador;
Meu Guia e meu Mestre; Ele é minha Paz, e Luz, e Caminho, e Expiação veraz!

Sim, mais é Jeová El Shaddai, muito além – Meu Guarda e Pastor,
Vingador meu, também;
É meu Conselheiro, meu Sol, Capitão, é Rocha bem firme, e é meu Galardão;
Farol pela noite, e é Sombra de dia; Tesouro, Verdade e Sabedoria;
É o meu Lugar Forte, Repouso e Abrigo, meu alto Refúgio de todo perigo;
Ele é minha Força, momento a momento, e dia por dia ele é o meu Sustento.

E mais é Jeová El Shaddai, ele é tudo – ele é o meu Descanso, ele é o meu Escudo;
Meu Pão e minha Água; Porta, Habitação, ele é a Estrela d'Alva e a Ressurreição;
É minha Videira, Rosa de Sarom, meu Lírio do Vale e Irmão terno e bom;
É o Homem na Glória, meu Intercessor; o meu Bem-Amado, e Esposo, e Senhor!
Sim, tudo acho em Cristo Jesus, e sem fim, pois Deus o fez ser tudo em tudo para mim!

– *Traduzido*

29 de Dezembro

"E eles disseram: Levantai-vos... porque examinamos a terra, e eis que é muitíssimo boa; pois estareis tranquilos? Não sejais preguiçosos em irdes para entrar a possuir a terra... porque Deus vo-la entregou na mão; lugar em que não há falta de coisa alguma que há na terra."
(Jz 18.9,10 – ARC)

Levantai-vos! Então, há algo bem definido para fazermos. Nada é nosso enquanto não o tomamos para nós. "Assim, *alcançaram* a sua herança os filhos de José, Manassés e Efraim." (Js 16.4 – ARC – grifo da autora.) "... os da casa de Jacó *possuirão* as suas herdades." (Ob 17 – ARC – grifo da autora.)

É preciso que a nossa fé se aproprie das promessas de Deus. Precisamos fazer da Palavra de Deus nossa possessão pessoal. Certa vez perguntaram a uma criança o que significava apossar-se das coisas pela fé, e a resposta foi: "É a gente pegar um lápis e passar um risco embaixo de todos os *meus* e *minhas* da Bíblia."

Tome qualquer palavra que ele tenha dito, e diga: "Essa palavra é para mim." Ponha o seu dedo numa promessa, e diga: "Ela é minha." Quanto da Palavra tem sido posto à prova e recebido, podendo-se dizer dela: "Foi feito!" Quantas promessas podemos sublinhar e dizer delas: "Cumprida para mim!"

"... Meu filho, tu sempre estás comigo; tudo o que é meu é teu...." (Lc 15.31.) Não deixe a sua herança perder-se por negligência.

Quando a fé vai ao mercado, sempre leva uma cesta.

30 de Dezembro

"Pedro, pois, estava guardado no cárcere; mas havia oração incessante a Deus por parte da igreja a favor dele." (At 12.5.)

Pedro estava preso, aguardando a execução. A Igreja não tinha nem poder humano nem influência, para livrá-lo. Não havia auxílio terreno, mas havia socorro a ser obtido do Céu. Ela se entregou à oração, fervente e insistente. Deus mandou seu anjo, que acordou a Pedro e o levou para fora, passando pela primeira e segunda sentinelas da prisão; e quando chegaram à porta de ferro, ela se abriu diante deles por si mesma e Pedro ficou livre.

Pode haver na sua vida algum portão de ferro que esteja barrando a sua passagem. Como um pássaro engaiolado, você muitas vezes tem se debatido contra as suas grades, mas em vez de melhorar a situação, você tem apenas ficado exausto e deprimido. Há um segredo para você aprender, e é o da oração *de fé* e quando chegar à porta de ferro, ela se abrirá por si mesma. Quanta energia desperdiçada e quanto desapontamento amargo serão poupados, se você *aprender a orar* como orava a Igreja no cenáculo! As dificuldades intransponíveis desaparecerão; as circunstâncias adversas provar-se-ão favoráveis; se você aprender a orar, não com a sua própria fé, mas com a fé que provém de Deus. Há almas aprisionadas que estão esperando há anos que as portas se abram; há entes queridos, sem Cristo, amarrados por Satanás, que serão libertos quando você orar e crer definidamente em Deus. – *C. H. P.*

As emergências nos chamam à oração intensa. *Quando o próprio homem se torna a sua oração*, nada pode resistir ao seu toque. Elias no Carmelo prostrou-se em terra com o rosto entre os joelhos; isso era oração – o próprio homem era oração. Não conhecemos as palavras que disse. A oração pode ser intensa demais para palavras. Todo o seu ser estava tocando a Deus, e estava em posição com Deus contra os poderes do mal. E estes não puderam resistir a tal oração. Há necessidade de mais dessa oração, oração que envolve o próprio homem. – *The Bent-knee Time*

"Gemidos inexprimíveis são, muitas vezes, orações que não podem ser recusadas."

31 de Dezembro

"... Até aqui nos ajudou o Senhor." (1 Sm 7.12.)

A expressão: "Até aqui" parece-nos um marco referente ao *passado*. Cinquenta, setenta anos se passaram, e "até aqui nos ajudou o SENHOR"! Por meio de pobreza e riqueza, doença e saúde, em casa ou fora, em terra ou mar, em honra ou desonra, em oração ou tentação – "até aqui nos ajudou o Senhor"!

É agradável olhar para trás contemplando uma longa alameda de árvores. É bonito vê-las erguendo-se como colunas de um templo, fechando a abóbada com seu arco de ramos. Da mesma forma, contemple as alamedas de seus anos passados e veja-os cobertos pelos ramos verdes da misericórdia de Deus, e os troncos, como os fortes pilares da sua fidelidade e amor que sustentam as suas alegrias.

Não há aves cantando nas ramagens? Certo que haverá muitas, e todas elas cantam a misericórdia recebida "até aqui".

Mas esta expressão aponta também *para diante*. Pois quando alguém chega a um certo marco e escreve: "Até aqui", ele ainda não chegou ao fim; ainda há distâncias a percorrer. Mais provas, mais alegrias, mais tentações, mais triunfos; mais orações, mais respostas; mais labores, mais vigor, mais lutas, mais vitórias; e então vem a doença, idade, enfermidade e morte.

E agora, é o fim? Não! Há mais ainda – acordar semelhante a Jesus, tronos, harpas, cânticos, vestes brancas, a face do Salvador, a companhia dos santos, a glória de Deus, a plenitude da eternidade, a sempiterna bem-aventurança. Ó crente, tenha bom ânimo, e com grata confiança erija o seu "Ebenézer", pois

Quem te ajudou até aqui,
Te ajudará até ao fim.

Quando lido lá na plena luz do Céu, que visão gloriosa e maravilhosa não desenrolará ante os seus olhos agradecidos, o seu "até aqui".

Os pastores dos Alpes têm o bonito costume de terminar o dia cantando uns para os outros uma canção de despedida. O ar é tão cristalino, que a canção ecoa por longas distâncias. Quando a noite começa a cair, eles tomam as ovelhas e as vão conduzindo montanha abaixo, cantando: "Até aqui nos ajudou o Senhor. Louvemos o seu nome!"

Finalmente, como suave cortesia, cantam um ao outro a amistosa despedida: "Boa noite! Boa noite!" As palavras são levadas pelo eco, e de lado a lado vão repercutindo mansa e docemente, até morrer a música à distância.

Assim também, falemos um com o outro dentro da noite, até que as sombras fiquem cheias de muitas vozes, encorajando a hoste de peregrinos. Que os ecos se ajuntem, até que uma verdadeira massa sonora de "aleluias" chegue em ondas até ao trono de safira. E quando romper a manhã, nos encontraremos ante o mar de vidro, cantando com a hoste dos remidos: "Ao que está assentado sobre o trono, e ao Cordeiro, seja o louvor, e a honra, e a glória, e o domínio pelos séculos dos séculos"!

"E outra vez disseram: Aleluia..." (Ap 19.3 – ARC)

Será meu canto eterno ali:
"Jesus guiou-me até aqui."

Anotações Pessoais

Janeiro

"Sim, do Senhor vem toda a nossa provisão. Nele encontramos a fonte que nunca seca; mananciais e ribeiros que jamais se estancarão."

Fevereiro

"Deus tem um propósito eterno a nosso respeito, e é que sejamos semelhantes a seu Filho; e para que isso se concretize, precisamos estar quietos em suas mãos."

Março

"Não podemos esperar vitória, se começamos o dia na nossa própria força. Enfrentemos o trabalho de cada dia sentindo a influência de alguns momentos tranquilos com o coração diante de Deus."

Abril

"Deus muitas vezes nos envia provas, a fim de que sejam reveladas as virtudes existentes em nós, e para que nos certifiquemos de que elas são reais."

Maio

"Não obteremos vitória na oração, enquanto não cessarmos, também, de lutar – rendendo a nossa própria vontade, lançando os braços e nos agarrando ao Pai, na fé que descansa."

Junho

"As respostas demoradas não apenas provam a fé, como nos dão oportunidade de honrar a Deus por nossa firme confiança nele, mesmo diante das aparentes recusas."

Julho

"Você crê em Deus só quando as circunstâncias são favoráveis, ou crê a despeito das circunstâncias? Fé é crer no que não vemos, e a recompensa desta fé é vermos aquilo em que cremos."

Agosto

"A provação vem, não só para testar o nosso valor, mas para aumentá-lo; o carvalho não é apenas testado, mas enrijecido pelas tempestades."

Setembro

"É confortador pensarmos na tribulação, qualquer que seja a forma em que ela nos venha, como sendo um mensageiro celeste, trazendo-nos alguma coisa da parte de Deus."

Outubro

"Não diga no seu coração o que você quer ou não quer, mas espere em Deus até que ele lhe revele seu caminho."

Novembro

"Eu não sei dizer como é que através de comunhão com Deus eu posso receber dentro de mim o poder de fazer coisas e de suportar coisas, mas sei que é um fato."

Dezembro

"É confortador saber que a tribulação só dura pela noite; ela vai embora pela manhã. O temporal é breve, comparado com a duração do longo dia de verão."

Motivos de Oração

"Nada está fora do alcance da oração, exceto o que está fora da vontade de Deus."